Projet OCDE/G20 sur l'érosion de la base d'imposition et le transfert de bénéfices

Prévention de l'utilisation abusive des conventions fiscales – Troisième rapport d'examen par les pairs sur le chalandage fiscal

LE CADRE INCLUSIF SUR LE BEPS : ACTION 6

OCDE

DES POLITIQUES MEILLEURES
POUR UNE VIE MEILLEURE

Ce document, ainsi que les données et cartes qu'il peut comprendre, sont sans préjudice du statut de tout territoire, de la souveraineté s'exerçant sur ce dernier, du tracé des frontières et limites internationales, et du nom de tout territoire, ville ou région.

Les données statistiques concernant Israël sont fournies par et sous la responsabilité des autorités israéliennes compétentes. L'utilisation de ces données par l'OCDE est sans préjudice du statut des hauteurs du Golan, de Jérusalem-Est et des colonies de peuplement israéliennes en Cisjordanie aux termes du droit international.

Note de la Turquie
Les informations figurant dans ce document qui font référence à « Chypre » concernent la partie méridionale de l'Ile. Il n'y a pas d'autorité unique représentant à la fois les Chypriotes turcs et grecs sur l'Ile. La Turquie reconnaît la République Turque de Chypre Nord (RTCN). Jusqu'à ce qu'une solution durable et équitable soit trouvée dans le cadre des Nations Unies, la Turquie maintiendra sa position sur la « question chypriote ».

Note de tous les États de l'Union européenne membres de l'OCDE et de l'Union européenne
La République de Chypre est reconnue par tous les membres des Nations Unies sauf la Turquie. Les informations figurant dans ce document concernent la zone sous le contrôle effectif du gouvernement de la République de Chypre.

Merci de citer cet ouvrage comme suit :
OCDE (2021), *Prévention de l'utilisation abusive des conventions fiscales – Troisième rapport d'examen par les pairs sur le chalandage fiscal : Le Cadre Inclusif sur le BEPS : Action 6*, Projet OCDE/G20 sur l'érosion de la base d'imposition et le transfert de bénéfices, Éditions OCDE, Paris, *https://doi.org/10.1787/bcdc38c0-fr*.

ISBN 978-92-64-31937-0 (imprimé)
ISBN 978-92-64-64840-1 (pdf)

Projet OCDE/G20 sur l'érosion de la base d'imposition et le transfert de bénéfices
ISSN 2313-2620 (imprimé)
ISSN 2313-2639 (en ligne)

Crédits photo : Couverture © ninog-Fotolia.com.

Les corrigenda des publications sont disponibles sur : *www.oecd.org/about/publishing/corrigenda.htm*.

Avant Propos

L'intégration des économies et des marchés nationaux a connu une accélération marquée ces dernières années, mettant à l'épreuve le cadre fiscal international conçu voilà plus d'un siècle. Les règles en place ont laissé apparaître des fragilités qui sont autant d'opportunités pour des pratiques d'érosion de la base d'imposition et de transfert de bénéfices (BEPS), appelant une action résolue de la part des dirigeants pour restaurer la confiance dans le système et faire en sorte que les bénéfices soient imposés là où les activités économiques sont réalisées et là où la valeur est créée.

À la suite de la parution du rapport intitulé Lutter contre l'érosion de la base d'imposition et le transfert de bénéfices en février 2013, les pays de l'OCDE et du G20 ont adopté en septembre 2013 un Plan d'action en 15 points visant à combattre ces pratiques. Les 15 actions à mener s'articulent autour de trois principaux piliers : harmoniser les règles nationales qui influent sur les activités transnationales, renforcer les exigences de substance dans les standards internationaux existants, et améliorer la transparence ainsi que la sécurité juridique.

Après deux ans de travail, des mesures en réponse aux 15 actions ont été présentées aux dirigeants des pays du G20 à Antalya en novembre 2015. Tous ces rapports, y compris ceux publiés à titre provisoire en 2014, ont été réunis au sein d'un ensemble complet de mesures, qui représente le premier remaniement d'importance des règles fiscales internationales depuis près d'un siècle. La mise en œuvre des nouvelles mesures devrait conduire les entreprises à déclarer leurs bénéfices là où les activités économiques qui les génèrent sont réalisées et là où la valeur est créée. Les stratégies de planification fiscale qui s'appuient sur des règles périmées ou sur des dispositifs nationaux mal coordonnés seront caduques.

La mise en œuvre est désormais au centre des travaux. L'application des mesures prévues passe par des modifications de la législation et des pratiques nationales ainsi que des conventions fiscales. La négociation d'un instrument multilatéral visant à faciliter la mise en œuvre des mesures liées aux conventions a abouti en 2016, et plus de 90 pays sont couverts par cet instrument multilatéral. Son entrée en vigueur le 1er juillet 2018 ouvrira la voie à une mise en œuvre rapide des mesures liées aux conventions. Les pays de l'OCDE et du G20 ont également décidé de poursuivre leur coopération en vue de garantir une application cohérente et coordonnée des recommandations issues du projet BEPS et de rendre le projet plus inclusif. La mondialisation exige de trouver des solutions de portée mondiale et de nouer un dialogue mondial qui va au-delà des pays de l'OCDE et du G20.

Une meilleure compréhension de la manière dont les recommandations issues du projet BEPS sont mises en pratique pourrait limiter les malentendus et les différends entre États. Une attention accrue portée à la mise en œuvre des actions et à l'administration de l'impôt pourrait être bénéfique tant pour les États que pour les entreprises. Enfin, des solutions sont proposées pour améliorer les données et les analyses, ce qui permettra d'évaluer et de quantifier régulièrement l'impact des mécanismes d'érosion de la base d'imposition et transfert de bénéfices et les effets des mesures issues du projet BEPS appliquées pour lutter contre ces pratiques.

De ce fait, l'OCDE a établi le Cadre inclusif sur le BEPS de l'OCDE et du G20 (Cadre inclusif), rassemblant sur un pied d'égalité tous les pays et juridictions intéressés et engagés dans le Comité des affaires fiscales et ses organes subsidiaires. Le Cadre inclusif, qui compte déjà plus de 135 membres, contrôle la mise en œuvre des standards minimums à travers des examens par les pairs, et finalise actuellement l'élaboration de normes pour résoudre les problèmes liés au BEPS. En plus des membres du projet BEPS, d'autres organisations internationales et organismes fiscaux régionaux sont engagés dans les travaux du Cadre inclusif, et les entreprises et la société civile sont également consultées sur différentes problématiques.

Ce rapport a été approuvé par le Cadre inclusif le 17 février 2021 et préparé pour publication par le Secrétariat de l'OCDE.

Table des matières

TABLEAUX

Résumé

1. L'Action 6 du projet BEPS mentionne l'utilisation abusive des conventions fiscales et, en particulier le chalandage fiscal, comme l'une des principales sources de préoccupation dans le domaine de l'érosion de la base d'imposition et du transfert de bénéfices (BEPS). En raison de la gravité du chalandage fiscal, les juridictions ont convenu d'adopter, comme standard minimum, des mesures de lutte contre cette pratique et de soumettre leurs efforts à un examen annuel par les pairs. Ce rapport d'examen par les pairs de 2020 réunit les résultats du troisième examen annuel par les pairs, des informations générales sur le chalandage fiscal, tandis que les sections ventilées par juridiction, qui fournissent des renseignements détaillés sur la mise en œuvre du standard minimum par chaque membre du Cadre inclusif.

2. L'examen par les pairs de 2020 met en lumière les efforts réalisés par la plupart des membres du Cadre inclusif pour lutter contre le chalandage fiscal, et notamment par ceux qui ont ratifié la *Convention multilatérale pour la mise en œuvre des mesures relatives aux conventions fiscales pour prévenir l'érosion de la base d'imposition et le transfert de bénéfice*s (l'Instrument multilatéral ou IM). Alors qu'il ressortait des deux premiers examens par les pairs réalisés en 2018 et 2019 que très peu des conventions examinées étaient conformes au standard minimum[1], l'IM, le principal outil utilisé pour appliquer le standard minimum, commence à produire un effet important et renforce désormais le réseau de conventions fiscales bilatérales des juridictions qui l'ont ratifié. L'IM ne permettait pas aux juridictions de substituer à la règle du critère de l'objet principal (COP) la clause détaillée de limitation des avantages pour mettre en œuvre le standard minimum.

3. Aussi, grâce à la ratification de l'IM par ces juridictions, le nombre de conventions conformes[2] couvertes par l'IM a augmenté de près de 500 % depuis le dernier examen par les pairs. Toutefois, le rapport de l'examen par les pairs de cette année révèle un écart important entre les juridictions qui ont ratifié l'IM et celles qui ne l'ont pas ratifié relativement aux progrès dans la mise en œuvre du standard minimum.

4. De fait, les juridictions qui n'avaient pas signé ou ratifié l'IM n'ont guère voire nullement progressé dans la mise en oeuvre du standard minimum. Toutefois, ce rapport reconnaît que le point de départ de l'exposition d'une juridiction au chalandage fiscal peut être différent selon que ses conventions existantes ou ses dispositions législatives internes contiennent déjà des outils de lutte contre le chalandage fiscal.

5. Une des nouveautés du rapport de cette année est qu'il livre des informations complémentaires sur les progrès accomplis par certaines juridictions pour mettre en œuvre le standard minimum et qu'il encourage les signataires de l'IM à le ratifier le plus rapidement possible. Ces informations ne donnent pas lieu à des recommandations formelles. Les informations complémentaires relatives aux progrès des juridictions sont réunies dans la section intitulée « Difficultés de mise en œuvre » dans le chapitre 5 consacré à chaque juridiction.

6. Les principaux objectifs de l'examen par les pairs de cette année et des informations complémentaires fournies dans la section « Difficultés de mise en œuvre » sont d'encourager les signataires de l'IM à le ratifier, de combler les lacunes dans la couverture de l'IM et d'aider les autres juridictions à renforcer leur réseau de conventions fiscales.

Ratification de l'IM

7. Environ 30 % des réseaux de conventions des juridictions qui ont ratifié l'IM et pour lesquelles l'IM a pris effet en janvier 2020[3] étaient conformes au standard minimum en 2020. Par comparaison, celles qui n'avaient pas signé ou ratifié l'IM avant cette date n'ont généralement guère accompli de progrès dans la mise en œuvre du standard minimum (en moyenne, 1.5 % de leurs réseaux de conventions étaient conformes au standard minimum).

8. Le rapport d'examen par les pairs de 2020 montre que la ratification de l'IM est importante pour permettre une mise en œuvre effective du standard minimum, et tous les signataires de l'IM qui ne l'ont pas encore ratifié sont invités à le faire.

Lacunes dans la couverture de l'IM

9. Le rapport d'examen par les pairs de 2020 révèle également des lacunes dans la couverture de l'IM, car des conventions de signataires ou de parties à l'IM ne sont ni couvertes par l'IM ni soumises à des renégociations bilatérales[4]. Bien que l'IM n'offre pas la possibilité aux juridictions de mettre en œuvre le standard minimum au moyen d'une clause détaillée de limitation des avantages, il couvre désormais 94 juridictions[5] et permettra de mettre en oeuvre le standard minimum dans plus de 1 700 conventions une fois qu'il sera pleinement en vigueur (passé un certain délai après sa ratification par l'ensemble des signataires). Toutefois, environ 200 conventions conclues entre deux signataires de l'IM qui sont membres du Cadre inclusif ne seraient toujours pas modifiées par l'IM parce qu'au stade actuel, au moins un partenaire à la convention bilatérale n'a pas notifié la convention aux fins de l'IM. 325 conventions supplémentaires ont été conclues entre deux juridictions dont une seule d'entre elles a signé l'IM ; actuellement, aucune de ces conventions ne serait modifiée par l'IM.

10. Dans le cadre des informations complémentaires communiquées sur les progrès réalisés par les juridictions, les sections ventilées par juridiction identifient ces « conventions non couvertes » conclues entre deux signataires de l'IM qui sont membres du Cadre inclusif et qui ne font pas l'objet de négociations bilatérales.

11. Notifier ces conventions aux fins de l'IM[6] ou engager des renégociations bilatérales dans le but de mettre en œuvre le standard minimum permettrait de transposer le standard minimum dans ces conventions non couvertes.

Soutien aux juridictions pour renforcer leur réseau de conventions

12. Le Secrétariat de l'OCDE est disposé à s'entretenir avec toutes les juridictions membres du Cadre inclusif qui n'ont pas signé l'IM ni déployé des mesures de lutte contre le chalandage fiscal dans leurs conventions afin de réfléchir aux moyens de les aider à mettre ces conventions en conformité avec le standard minimum.

13. La section « Difficultés de mise en œuvre » qui se trouve dans les sections ventilées par juridiction dans le chapitre 5 du présent rapport renseigne sur les progrès accomplis par les juridictions dans la mise en œuvre du standard minimum, et identifie les juridictions avec lesquelles le Secrétariat souhaite réfléchir à un plan de mise en œuvre du standard minimum. Cette réflexion pourrait éclairer utilement la révision en cours de la méthodologie de l'examen par les pairs.

14. Conformément au paragraphe 14 des Documents pour l'examen par les pairs[7], la méthodologie pour l'examen de la mise en œuvre du standard minimum sera réexaminée à la lumière des enseignements tirés de l'expérience acquise au cours des trois premiers examens par les pairs de 2018, 2019 et 2020.

15. Le Cadre inclusif sur le BEPS, en collaboration avec le Groupe de travail n° 1, se chargera de de cette révision de la méthodologie, et le suivi de la mise en œuvre du standard minimum se poursuivra. La prochaine session d'examen par les pairs débutera au cours du premier semestre de 2021.

Notes

[1] L'IM n'avait pas commencé à produire ses effets au moment où les examens par les pairs de 2018 et 2019 ont été effectués.

[2] Aux fins du présent rapport, une convention conforme contient des dispositions qui respectent le standard minimum établi par l'Action 6. Comme l'indique le paragraphe 23 du rapport final sur l'Action 6, il est convenu que les juridictions ne doivent mettre en œuvre ces dispositions que si une autre juridiction membre du Cadre inclusif le leur demande.

[3] Généralement, l'IM a commencé à prendre effet pour les conventions conclues par les juridictions qui l'ont ratifié avant fin septembre 2019.

[4] L'IM autorise ses signataires et parties à notifier les conventions qu'ils souhaitent modifier via l'IM. Différentes raisons peuvent expliquer pourquoi une juridiction refuserait de signer l'IM ou de notifier une convention spécifique aux fins de l'IM (par exemple, une juridiction souhaite mettre en œuvre le standard minimum au moyen de règles détaillées de limitation des avantages, les partenaires de convention ont convenu de renégocier une convention au niveau bilatéral, ou la convention est trop ancienne et contient trop de dispositions atypiques pour être aisément modifiée par l'IM). Les parties à ces conventions, bien qu'elles ne soient pas notifiées aux fins de l'IM, restent tenues de mettre en œuvre le standard minimum si elles sont toutes deux membres du Cadre inclusif, mais cette mise en œuvre interviendra au moyen de renégociations bilatérales.

[5] 91 de ces juridictions sont actuellement membres du Cadre inclusif.

[6] De cette manière, si l'autre partenaire signe l'IM et notifie cette convention aux fins de l'IM, elle deviendrait une convention fiscale couverte.

[7] Paragraphe 14, OCDE (2017), *Action 6 du BEPS : Empêcher l'utilisation abusive des conventions fiscales lorsque les circonstances ne s'y prêtent pas - Documents pour l'examen par les pairs,* Projet OCDE/G20 sur l'érosion de la base d'imposition et le transfert de bénéfices (BEPS), OCDE, Paris. https://www.oecd.org/fr/fiscalite/beps/beps-action-6-empecher-utilisation-abusive-conventions-fiscales-documents-examen-par-les-pairs.pdf

1 Difficultés de mise en œuvre, standard minimum et IM

22. Le standard minimum impose aux juridictions d'inclure deux éléments dans leurs conventions bilatérales : une déclaration explicite sur la volonté d'éliminer la double imposition sans créer de possibilités de non-imposition (généralement dans le préambule) ; et une des trois méthodes permettant de lutter contre le chalandage fiscal. Le standard minimum ne précise pas comment ces deux éléments doivent être mis en œuvre (via l'IM ou via des instruments bilatéraux). [1]

23. L'IM s'est révélé être un moyen efficace de mettre en œuvre le standard minimum. Cependant, une juridiction préférant mettre en œuvre le minimum standard au moyen d'une clause détaillée de limitation des avantages ne peut pas utiliser l'IM à cette fin. 94 juridictions ont adhéré à l'IM, 54 l'ont ratifié et, une fois pleinement en vigueur, l'IM mettra en œuvre le standard minimum dans environ 1 700 conventions bilatérales (de sorte qu'il modifiera la majorité des conventions conclues entre les membres du Cadre inclusif).

24. Les efforts consentis par la plupart des membres du Cadre inclusif pour combattre le chalandage fiscal ont commencé à porter leurs fruits en 2020 pour ceux qui ont ratifié l'IM. Le nombre de conventions conformes couvertes par l'IM a augmenté de près de 500 % depuis le dernier examen par les pairs.

25. Les juridictions qui n'ont pas signé ou ratifié l'IM n'ont guère voire nullement progressé dans la mise en oeuvre du standard minimum. Toutefois, ce rapport reconnaît que le point de départ de l'exposition d'une juridiction au chalandage fiscal peut être différent selon que ses conventions existantes ou ses dispositions législatives internes contiennent déjà des outils de lutte contre le chalandage fiscal.

26. Les sections ventilées par juridiction dans le chapitre 5 fournissent des informations complémentaires sur les progrès accomplis par les juridictions dans la mise en œuvre du standard minimum. Comme indiqué précédemment, ces informations ne donnent pas lieu à des recommandations formelles.

27. Les informations figurant dans la partie « Difficultés de mise en œuvre » dans certaines des sections ventilées par juridiction dans le chapitre 5 mettent en exergue les faits suivants :

- Étant donné que les conventions notifiées aux fins de l'IM par les juridictions membres du Cadre inclusif signataires de l'IM mais qui ne l'ont pas encore ratifié ne commenceront à être conformes au standard minimum qu'après ratification de l'IM, ces juridictions sont invitées à ratifier l'IM le plus rapidement possible (section 2.1 ci-dessous) ;
- Les « conventions non couvertes » par l'IM (conventions conclues entre deux signataires de l'IM dont l'un des partenaires n'a pas notifié la convention aux fins de l'IM ; et conventions conclues entre des juridictions dont une seule a signé l'IM)[2] ne seront conformes qu'à condition d'être notifiées aux fins de l'IM ou uniquement si les deux parties engagent des renégociations bilatérales en vue de mettre en œuvre le standard minimum (section 2.2 ci-dessous).
- Le Secrétariat de l'OCDE est disposé à s'entretenir avec toute juridiction membre du Cadre inclusif qui n'a pas signé l'IM ni déployé des mesures de lutte contre le chalandage fiscal dans ses

conventions pour réfléchir aux moyens de l'aider à mettre ces conventions en conformité avec le standard minimum (section 2.3 ci-dessous).

- Les juridictions qui ont adhéré à la Convention de la CARICOM sont invitées à actualiser cette convention en entamant des discussions avec l'ensemble de leurs partenaires (section 4 ci-dessous).

Ratification de l'IM : la clé de la mise en œuvre effective du standard minimum

28. L'IM a commencé à produire ses effets et à renforcer le réseau des conventions fiscales bilatérales des juridictions qui l'ont ratifié en 2020. Le nombre de conventions qui sont devenues conformes à l'IM est passé de 60 à plus de 350. Toutefois, l'examen par les pairs révèle un écart important entre les juridictions qui ont ratifié l'IM et celles qui ne l'ont pas ratifié relativement aux progrès dans mise en œuvre du standard minimum.

29. En moyenne, environ 30 % des réseaux de conventions des juridictions pour lesquelles l'IM a pris effet à compter du 1er janvier 2020[3] étaient conformes au standard minimum en 2020, comme l'indique le tableau ci-dessous.

Tableau 1.1. Réseaux de conventions et ratification de l'IM

Juridiction	Date de ratification de l'IM	Conventions en vigueur	Conventions conformes au 1er juillet 2020	% du réseau conforme	% du réseau avec des membres du CI conforme
Australie	26 septembre 2018	45	18	40 %	44 %
Autriche	22 septembre 2017	91	20	22 %	26 %
Belgique	27 juin 2019	95	24	25 %	31 %
Canada	29 août 2019	94	24	26 %	31 %
Curaçao	29 mars 2019	3	1	33 %	33 %
Danemark	30 septembre 2019	71	19	27 %	32 %
Finlande	25 février 2019	73	25	34 %	40 %
France	26 septembre 2018	119	25	21 %	28 %
Géorgie	29 mars 2019	56	16	29 %	33 %
Guernesey	12 février 2019	13	6	46 %	50 %
Islande	26 septembre 2019	41	19	46 %	48 %
Inde	25 juin 2019	95	34	36 %	43 %
Irlande	29 janvier 2019	73	26	36 %	39 %
Île de Man	25 octobre 2017	10	4	40 %	40 %
Israël	13 septembre 2018	58	25	43 %	49 %
Japon	26 septembre 2018	73	30	41 %	48 %
Jersey	15 décembre 2017	15	6	40 %	46 %
Lituanie	11 septembre 2018	57	25	44 %	51 %
Luxembourg	9 avril 2019	83	32	39 %	39 %
Malte	18 décembre 2018	77	27	35 %	38 %
Monaco	10 janvier 2019	10	4	40 %	44 %
Pays-Bas	29 mars 2019	92	25	27 %	30 %
Nouvelle-Zélande	27 juin 2018	40	16	40 %	42 %
Norvège	17 juillet 2019	84	15	18 %	21 %
Pologne	23 janvier 2018	82	24	29 %	36 %
Russie[4]	18 juin 2019	85	2	2 %	3 %
Serbie	5 juin 2018	60	22	37 %	42 %
Singapour	21 décembre 2018	88	28	32 %	38 %

République slovaque	20 septembre 2018	70	23	33 %	39 %
Slovénie	22 mars 2018	59	24	41 %	47 %
Suède[5]	22 juin 2018	81	2	2 %	3 %
Suisse[6]	29 août 2019	106	4	4 %	3 %
Ukraine	8 août 2019	76	20	26 %	33 %
Émirats arabes unis	29 mai 2019	94	21	22 %	29 %
Royaume-Uni	29 juin 2018	131	35	27 %	32 %

30. L'Allemagne, l'Albanie, l'Arabie saoudite, la Barbade, la Bosnie-Herzégovine, le Burkina Faso, le Chili, la Corée, le Costa Rica, l'Égypte, l'Indonésie, la Jordanie, le Kazakhstan, la Lettonie, le Liechtenstein, Maurice, Oman, le Pakistan, le Panama, le Portugal, le Qatar, la République tchèque, Saint-Marin et l'Uruguay ont également ratifié l'IM, mais l'ont fait entre octobre 2019 et décembre 2020. Par conséquent, l'IM n'avait pas encore commencé à prendre effet pour leurs conventions en juillet 2020. En effet, l'IM ne peut commencer à prendre effet pour une convention qu'après expiration d'une certaine période qui suit la dernière des dates à laquelle l'IM entre en vigueur pour chacun des partenaires ayant conclu une convention. Cette période pourrait correspondre à environ un an à compter de la dernière ratification[7].

31. Alors que les juridictions qui ont ratifié l'IM ont beaucoup progressé dans l'application du standard minimum, ce n'est pas le cas de celles qui n'ont pas signé ou ratifié l'IM. En moyenne, 1.5 % de leurs conventions sont conformes au standard minimum.

32. Aussi, l'examen par les pairs de 2020 illustre l'importance d'une ratification rapide de l'IM. Dès lors, tous les signataires de l'IM qui ne l'ont pas encore ratifié sont invités à le faire.

33. Le Secrétariat de l'OCDE s'est rapproché des signataires de l'IM qui, au moment de la rédaction de ce rapport, ne l'avaient pas encore ratifié, et constate que l'Afrique du Sud, la Bulgarie, le Cameroun, la Colombie, la Croatie, l'Espagne, l'Estonie, la Grèce, la Hongrie, la Jamaïque, la Malaisie, le Mexique, le Maroc, la Macédoine du Nord, la Roumanie, le Sénégal et la Turquie comptent déposer leur instrument de ratification de l'IM d'ici la mi-2021 ou dans les plus brefs délais.

Lacunes dans la couverture de l'IM

34. L'examen par les pairs de 2020 a mis en évidence des lacunes dans la couverture de l'IM. Ces lacunes s'expliquent par le fait que l'IM est un instrument flexible qui autorise chaque signataire à choisir parmi ses conventions celles qu'il souhaite soumettre à l'IM. Ainsi, au moment de la signature, les signataires sont tenus de déposer des listes de conventions qu'ils souhaitent modifier. L'IM modifie uniquement les conventions bilatérales notifiées par les deux partenaires des conventions.

Conventions unilatérales

35. L'examen par les pairs de 2020 révèle qu'environ 200 conventions bilatérales, conclues entre deux signataires de l'IM qui sont membres du Cadre inclusif, ne seraient pas modifiées par l'IM parce qu'au stade actuel, une seule juridiction a notifié la convention aux fins de l'IM (« conventions unilatérales »)[8].

36. Au cours de l'examen par les pairs, le Secrétariat de l'OCDE a pris contact avec certaines des juridictions qui sont parties à ces « conventions unilatérales » et leur a demandé pourquoi elles ne les avaient pas notifiées. L'absence de notification de ces « conventions unilatérales » s'explique principalement car les juridictions envisagent d'engager des renégociations qui vont au-delà de la question de la mise en œuvre des mesures BEPS se rapportant aux conventions.

37. Les sections ventilées par juridiction identifient ces conventions unilatérales et disposent qu'à partir du moment où des renégociations bilatérales ne sont pas prévues ou envisagées pour la mise en œuvre du standard minimum, ces conventions ne seront pas conformes, à moins d'être notifiées aux fins de l'IM ou que leurs parties engagent des renégociations bilatérales visant à appliquer le standard minimum.

Conventions en attente

38. L'examen par les pairs de 2020 révèle qu'il y a environ 325 conventions conclues entre deux juridictions membres du Cadre inclusif pour lesquelles une seule d'entre elles a signé l'IM (« conventions en attente »). Au stade actuel, aucune de ces conventions ne serait modifiée par l'IM parce que l'un des partenaires de convention n'a pas signé l'IM. Presque toutes ces conventions seraient couvertes par l'IM si le partenaire qui ne l'a pas encore signé y adhère et notifie la convention.

39. Les sections ventilées par juridiction identifient ces « conventions en attente » et expliquent qu'à partir du moment où des renégociations bilatérales ne sont pas prévues ou envisagées, ces conventions ne seront pas conformes, à moins d'être notifiées aux fins de l'IM[9] ou que leurs parties engagent des renégociations bilatérales visant à appliquer le standard minimum.

40. Au cours de cet examen par les pairs, le Secrétariat de l'OCDE a communiqué avec certaines des juridictions qui se préparaient à signer l'IM. Il s'agissait notamment de Bahreïn, de la Mongolie, de la Thaïlande et du Viet Nam, liés par plus de 125 conventions en attente qui deviendront des conventions couvertes aux fins de l'IM une fois celui-ci signé[10]. Aussi, la signature de l'IM par des juridictions disposant de réseaux de conventions étendus permettrait d'améliorer sensiblement la couverture de l'IM.

Soutien aux juridictions pour renforcer leur réseau de conventions

41. L'examen par les pairs de 2020 montre que les juridictions membres du Cadre inclusif qui n'ont pas signé l'IM ou qui n'ont pas intégré d'autres mesures de lutte contre le chalandage fiscal dans leurs conventions n'ont guère voire nullement progressé dans la mise en œuvre du standard minimum.

42. Ces juridictions sont invitées à prendre contact avec le Secrétariat de l'OCDE pour obtenir de l'aide afin de mettre en œuvre le standard minimum dans leurs réseaux de conventions, y compris le cas échéant en vue de signer et de ratifier l'IM.

Notes

[1] Voir le Rapport final sur l'Action 6 du BEPS (2015). Le rapport final sur l'Action 6 indique en outre que : (i) une juridiction est tenue d'appliquer le standard minimum dans une convention uniquement si un autre membre du Cadre inclusif le lui demande ; (ii) la décision d'adopter l'une des trois méthodes doit être convenue entre les parties (une solution ne peut être imposée) ; et (iii) en raison du caractère bilatéral des conventions, il n'y a pas de date limite à laquelle une juridiction doit avoir atteint le standard minimum.

[2] Les conventions non couvertes identifiées dans ce rapport désignent des conventions conclues entre des deux signataires de l'IM membres du Cadre inclusif qui ne font pas l'objet de négociations bilatérales dont l'un des partenaires n'a pas notifié la convention aux fins de l'IM ; et les conventions conclues entre des juridictions qui sont membres du Cadre inclusif dont une seule a signé l'IM.

[3] En général, l'IM a commencé à prendre effet au 1er janvier 2020 pour les conventions conclues par les juridictions qui l'ont ratifié avant fin septembre 2019.

[4] La Fédération de Russie a formulé une réserve conformément à l'article 35(7) de l'IM afin de reporter la prise d'effet de l'IM après l'accomplissement de certaines de ses procédures internes.

[5] La Suède a formulé une réserve conformément à l'article 35(7) de l'IM afin de reporter la prise d'effet de l'IM après l'accomplissement de certaines de ses procédures internes.

[6] La Suisse a formulé une réserve conformément à l'article 35(7) de l'IM afin de reporter la prise d'effet de l'IM après l'accomplissement de certaines de ses procédures internes.

[7] L'article 35 de l'IM énonce les règles de prise d'effet et répartit les modifications en deux catégories en fonction du type d'impôts auxquels elles s'appliquent. En général, en vertu de l'article 35(1)(a), s'agissant des impôts prélevés à la source sur des sommes payées ou attribuées à des non-résidents, l'IM prend effet à partir du premier jour de l'année civile qui commence à compter de la dernière des dates à laquelle la Convention entre en vigueur pour chacune des Juridictions contractantes ayant conclu une Convention fiscale couverte. Concernant tous les autres impôts prélevés par une juridiction, l'article 35(1)(b) dispose que l'IM prend généralement effet au titre de périodes d'imposition commençant à l'expiration ou après l'expiration d'une période de six mois calendaires à compter de la dernière des dates à laquelle la Convention entre en vigueur pour chacune des Juridictions contractantes ayant conclu une Convention fiscale couverte.

[8] L'IM ne peut modifier que les conventions bilatérales qui ont été notifiées par les deux partenaires aux fins de l'IM.

[9] De cette manière, si l'autre partenaire signe l'IM et notifie cette convention aux fins de l'IM, elle deviendrait une convention fiscale couverte.

[10] Bahreïn a depuis signé l'IM le 27 novembre 2020 et notifié 44 de ses conventions aux fins de l'IM.

2 Données agrégées sur la mise en œuvre du standard minimum

43. Il ressortait des données recueillies sur la mise en œuvre du standard minimum qu'au 1er juillet 2020, 98 juridictions du Cadre inclusif comptaient des conventions déjà conformes au standard minimum ou qui, parce qu'elles faisaient l'objet d'un instrument de mise en conformité, allaient bientôt l'être[1]. Sept autres juridictions ne disposaient d'aucune convention fiscale complète en vigueur soumise à l'examen par les pairs[2]. Trente-sept juridictions n'avaient pas mis en oeuvre de mesure anti-abus dans leur réseau de conventions fiscales. Comme indiqué précédemment, ces juridictions sont encouragées à se rapprocher du Secrétariat pour s'entretenir sur leurs projets concernant la mise en œuvre du standard minimum.

44. Au total, les 137 juridictions membres du Cadre inclusif ont fait état de 2 295 conventions en vigueur entre membres du Cadre inclusif et d'environ 905 conventions entre des membres et des non-membres[3].

45. Les conventions conclues entre des membres et des non-membres du Cadre inclusif ne sont pas soumises à l'examen par les pairs et les résultats agrégés présentés dans ce chapitre portent sur les 2 295 conventions conclues entre membres du Cadre inclusif. Les données afférentes à chaque juridiction figurant dans le chapitre 5 font apparaître les cas dans lesquels des conventions non couvertes par l'examen par les pairs sont conformes au standard minimum ou font l'objet d'un instrument de mise en conformité[4].

Conventions conformes

46. Au 1er juillet 2020, plus de 350 conventions bilatérales conclues entre membres du Cadre inclusif étaient conformes au standard minimum. Vingt autres conventions non soumises à cet examen (i.e. conventions conclues entre des membres du Cadre inclusif et des non membres) étaient également conformes au standard minimum.

47. Dans toutes les conventions conformes au standard minimum, la déclaration du préambule et le critère des objets principaux (COP) ont été appliqués pour satisfaire au standard minimum. Dans 31 de ces conventions conformes, le critère des objets principaux est complété par une clause de limitation des avantages.

Conventions fiscales faisant l'objet d'un instrument de mise en conformité

48. De nombreuses juridictions membres du Cadre inclusif disposent de conventions qui font actuellement l'objet d'un instrument de mise en conformité non encore entré en vigueur, mais qui mettra en œuvre le standard minimum.

49. Le 1er juillet 2020, plus de 1 300 des 2 295 conventions bilatérales entre membres du Cadre inclusif devaient devenir des conventions fiscales couvertes aux fins de l'IIM (i.e. les deux juridictions

contractantes ayant formulé une notification au dépositaire indiquant que ces conventions sont visées par l'IM, qui les modifiera dès son entrée en vigueur) et devaient donc devenir conformes au standard minimum[5]. Les conventions, qui ont vocation à être modifiées par l'IM, seront conformes au standard minimum une fois que ses dispositions auront pris effet, soit après ratification par les deux juridictions contractantes[6].

50. Dix-sept conventions supplémentaires font l'objet d'un instrument bilatéral modificatif qui n'est pas encore entré en vigueur[7]. Le nombre de conventions faisant l'objet d'un instrument bilatéral modificatif, comparé au nombre de conventions modifiées par l'IM, atteste de l'efficacité comparative avec laquelle celui-ci met en œuvre le standard minimum.

51. Concernant les conventions notifiées aux fins de l'IM, tous les membres du Cadre inclusif qui sont parties à l'IM et signataires de l'IM mettent en œuvre la déclaration du préambule et le critère des objets principaux. Treize juridictions ont également choisi d'appliquer la règle simplifiée de limitation des avantages via l'IM en complément du critère des objets principaux lorsqu'il était possible de le faire. Six juridictions supplémentaires ont accepté une règle simplifiée de limitation des avantages dans des conventions conclues avec des partenaires qui ont opté pour la règle simplifiée.

Notes

[1]Au 1er juillet 2020, 94 juridictions étaient signataires de l'IM ou parties à l'IM, mais trois d'entre elles (Chypre, Fidji et le Koweït) ne sont pas membres du Cadre inclusif. À cette date, 91 membres du Cadre inclusif étaient signataires de l'IM ou parties à l'IM. Sept autres membres du Cadre inclusif (Angola, Brésil, Gibraltar, Groenland, Îles Féroé, Paraguay et Zambie), bien qu'ils ne soient pas signataires de l'IM ou parties à l'IM, ont conclu un ou deux protocoles portant modification afin de mettre en œuvre le standard minimum.

[2]Aucune convetion n'était en vigueur dans les pays suivants : Bahamas, Djibouti, Haïti, Îles Caïmanes, Îles Cook et Îles Turques-et-Caïques.

[3] En 2018, le Cadre inclusif faisait mention de 1 940 conventions entre membres. Les 205 conventions supplémentaires examinées en 2019 incluent les nouvelles conventions conclues entre membres du Cadre inclusif entre le 30 juin 2018 et le 30 juin 2019, et surtout les conventions existantes concernées des 13 nouveaux membres du Cadre inclusif, qui n'avaient pas été soumises à l'examen par les pairs de 2018.

[4]Un « instrument de mise en conformité » peut désigner l'IM ou un nouveau protocole portant modification qui n'est pas encore entré en vigueur. Il peut également s'agir d'une convention entièrement nouvelle qui n'est pas encore entrée en vigueur.

[5]Le 1er juillet 2020, les positions au regard de l'IM de la plupart des signataires, y compris la liste des conventions fiscales notifiées, étaient provisoires et susceptibles d'être modifiées à l'avenir.

[6]L'article 35 de l'IM régit sa prise d'effet. Les dispositions de l'IM prennent effet à des dates différentes selon les conventions fiscales couvertes.

[7]Certaines conventions faisant l'objet d'un instrument bilatéral de mise en conformité ont également été notifiées aux fins de l'IM car celui-ci autorise les juridictions à mettre en œuvre d'autres mesures BEPS relatives aux conventions fiscales (qui ne se rattachent pas à un standard minimum).

3 Difficultés liées à la mise en œuvre du standard minimum

52. L'examen par les pairs permet également aux juridictions qui se heurtent à des difficultés pour obtenir l'accord d'une autre juridiction en vue d'appliquer le standard minimum de l'Action 6 de soumettre la question par écrit au Secrétariat de l'OCDE. Ce processus, qui est décrit au paragraphe 19 des Documents pour l'examen par les pairs, a été mis en place pour recenser les situations dans lesquelles une juridiction se retrouve face à un partenaire conventionnel membre du Cadre inclusif qui n'a pas la volonté de respecter son engagement de mettre en œuvre le standard minimum.

53. Au cours de l'examen par les pairs mené en 2019, une juridiction a exprimé une inquiétude concernant la Convention entre les États membres de la Communauté des Caraïbes (CARICOM), convention multilatérale conclue entre 11 juridictions, dont 10 membres du Cadre inclusif. Cette inquiétude reste d'actualité cette année car les parties à la convention de la CARICOM ne l'ont pas encore modernisée.

54. La Convention de la CARICOM a été conclue en 1994 afin d'encourager le commerce régional et l'investissement au sein de la Communauté des Caraïbes et contient plusieurs particularités absentes[1] du Modèle de Convention fiscale de l'OCDE ou du Modèle de Convention des Nations Unies concernant les doubles impositions. Ces particularités pourraient mener à une non-imposition de certains flux de revenus. Il est possible qu'à l'époque, ces dérogations aux dispositions type des conventions fiscales aient encouragé une plus grande intégration économique au sein de la Communauté de la CARICOM, mais il se peut aussi qu'elles aient rendu la Convention de la CARICOM plus vulnérable au chalandage fiscal et à d'autres formes d'abus.

55. Les précédentes tentatives de renégociation de la Convention de la CARICOM se sont révélées difficiles. Des événements récents (ouragans dans la région, pandémie de COVID-19, notamment) ont également compliqué l'amorce de discussions sur la modernisation de la Convention. Sous l'impulsion du Cadre inclusif et au vu de la volonté des membres de celui-ci de mettre en œuvre les standards minimums du BEPS, le moment pourrait être opportun pour moderniser la Convention.

56. Le processus par lequel une juridiction peut faire part de difficultés à obtenir l'accord d'une autre juridiction pour modifier une convention existante afin de mettre en œuvre le standard minimum devrait également être examiné dans le cadre du réexamen en cours de la méthodologie des examens par les pairs.

Notes

[1] La Convention de la CARICOM prévoit une imposition à la source quasi-exclusive de tous les revenus, gains et bénéfices. Par ailleurs, certains revenus, les dividendes par exemple, sont entièrement exonérés d'impôt en application de cette convention.

4 Conclusion et prochaines étapes

57. L'examen par les pairs de 2020 montre que l'IM, principal outil utilisé pour appliquer le standard minimum, commence à produire un effet important et vient désormais renforcer le réseau de conventions fiscales bilatérales des juridictions qui l'ont ratifié.

58. L'examen par les pairs de cette année révèle toutefois que le standard minimum établi au titre de l'Action 6 n'est pas appliqué de façon homogène et, en particulier, qu'il existe une nette différence, en termes de progression dans la mise en œuvre du standard minimum, entre les juridictions qui ont ratifié l'IM et celles qui ne l'ont pas ratifié.

59. Il montre surtout que les juridictions qui n'ont pas signé ou ratifié l'IM n'ont encore généralement que très peu voire nullement progressé dans l'application du standard minimum. L'examen par les pairs de 2020 met en évidence le fait que la ratification de l'IM est un outil efficace pour les juridictions souhaitant appliquer le standard minimum au moyen de la règle COP.

60. Il révèle également des lacunes dans la couverture de l'IM car certaines conventions de signataires ou de parties à l'IM ne sont ni couvertes par l'IM, ni soumises à des renégociations bilatérales. Au total, plus de 500 conventions conclues entre des juridictions membres du Cadre inclusif ne seront pas modifiées à ce stade par l'IM parce qu'un partenaire soit n'a pas notifié la convention aux fins de l'IM, soit n'a pas signé l'IM.

61. Enfin, l'examen par les pairs de 2020 recense les juridictions qui n'ont que très peu progressé, voire nullement progressé, dans la mise en œuvre du standard minimum et ce, afin que ces dernières puissent recevoir le soutien dont elles ont besoin. En règle générale, ces juridictions n'ont pas signé l'IM ou n'ont pas intégré de mesures de lutte contre le chalandage fiscal dans leurs conventions.

62. L'examen par les pairs de 2020 et les questions de mise en œuvre qui sont soulevées apportent un éclairage précieux pour le réexamen en cours de la méthodologie de l'examen par les pairs.

Prochaines étapes pour certains membres du Cadre inclusif

63. L'examen par les pairs de cette année contient d'autres informations sur les progrès accomplis par certaines juridictions s'agissant la mise en œuvre du standard minimum. Ces informations pourraient aider les juridictions à identifier clairement les prochaines étapes à court terme pour la mise en œuvre du standard minimum. Celles-ci pourraient notamment consister à ratifier l'IM, pour les signataires ne l'ayant pas encore fait, à combler les lacunes dans la couverture de l'IM ou à établir un plan de négociation pour la mise en œuvre du standard minimum.

Prochaines étapes pour le Cadre inclusif

64. La mise en œuvre du standard minimum continuera à faire l'objet d'un suivi et, comme mentionné dans les Documents pour l'examen par les pairs, la prochaine session d'examen par les pairs débutera au cours du premier semestre de l'année 2021.

65. Conformément au paragraphe 14 des Documents pour l'examen par les pairs, la méthodologie pour l'examen de la mise en œuvre du standard minimum sera réexaminée à la lumière des enseignements tirés de l'expérience acquise au cours des trois premiers examens par les pairs réalisés en 2018, 2019 et 2020.

66. Au moment de la rédaction du présent document, la révision de la méthodologie était en cours d'examen par le Groupe de travail n°1 et nous pouvons penser que l'examen par les pairs de 2021 sera conduit selon une méthodologie révisée que les membres du Cadre inclusif auront la possibilité d'approuver au premier semestre 2021.

Rappel des faits concernant le standard minimum établi par l'Action 14 du BEPS et le mécanisme d'examen par les pairs

Contexte de l'examen par les pairs

67. Ces dernières décennies, les conventions fiscales bilatérales, conclues par la plupart des juridictions dans le monde, ont permis d'empêcher une double imposition préjudiciable et de lever les obstacles aux échanges internationaux de biens et de services, ainsi qu'aux mouvements de capitaux, de technologies et de personnes. Néanmoins, ce réseau étendu de conventions fiscales a aussi donné lieu à des mécanismes de « chalandage fiscal ».

68. Ainsi que l'explique le rapport final sur l'Action 6, le chalandage fiscal désigne habituellement le fait pour une personne de tenter de bénéficier indirectement des avantages prévus par une convention conclue entre deux États sans être résident de l'un de ces États[1].

69. Le chalandage fiscal est dommageable pour plusieurs raisons, et notamment :

- Les avantages négociés entre les parties à une convention sont économiquement étendus aux résidents d'une juridiction tierce selon des modalités qui ne correspondaient pas à l'intention des parties. Le principe de réciprocité est donc violé et l'équilibre des concessions effectuées par les parties s'en trouve perturbé ;
- Le revenu peut échapper totalement à l'impôt ou faire l'objet d'une imposition inadéquate selon des modalités qui n'étaient pas voulues par les parties ; et
- La juridiction de résidence du bénéficiaire ultime du revenu est moins incitée à conclure une convention fiscale avec la juridiction de la source parce que les résidents de la juridiction de résidence du bénéficiaire ultime peuvent recevoir indirectement des avantages de la juridiction de la source sans obligation pour la juridiction de résidence d'accorder des avantages réciproques.

Tentatives antérieures pour traiter le problème du chalandage fiscal

70. Les préoccupations soulevées par le chalandage fiscal ne sont pas nouvelles. Par exemple, en 1977, le concept de « bénéficiaire effectif » a été introduit dans les articles relatifs aux dividendes, intérêts et redevances du Modèle de Convention fiscale de l'OCDE afin de préciser la signification des termes « payés à » et de traiter les situations simples de chalandage fiscal dans lesquelles les revenus sont versés à un résident intermédiaire d'un pays signataire de la convention qui n'est pas considéré, aux fins d'imposition, comme le bénéficiaire de ce revenu (tel qu'un agent ou un mandataire)[2].

71. En 1977, les Commentaires sur l'article 1 du Modèle de Convention fiscale de l'OCDE ont également été mis à jour en vue d'inclure une section consacrée à l'usage incorrect des conventions fiscales[3]. En 1986, le Comité des affaires fiscales (CAF) a publié deux rapports : *Les conventions préventives de la double imposition et l'utilisation des sociétés écran* et *Les conventions préventives de la double imposition et l'utilisation des sociétés relais*. En 2002, le Comité a publié un rapport intitulé *La*

limitation du droit aux avantages des conventions fiscales. Les Commentaires sur l'article 1 ont été enrichis à plusieurs occasions, notamment en 2003, avec l'ajout de divers exemples de dispositions dont les pays pouvaient s'inspirer pour lutter contre le chalandage fiscal.

72. L'examen des pratiques des juridictions montre qu'elles ont tenté de résoudre les problèmes de chalandage fiscal par le passé en suivant diverses approches. Certaines ont eu recours à des règles anti-abus spécifiques fondées sur la nature juridique, la propriété et les activités générales des résidents d'une juridiction partie à une convention fiscale[4]. D'autres ont privilégié une règle anti-abus de portée plus générale faisant référence à l'objet principal des montages ou des transactions.

Le BEPS et le chalandage fiscal

73. Le Plan d'action BEPS, élaboré par le CAF et validé par les dirigeants des pays du G20 en septembre 2013, identifiait 15 actions à engager pour apporter une réponse aux pratiques d'érosion de la base d'imposition et de transfert de bénéfices (BEPS). Il mentionnait l'utilisation abusive des conventions fiscales et, en particulier, le chalandage fiscal, comme l'un des plus importants sujets de préoccupation dans le domaine de l'érosion de la base d'imposition et du transfert de bénéfices.

74. L'Action 6 (Empêcher l'utilisation abusive des conventions fiscales) du Plan d'action BEPS prévoyait la mise au point de dispositions dans les conventions visant à empêcher l'octroi des avantages des conventions fiscales lorsque les circonstances ne s'y prêtent pas. En parallèle, l'Action 15 du Plan d'action BEPS analysait la possibilité d'élaborer un instrument multilatéral en vue de déployer les mesures BEPS relatives aux conventions fiscales « permettant aux juridictions qui le souhaitent de mettre en œuvre les mesures mises au point dans le cadre des travaux relatifs au Projet BEPS et de modifier les conventions fiscales bilatérales ».

75. Après deux années de travaux, le CAF, réunissant les pays de l'OCDE et du G20 œuvrant sur un pied d'égalité, a produit l'Ensemble final des rapports BEPS[5], qui a été entériné par le Conseil de l'OCDE et par les dirigeants du G20 en novembre 2015.

76. Les juridictions sont convenues que quatre mesures BEPS constitueraient des standards minimums que les juridictions participantes devraient s'engager à appliquer. Le Rapport sur l'Action 6 établit l'un de ces standards minimums, à savoir que les juridictions s'engagent à inclure dans leurs conventions fiscales des dispositions relatives au chalandage fiscal visant à garantir une protection minimale contre l'utilisation abusive des conventions.

Le standard minimum établi au titre de l'Action 6

77. Le standard minimum relatif au chalandage fiscal impose aux juridictions d'inclure deux éléments dans leurs conventions fiscales : une déclaration explicite sur la volonté d'éliminer la double imposition sans créer de possibilités de non-imposition (généralement dans le préambule) et l'une des trois méthodes permettant de résoudre le problème du chalandage fiscal.

78. Le standard minimum ne précise pas comment ces deux éléments doivent être mis en œuvre (via l'IM ou des instruments portant modification des conventions bilatérales). Il est toutefois reconnu que ces dispositions doivent être adoptées au niveau bilatéral et qu'une juridiction sera tenue d'appliquer le standard minimum lorsqu'un autre membre du Cadre inclusif le lui demande.

La déclaration explicite

79. Conformément aux paragraphes 22 et 23 du rapport final sur l'Action 6, les juridictions se sont engagées à inclure dans leurs conventions fiscales une déclaration explicite indiquant que leur intention commune est d'éliminer la double imposition sans créer de possibilités de non-imposition ou d'imposition réduite résultant de comportements de fraude ou d'évasion fiscale, en particulier par le recours à des

mécanismes de chalandage fiscal. La disposition suivante figure désormais dans la version 2017 du Modèle de Convention fiscale : « Entendant conclure une Convention pour l'élimination de la double imposition en matière d'impôts sur le revenu et sur la fortune sans créer de possibilités de non-imposition ou d'imposition réduite par l'évasion ou la fraude fiscale (y compris par des mécanismes de chalandage fiscal destinés à obtenir les allégements prévus dans la présente Convention au bénéfice indirect de résidents d'États tiers) ».

Trois méthodes pour traiter le chalandage fiscal

80. Les juridictions se sont également engagées à concrétiser leur « intention commune » en intégrant des dispositions dans leurs conventions sous l'une des trois formes suivantes :

i. un critère des objets principaux (COP) équivalent au paragraphe 9 de l'article 29 du Modèle de Convention fiscale de l'OCDE de 2017, accompagné d'une version simplifiée ou d'une version détaillée de la règle de la limitation des avantages figurant aux paragraphes 1 à 7 du Modèle de l'OCDE de 2017 ; ou
ii. le critère des objets principaux uniquement ; ou
iii. une version détaillée de la règle de la limitation des avantages complétée par un mécanisme (sous la forme d'un critère des objets principaux limité aux mécanismes de relais ou de règles législatives ou jurisprudentielles anti-abus nationales aboutissant à un résultat similaire) permettant de viser les mécanismes de relais qui ne sont pas déjà traités dans les conventions fiscales.

L'obligation de mettre en œuvre le standard minimum

81. Il est reconnu dans le rapport sur l'Action 6 qu'une « certaine souplesse dans l'application [du standard minimum] est requise, car ces dispositions doivent être adaptées à la situation spécifique du pays et aux circonstances qui entourent la négociation des conventions bilatérales ». En particulier :

- une juridiction est tenue d'appliquer le standard minimum dans une convention uniquement si un autre membre du Cadre inclusif le lui demande ;
- les modalités de cette application (l'une des trois options proposées) doivent être approuvées (une solution ne peut pas être imposée) ; et
- l'obligation d'adopter dans les conventions bilatérales des mesures qui mettent en œuvre le standard minimum ne doit pas être interprétée comme l'obligation de conclure de nouvelles conventions ou de modifier des conventions existantes dans un délai prescrit.

82. Le rapport sur l'Action 6 reconnaissait que l'adhésion à l'Instrument multilatéral n'étant pas obligatoire (voir la section suivante) et les juridictions ayant probablement des préférences différentes quant à la façon de se conformer au standard minimum, il serait nécessaire d'opérer un suivi de la mise en œuvre du standard minimum.

83. En mai 2017, le Cadre inclusif a défini les termes de référence et la méthodologie applicables à l'examen par les pairs et a décidé que la méthodologie serait réexaminée en 2020[6].

L'examen par les pairs 2018

84. Le premier examen par les pairs a été réalisé en 2018 et couvrait les 116 juridictions membres du Cadre inclusif au 30 juin 2018. Le rapport d'examen par les pairs, adopté par le Cadre inclusif en janvier 2019, a été publié le 14 février 2019.

85. L'examen par les pairs de 2018 a révélé que, dans la mesure où les dispositions de l'IM n'avaient pas pris effet au moment de ce premier examen, pratiquement aucune des conventions examinées pour

ce rapport n'était encore conforme au standard minimum. Des progrès substantiels avaient cependant été accomplis en 2017 et 2018 en faveur de la mise en œuvre du standard minimum, et les membres du Cadre inclusif, dans leur grande majorité, avaient commencé à traduire leur engagement vis-à-vis du chalandage fiscal en actions concrètes et s'employaient à modifier leur réseau de conventions.

86. Au total, l'examen par les pairs a révélé qu'au 30 juin 2018, 82 juridictions comptaient un certain nombre de conventions déjà conformes au standard minimum ou faisant l'objet d'un instrument de mise en conformité ayant pour objectif leur mise en conformité avec l'IM[7]. Le premier examen par les pairs a mis en exergue l'efficacité de l'IM pour mettre en œuvre les mesures relatives aux conventions fiscales aux fins de prévenir les pratiques de BEPS. Cet instrument constituait de loin l'outil le plus utilisé par les membres du Cadre inclusif pour mettre en œuvre le standard minimum.

87. Toutes les inquiétudes soulevées par les juridictions dans le cadre du premier examen par les pairs quant à la mise en œuvre du standard minimum dans leurs conventions avaient été levées lors de l'approbation du rapport de 2018 par le Cadre inclusif. En conséquence, aucune recommandation n'a été formulée dans le cadre du premier examen par les pairs.

L'examen par les pairs de 2019

88. Le deuxième examen par les pairs a été réalisé en 2019 et couvrait les 129 juridictions membres du Cadre inclusif au 30 juin 2019. Le rapport d'examen par les pairs, adopté par le Cadre inclusif en janvier 2020, a été publié le 24 mars 2020.

89. L'examen par les pairs de 2019 révèle qu'au 30 juin 2019, 91 membres du Cadre inclusif avaient commencé à actualiser leur réseau de conventions fiscales bilatérales et mettaient en œuvre le standard minimum. Les données compilées pour cet examen par les pairs montraient que l'IM avait été l'outil utilisé par la grande majorité des juridictions qui avaient commencé à mettre en œuvre le standard minimum.

90. Au 30 juin 2019, l'IM avait déjà modifié environ 60 conventions bilatérales et son impact devait augmenter rapidement avec sa ratification par les juridictions.

91. Au cours du deuxième examen par les pairs, une juridiction a exprimé une inquiétude concernant la Convention de la CARICOM, convention multilatérale conclue entre 11 juridictions, dont 10 membres du Cadre inclusif. La Convention de la CARICOM a été conclue en 1994 afin d'encourager le commerce régional et l'investissement au sein de la Communauté des Caraïbes et contient plusieurs particularités[8] absentes du Modèle de Convention fiscale de l'OCDE ou du Modèle de Convention des Nations Unies concernant les doubles impositions. Ces particularités pourraient mener à une non-imposition de certains flux de revenus. Il est possible qu'à l'époque, ces dérogations aux dispositions type des conventions fiscales aient encouragé une plus grande intégration économique au sein de la Communauté de la CARICOM, mais il se peut aussi qu'elles aient rendu la Convention de la CARICOM plus vulnérable au chalandage fiscal et à d'autres formes d'abus. Les précédentes tentatives de renégociation de la Convention de la CARICOM s'étaient heurtées à des difficultés.

Conduite de l'examen par les pairs de 2020

92. L'examen a débuté avec l'envoi d'un questionnaire aux membres du Cadre inclusif en mars 2020. Ce questionnaire reprenait, sous réserve de quelques modifications, le questionnaire soumis dans le cadre de l'examen par les pairs de l'Action 6 de 2018. En 2018, les juridictions étaient invitées à dresser la liste de l'ensemble de leurs conventions fiscales complètes sur le revenu alors en vigueur. Ces listes indiquaient si chaque convention contenait les dispositions visées par le standard minimum, à savoir un préambule conforme et la(les) dispositions(s) anti-abus nécessaire(s), si elle faisait l'objet d'un « instrument de mise en conformité » qui devait permettre d'en assurer rapidement la conformité, la nature de cet instrument ainsi que la méthode retenue parmi les trois proposées pour s'aligner sur le standard minimum.

93. En 2020, chaque juridiction a été invitée à actualiser son questionnaire de 2019 en ajoutant à la liste les nouvelles conventions entrées en vigueur depuis. Il a été demandé aux juridictions qui ont rejoint le Cadre inclusif après le dimanche 30 juin 2019 de remplir le questionnaire d'origine.

94. Chaque juridiction a également été invitée à répondre à des questions additionnelles sur la ratification des instruments de mise en conformité et sur les points décrits dans les sections D et E des Documents pour l'examen par les pairs concernant les difficultés rencontrées pour l'obtention de l'accord d'une autre juridiction pour mettre en œuvre le standard minimum. Les juridictions ont en outre eu la liberté d'ajouter tout autre commentaire éventuel. La liste des 137 juridictions ayant fait l'objet d'un examen par les pairs et tous les détails concernant chaque juridiction dans le chapitre 5.

95. Le Secrétariat a analysé les réponses des juridictions afin de vérifier et de recouper les informations éventuellement divergentes et il a établi un avan-projet de rapport.

Notes

[1]Voir le paragraphe 17 du Rapport final sur l'Action 6 du BEPS (2015). Comme le rapport l'indique, les cas dans lesquels un résident de l'État contractant où le revenu a sa source tente d'obtenir des avantages au titre d'une convention (par exemple, par un transfert de résidence vers l'autre État contractant ou en recourant à une entité établie dans cet autre État) pourraient également être considérés comme constituant une forme de chalandage fiscal.

[2]Voir le paragraphe 2 des articles 10 et 11 et le paragraphe 1 de l'article 12 du Modèle de convention fiscale de l'OCDE.

[3]Voir les paragraphes 7 à 10 des Commentaires sur l'article 1 du Modèle de Convention fiscale de l'OCDE de 1977.

[4]Les dispositions sur la limitation des avantages généralement contenues dans les conventions conclues par les États-Unis en sont le meilleur exemple.

[5]En octobre 2015, le CAF, incluant les pays de l'OCDE et du G20 œuvrant sur un pied d'égalité, a produit l'Ensemble final des rapports BEPS, présenté sous la forme de rapports portant sur chacune des 15 actions, accompagné d'un Projet BEPS - Exposé des actions 2015. L'Ensemble final BEPS donne aux États et aux économies les outils dont ils ont besoin pour garantir l'imposition des bénéfices là où s'exercent réellement les activités économiques qui génèrent ces bénéfices et là où la valeur est créée, tout en offrant aux entreprises une sécurité accrue grâce à la réduction du nombre de différends relatifs à l'application des règles fiscales internationales et à la normalisation des exigences de conformité.

[6] Le réexamen de la méthodologie des examens par les pairs était encore en cours au moment de la rédaction du présent rapport, à la lumière des enseignements tirés de la réalisation des examens par les pairs.

[7]Sept autres juridictions n'avaient pas de convention fiscale complète en vigueur et n'étaient donc pas incluses dans le champ de cet exercice.

[8]La Convention de la CARICOM prévoit une imposition à la source quasi-exclusive de tous les revenus, gains et bénéfices. Par ailleurs, certains revenus, les dividendes par exemple, sont entièrement exonérés d'impôt en application de cette convention.

5 Données correspondant à chacune des juridictions membres du Cadre inclusif

Sections ventilées par juridiction

Explication des données ventilées par juridiction

Les sections livrent des informations spécifiques sur chacune des 137 juridictions membres du Cadre inclusif couvertes par l'examen par les pairs. Ces informations proviennent des listes des conventions fiscales communiquées par ces juridictions.

Chaque section renseigne sur les progrès accomplis dans la mise en œuvre du standard minimum (A) et sur les difficultés de mise en œuvre signalées (B). Chaque section contient également une synthèse de la réponse de la juridiction au questionnaire d'examen par les pairs (i.e. la liste des conventions fiscales transmise). Cette synthèse est présentée sous la forme d'un tableau qui recense toutes les conventions fiscales en vigueur.

Bien que les conventions fiscales conclues entre des membres du Cadre inclusif et des non-membres ne soient pas couvertes par l'examen par les pairs, des informations sur ces conventions sont également communiquées afin de prendre acte des progrès réalisés par certaines juridictions et dans un souci d'exhaustivité.

Cette section contient une liste des 137 juridictions soumises à l'examen par les pairs.

Explication des données figurant dans les sections ventilées par juridiction

A. Progrès dans la mise en œuvre du standard minimum

La première sous-section de chacune des sections ventilées par juridiction donne des informations spécifiques sur les progrès accomplis dans la mise en œuvre du standard minimum.

Ces informations concernent :

- les conventions fiscales en vigueur ;
- les conventions fiscales conformes au standard minimum ;
- les conventions fiscales faisant l'objet d'un instrument de mise en conformité ; et
- les conventions fiscales non notifiées aux fins de l'IM.

Le nombre de conventions fiscales :

- Les sections ventilées par juridiction indiquent le nombre de conventions fiscales pour chaque juridiction et recensent également les conventions fiscales conclues avec des juridictions qui ne sont pas membres du Cadre inclusif. Ces conventions sont signalées par un astérisque.
- Aux fins de l'examen par les pairs, une convention fiscale désigne une convention complète visant à éviter la double imposition en matière d'impôts sur le revenu (que cet accord porte ou non sur d'autres impôts) qui est actuellement en vigueur. Elle n'inclut pas d'autres types de conventions tels que les conventions fiscales sur les successions, les accords d'échange de renseignements fiscaux ou d'autres accords administratifs, les conventions sur le transport maritime et aérien, pas plus que les conventions partielles couvrant uniquement les personnes physiques.
- Le terme « convention » englobe une relation bilatérale fondée sur un traité. Si, par exemple, un État s'est divisé en deux et chacun des États successeurs honore une convention conclue par l'État prédécesseur, chacun des États successeurs est considéré comme étant partie à une convention distincte. Dans cet exemple, le nombre de relations bilatérales fondées sur un traité dépasse le nombre de conventions signées.

Les conventions fiscales conformes au standard minimum :

- Les sections ventilées par juridiction indiquent le nombre de conventions fiscales qui sont pleinement conformes au standard minimum pour chaque juridiction. Les conventions partiellement conformes, à savoir celles qui contiennent un seul élément du standard minimum, sont indiquées comme étant non conformes.
- Lorsqu'une juridiction a conclu une nouvelle convention fiscale ou un protocole portant modification qui est conforme au standard minimum, elle est indiquée comme respectant le standard minimum uniquement si les dispositions qui le mettent en œuvre sont en vigueur.
- Lorsque le standard minimum est mis en œuvre via l'IM, *les dispositions correspondantes de l'IM (articles 6 et 7) doivent avoir commencé à prendre effet au 1er juillet 2020 pour cette convention pour qu'elle soit conforme au standard minimum (article 35 de l'IM)*.

Les conventions fiscales faisant l'objet d'un instrument de mise en conformité :

- Les sections ventilées par juridiction indiquent le nombre de conventions fiscales qui ne sont pas conformes au standard minimum mais qui font l'objet d'un instrument de mise en conformité.
- Un « instrument de mise en conformité » peut être l'IM ou un protocole portant modification qui n'est pas encore entré en vigueur et qui pourrait mettre la convention fiscale en conformité avec le standard minimum. Il peut également s'agir d'une convention entièrement nouvelle qui est conforme au standard minimum et qui n'est pas encore entrée en vigueur.
- L'instrument de mise en conformité peut uniquement être l'IM si la convention est notifiée en tant qu'accord que la juridiction souhaite voir visé par l'IM, *indépendamment de la question de savoir si son partenaire de convention l'a notifiée*.
- Les informations relatives à l'IM indiquées pour chaque juridiction correspondent généralement à ses dernières positions disponibles publiquement, qui deviendront la position définitive des juridictions qui ont déjà déposé leur instrument de ratification et la position provisoire de celles qui ne l'ont pas encore fait.

Les conventions fiscales non notifiées aux fins de l'IM :

Lorsque la juridiction a signé l'IM, la section indique le nombre de conventions fiscales conclues avec des membres du Cadre inclusif qui n'ont pas été notifiées en tant que conventions que la juridiction souhaite voir modifiées par l'IM et qui par ailleurs ne sont pas conformes au standard minimum. Elle précise également si les partenaires de convention concernés, dès lors qu'ils ont signé l'IM, ont notifié leur convention.

B. Difficultés de mise en œuvre

Lorsque des difficultés de mise en œuvre ont été identifiées concernant une juridiction, la deuxième partie des sections ventilées par juridiction encourage la juridiction à appliquer le standard minimum.

Ces encouragements peuvent être de quatre types différents :

- Les juridictions qui sont membres du Cadre inclusif et signataires de l'IM mais qui ne l'ont pas encore ratifié sont invitées à le faire le plus rapidement possible, étant entendu que leurs conventions notifiées aux fins de l'IM ne deviendront conformes qu'après ratification de l'IM.
- Les « conventions non couvertes » aux fins de l'IM (conventions conclues entre deux signataires de l'IM dont l'un des partenaires n'a pas notifié la convention aux fins de l'IM ; et conventions conclues entre des juridictions dont une seule a signé l'IM)[1] ne seront conformes qu'à condition d'être notifiées aux fins de l'IM ou que si leurs parties engagent des renégociations bilatérales en vue de mettre en œuvre le standard minimum.
- Le Secrétariat de l'OCDE est disposé à s'entretenir avec toute juridiction membre du Cadre inclusif qui n'a pas signé l'IM ni déployé des mesures de lutte contre le chalandage fiscal dans ses conventions pour réfléchir aux moyens de l'aider à mettre ces conventions en conformité avec le standard minimum.
- Les juridictions qui sont parties à des conventions multilatérales non conformes au standard minimum sont invitées à actualiser ces conventions en engageant des discussions avec l'ensemble des signataires, dans la mesure où aucune renégociation n'est prévue ou envisagée pour la mise en œuvre du standard minimum.

Tableau 5.1. Liste des juridictions membres du Cadre inclusif soumises à l'examen par les pairs

Le 1er juillet 2020, les juridictions suivantes étaient membres du Cadre inclusif :

1.	Albanie	47.	Îles Féroé	93.	Pays-Bas
2.	Andorre	48.	Finlande	94.	Nouvelle-Zélande
3.	Angola	49.	France	95.	Nigéria
4.	Anguilla	50.	Gabon	96.	Macédoine du Nord
5.	Antigua-et-Barbuda	51.	Géorgie	97.	Norvège
6.	Argentine	52.	Allemagne	98.	Oman
7.	Arménie	53.	Gibraltar	99.	Pakistan
8.	Aruba	54.	Grèce	100.	Panama
9.	Australie	55.	Groenland	101.	Papouasie-Nouvelle-Guinée
10.	Autriche	56.	Grenade	102.	Paraguay
11.	Bahamas	57.	Guernesey	103.	Pérou
12.	Bahreïn	58.	Haïti	104.	Pologne
13.	Barbade	59.	Honduras	105.	Portugal
14.	Belgique	60.	Hong Kong, Chine	106.	Qatar
15.	Belize	61.	Hongrie	107.	Roumanie

[1] Les conventions non couvertes identifiées dans ce rapport désignent des conventions conclues entre deux signataires de l'IM membres du Cadre inclusif qui ne font pas l'objet de négociations bilatérales dont l'un des partenaires n'a pas notifié la convention aux fins de l'IM ; et les conventions conclues entre des juridictions qui sont membres du Cadre inclusif dont une seule a signé l'IM.

16.	Bénin	62.	Islande	108.	Fédération de Russie
17.	Bermudes	63.	Inde	109.	Saint-Kitts-et-Nevis
18.	Bosnie-Herzégovine	64.	Indonésie	110.	Sainte-Lucie
19.	Botswana	65.	Irlande	111.	Saint-Vincent-et-les-Grenadines
20.	Brésil	66.	Île de Man	112.	Saint-Marin
21.	Îles Vierges britanniques	67.	Israël	113.	Arabie saoudite
22.	Brunei Darussalam	68.	Italie	114.	Sénégal
23.	Bulgarie	69.	Jamaïque	115.	Serbie
24.	Burkina Faso	70.	Japon	116.	Seychelles
25.	Cabo Verde	71.	Jersey	117.	Sierra Leone
26.	Cameroun	72.	Jordanie	118.	Singapour
27.	Canada	73.	Kazakhstan	119.	République slovaque
28.	Îles Caïmanes	74.	Kenya	120.	Slovénie
29.	Chili	75.	Corée	121.	Afrique du Sud
30.	Chine (République populaire de)	76.	Lettonie	122.	Espagne
31.	Colombie	77.	Libéria	123.	Sri Lanka
32.	Congo	78.	Liechtenstein	124.	Suède
33.	Îles Cook	79.	Lituanie	125.	Suisse
34.	Costa Rica	80.	Luxembourg	126.	Thaïlande
35.	Côte d'Ivoire	81.	Macao, Chine	127.	Trinité-et-Tobago
36.	Croatie	82.	Malaisie	128.	Tunisie
37.	Curaçao	83.	Maldives	129.	Îles Turques et Caïques
38.	République tchèque	84.	Malte	130	Turquie
39.	République démocratique du Congo	85.	Maurice	131	Ukraine
40.	Danemark	86.	Mexique	132	Émirats arabes unis
41.	Djibouti	87.	Monaco	133	Royaume-Uni
42.	Dominique	88.	Mongolie	134	États-Unis
43.	République dominicaine	89.	Monténégro	135	Uruguay
44.	Égypte	90.	Montserrat	136	Viet Nam
45.	Estonie	91.	Maroc	137	Zambie
46.	Eswatini	92.	Namibie		

Albanie

A. Progrès dans la mise en œuvre du standard minimum

L'Albanie compte 42 conventions fiscales en vigueur, comme l'indique sa réponse au questionnaire d'examen par les pairs.

L'Albanie a signé l'IM en 2019 et a déposé son instrument de ratification 22 septembre 2020. L'IM entrera en vigueur pour l'Albanie le 1er janvier 2021. L'Albanie n'a pas notifié sa convention avec l'Arabie saoudite. À ce stade, cette convention ne sera pas modifiée par l'IM. L'Arabie saoudite a notifié sa convention avec l'Albanie aux fins de l'IM.

L'Albanie met en œuvre le standard minimum dans ses conventions fiscales par l'inclusion de la disposition de la déclaration du préambule et de la règle COP[2].

Les conventions qui seront modifiées par l'IM deviendront conformes au standard minimum une fois que les dispositions de l'IM auront pris effet.

B. Difficultés de mise en œuvre

Comme mentionné précédemment, l'Albanie n'a pas notifié sa convention avec l'Arabie saoudite aux fins de l'IM. Notifier cette convention aux fins de l'IM ou engager des renégociations bilatérales dans le but de mettre en œuvre le standard minimum permettrait de transposer le standard minimum dans cette convention non couverte.

Synthèse de la réponse de la juridiction - Albanie

	Partenaires de convention	Conformité avec le standard	Si conforme, méthode choisie	Signature d'un instrument de mise en conformité	Méthode choisie dans l'instrument de mise en conformité (si différent de l'IM)	Commentaires
1	Autriche	Non	N/C	Oui	N/C	
2	Belgique	Non	N/C	Oui	N/C	
3	Bosnie-Herzégovine	Non	N/C	Oui	N/C	
4	Bulgarie	Non	N/C	Oui	N/C	
5	Chine (République populaire de)	Non	N/C	Oui	N/C	
6	Croatie	Non	N/C	Oui	N/C	
7	République tchèque	Non	N/C	Oui	N/C	
8	Égypte	Non	N/C	Oui	N/C	
9	Estonie	Non	N/C	Oui	N/C	
10	France	Non	N/C	Oui	N/C	
11	Allemagne	Non	N/C	Oui	N/C	
12	Grèce	Non	N/C	Oui	N/C	
13	Hongrie	Non	N/C	Oui	N/C	
14	Islande	Non	N/C	Oui	N/C	
15	Inde	Non	N/C	Oui	N/C	

2 Pour ses conventions notifiées aux fins de l'IM, l'Albanie choisit d'appliquer la disposition de la déclaration du préambule (article 6 de l'IM) et la règle COP (article 7 de l'IM).

16	Irlande	Non	N/C	Oui	N/C	
17	Italie	Non	N/C	Oui	N/C	
18	Corée	Non	N/C	Oui	N/C	
19	Kosovo*	Non	N/C	Oui	N/C	
20	Koweït*	Non	N/C	Oui	N/C	
21	Lettonie	Non	N/C	Oui	N/C	
22	Malaisie	Non	N/C	Oui	N/C	
23	Malte	Non	N/C	Oui	N/C	
24	Moldova*	Non	N/C	Oui	N/C	
25	Monténégro	Non	N/C	Oui	N/C	
26	Pays-Bas	Non	N/C	Oui	N/C	
27	Macédoine du Nord	Non	N/C	Oui	N/C	
28	Norvège	Non	N/C	Oui	N/C	
29	Pologne	Non	N/C	Oui	N/C	
30	Qatar	Non	N/C	Oui	N/C	
31	Roumanie	Non	N/C	Oui	N/C	
32	Russie	Non	N/C	Oui	N/C	
33	Arabie saoudite	Non	N/C	Non	N/C	
34	Serbie	Non	N/C	Oui	N/C	
35	Singapour	Non	N/C	Oui	N/C	
36	Slovénie	Non	N/C	Oui	N/C	
37	Espagne	Non	N/C	Oui	N/C	
38	Suède	Non	N/C	Oui	N/C	
39	Suisse	Non	N/C	Oui	N/C	
40	Turquie	Non	N/C	Oui	N/C	
41	Émirats arabes unis	Non	N/C	Oui	N/C	
42	Royaume-Uni	Non	N/C	Oui	N/C	

Andorre

A. Progrès dans la mise en œuvre du standard minimum

Andorre compte huit conventions fiscales en vigueur, comme l'indique sa réponse au questionnaire d'examen par les pairs. L'une de ces conventions, celle avec Chypre*, est conforme au standard minimum.

Andorre a signé l'IM en 2017 et a notifié ses conventions non conformes.

Andorre met en œuvre le standard minimum par l'inclusion de la disposition de la déclaration du préambule et de la règle COP[3].

Les conventions qui seront modifiées par l'IM deviendront conformes au standard minimum une fois que les dispositions de l'IM auront pris effet.

B. Difficultés de mise en œuvre

Les conventions notifiées par Andorre aux fins de l'IM deviendront conformes une fois qu'Andorre aura ratifié l'IM. Andorre est invité à ratifier l'IM le plus rapidement possible.

Synthèse de la réponse de la juridiction - Andorre

	Partenaires de convention	Conformité avec le standard	Si conforme, méthode choisie	Signature d'un instrument de mise en conformité	Méthode choisie dans l'instrument de mise en conformité (si différent de l'IM)	Commentaires
1	Chypre*	Oui	COP uniquement	N/C	N/C	
2	France	Non	N/C	Oui	N/C	
3	Liechtenstein	Non	N/C	Oui	N/C	
4	Luxembourg	Non	N/C	Oui	N/C	
5	Malte	Non	N/C	Oui	N/C	
6	Portugal	Non	N/C	Oui	N/C	
7	Espagne	Non	N/C	Oui	N/C	
8	Émirats arabes unis	Non	N/C	Oui	N/C	

[3] Pour la totalité de ses conventions notifiées aux fins de l'IM, Andorre choisit d'appliquer la disposition de la déclaration du préambule (article 6 de l'IM). Pour cinq de ses conventions notifiées aux fins de l'IM, Andorre choisit d'appliquer la règle COP (article 7 de l'IM). Andorre a formulé une réserve conformément à l'article 7(15)(b) de l'IM afin de ne pas appliquer l'article 7(1) concernant les conventions qui contiennent déjà une règle COP. Deux des conventions d'Andorre entrent dans le champ de cette réserve.

Angola

A. Progrès dans la mise en œuvre du standard minimum

L'Angola compte deux conventions fiscales en vigueur avec le Portugal et les Émirats arabes unis, comme l'indique sa réponse au questionnaire d'examen par les pairs. Ses conventions sont conformes au standard minimum.

L'Angola met en œuvre le standard minimum par l'inclusion de la déclaration du préambule et de la règle COP.

B. Difficultés de mise en œuvre

Aucune juridiction n'a signalé de préoccupation concernant l'Angola.

Synthèse de la réponse de la juridiction - Angola

	Partenaires de convention	Conformité avec le standard	Si conforme, méthode choisie	Signature d'un instrument de mise en conformité	Méthode choisie dans l'instrument de mise en conformité (si différent de l'IM)	Commentaires
1	Portugal	Oui	COP uniquement	N/C	N/C	
2	Émirats arabes unis	Oui	COP uniquement	N/C	N/C	

Anguilla

A. Progrès dans la mise en œuvre du standard minimum

Anguilla compte une convention fiscale en vigueur avec la Suisse, comme l'indique sa réponse au questionnaire d'examen par les pairs.

La convention d'Anguilla n'est pas conforme au standard minimum et ne fait l'objet d'aucun instrument de mise en conformité.

Anguilla n'a pas adhéré à l'IM.

B. Difficultés de mise en œuvre

Étant donné qu'Anguilla n'a pas adhéré à l'IM ni appliqué de mesures de lutte contre le chalandage fiscal dans sa convention, le Secrétariat lui proposera son aide pour élaborer un plan de mise en œuvre du standard minimum en vue de renforcer son réseau de conventions.

Synthèse de la réponse de la juridiction – Anguilla

	Partenaires de convention	Conformité avec le standard	Si conforme, méthode choisie	Signature d'un instrument de mise en conformité	Méthode choisie dans l'instrument de mise en conformité (si différent de l'IM)	Commentaires
1	Suisse	Non	N/C	Non	N/C	

Antigua-et-Barbuda

A. Progrès dans la mise en œuvre du standard minimum

Antigua-et-Barbuda compte trois conventions fiscales en vigueur, comme l'indique sa réponse au questionnaire d'examen par les pairs, y compris la convention multilatérale entre les membres de la CARICOM conclue avec dix de ses partenaires (la convention de la CARICOM)[4].

Aucune des conventions conclues par Antigua-et-Barbuda n'est conforme au standard minimum ou ne fait l'objet d'un instrument de mise en conformité.

Antigua-et-Barbuda n'a pas signé l'IM.

B. Difficultés de mise en œuvre

Étant donné qu'Antigua-et-Barbuda n'a pas adhéré à l'IM ni appliqué de mesures de lutte contre le chalandage fiscal dans ses conventions, le Secrétariat lui proposera son aide pour élaborer un plan de mise en œuvre du standard minimum en vue de renforcer son réseau de conventions.

Antigua-et-Barbuda est invitée à actualiser la convention de la CARICOM en entamant des discussions avec l'ensemble de ses partenaires de convention[5].

Synthèse de la réponse de la juridiction – Antigua-et-Barbuda

	Partenaires de convention	Conformité avec le standard	Si conforme, méthode choisie	Signature d'un instrument de mise en conformité	Méthode choisie dans l'instrument de mise en conformité (si différent de l'IM)	Commentaires
1	Barbade	Non	N/C	Non	N/C	CARICOM
2	Belize	Non	N/C	Non	N/C	CARICOM
3	Dominique	Non	N/C	Non	N/C	CARICOM
4	Grenade	Non	N/C	Non	N/C	CARICOM
5	Guyana*	Non	N/C	Non	N/C	CARICOM
6	Jamaïque	Non	N/C	Non	N/C	CARICOM
7	Saint-Kitts-et-Nevis	Non	N/C	Non	N/C	CARICOM
8	Sainte-Lucie	Non	N/C	Non	N/C	CARICOM
9	Saint-Vincent-et-les-Grenadines	Non	N/C	Non	N/C	CARICOM
10	Suisse	Non	N/C	Non	N/C	
11	Trinité-et-Tobago	Non	N/C	Non	N/C	CARICOM
12	Royaume-Uni	Non	N/C	Non	N/C	

[4] Au total, Antigua-et-Barbuda a notifié 12 « accords » dans sa liste des conventions fiscales : deux conventions bilatérales et la convention de la CARICOM conclue avec dix de ses partenaires.

[5] Les révisions de la convention de la CARICOM nécessitent l'accord de ses onze partenaires.

Argentine

A. Progrès dans la mise en œuvre du standard minimum

L'Argentine compte 20 conventions fiscales en vigueur, comme l'indique sa réponse au questionnaire d'examen par les pairs. Trois de ces conventions, celles conclues avec le Brésil, le Chili et le Mexique, sont conformes au standard minimum.

L'Argentine a signé l'IM en 2017 et n'a pas notifié sa convention avec l'Allemagne. Dans sa réponse au questionnaire d'examen par les pairs, elle a indiqué que des négociations bilatérales seraient entamées en vue de mettre cette convention en conformité avec le standard minimum.

L'Argentine met en œuvre le standard minimum par l'inclusion de la disposition de la déclaration du préambule et de la règle COP associée à la règle LOB[6].

Les conventions qui seront modifiées par l'IM deviendront conformes au standard minimum une fois que les dispositions de l'IM auront pris effet.

B. Difficultés de mise en œuvre

Les conventions notifiées par l'Argentine aux fins de l'IM deviendront conformes une fois qu'elle aura ratifié l'IM. l'Argentine est invitée à ratifier l'IM le plus rapidement possible.

Synthèse de la réponse de la juridiction – Argentine

	Partenaires de convention	Conformité avec le standard	Si conforme, méthode choisie	Signature d'un instrument de mise en conformité	Méthode choisie dans l'instrument de mise en conformité (si différent de l'IM)	Commentaires
1	Australie	Non	N/C	Oui	N/C	
2	Belgique	Non	N/C	Oui	N/C	
3	Bolivie*	Non	N/C	Non	N/C	
4	Brésil	Oui	COP et LOB	N/C	N/C	
5	Canada	Non	N/C	Oui	N/C	
6	Chili	Oui	COP et LOB	N/C	N/C	
7	Danemark	Non	N/C	Oui	N/C	
8	Finlande	Non	N/C	Oui	N/C	
9	France	Non	N/C	Oui	N/C	
10	Allemagne	Non	N/C	Non	N/C	
11	Italie	Non	N/C	Oui	N/C	
12	Mexique	Oui	COP et LOB	N/C	N/C	
13	Pays-Bas	Non	N/C	Oui	N/C	
14	Norvège	Non	N/C	Oui	N/C	
15	Russie	Non	N/C	Oui	N/C	

[6] Pour 15 de ses conventions notifiées aux fins de l'IM, l'Argentine choisit d'appliquer la disposition de la déclaration du préambule (article 6 de l'IM) et la règle COP (article 7 de l'IM). Deux des conventions de l'Argentine, celles conclues avec le Chili et le Mexique, entrent dans le champ des réserves formulées par l'Argentine conformément à l'article 6(4) et à l'article 7(15)(b) de l'IM. L'Argentine a également opté pour la règle LOB simplifiée au titre de l'article 7(6) de l'IM.

16	Espagne	Non	N/C	Oui	N/C	
17	Suède	Non	N/C	Oui	N/C	
18	Suisse	Non	N/C	Oui	N/C	
19	Émirats arabes unis	Non	N/C	Oui	N/C	
20	Royaume-Uni	Non	N/C	Oui	N/C	

Arménie

A. Progrès dans la mise en œuvre du standard minimum

L'Arménie compte 48 conventions fiscales en vigueur, comme l'indique sa réponse au questionnaire d'examen par les pairs.

L'Arménie a signé l'IM en 2017 et n'a pas notifié ses conventions avec le Danemark et Israël. Aussi, à ce stade, ces conventions ne seront pas modifiées par l'IM. Le Danemark a fait savoir dans sa réponse au questionnaire d'examen par les pairs qu'il ajouterait sa convention avec l'Arménie à la liste de ses conventions fiscales couvertes par l'IM. Israël a notifié sa convention avec l'Arménie aux fins de l'IM.

L'Arménie met en œuvre le standard minimum par l'inclusion de la disposition de la déclaration du préambule et la règle COP associée à la règle LOB[7].

Les conventions qui seront modifiées par l'IM deviendront conformes au standard minimum une fois que les dispositions de l'IM auront pris effet.

B. Difficultés de mise en œuvre

Les conventions notifiées par l'Arménie aux fins de l'IM deviendront conformes une fois qu'elle aura ratifié l'IM. L'Arménie est invitée à ratifier l'IM le plus rapidement possible.

Comme mentionné précédemment, l'Arménie n'a pas notifié ses conventions avec le Danemark et Israël aux fins de l'IM. Notifier ces conventions aux fins de l'IM ou engager des renégociations bilatérales dans le but de mettre en œuvre le standard minimum permettrait de transposer le standard minimum dans ces conventions non couvertes.

Synthèse de la réponse de la juridiction – Arménie

	Partenaires de convention	Conformité avec le standard	Si conforme, méthode choisie	Signature d'un instrument de mise en conformité	Méthode choisie dans l'instrument de mise en conformité (si différent de l'IM)	Commentaires
1	Autriche	Non	N/C	Oui	N/C	
2	Bélarus*	Non	N/C	Oui	N/C	
3	Belgique	Non	N/C	Oui	N/C	
4	Bulgarie	Non	N/C	Oui	N/C	
5	Canada	Non	N/C	Oui	N/C	
6	Chine (République populaire de)	Non	N/C	Oui	N/C	
7	Croatie	Non	N/C	Oui	N/C	
8	Chypre*	Non	N/C	Oui	N/C	
9	République tchèque	Non	N/C	Oui	N/C	
10	Danemark	Non	N/C	Non	N/C	
11	Estonie	Non	N/C	Oui	N/C	
12	Finlande	Non	N/C	Oui	N/C	

[7] Pour ses conventions notifiées aux fins de l'IM, l'Arménie choisit d'appliquer la disposition de la déclaration du préambule (article 6 de l'IM) et la règle COP (article 7 de l'IM). L'Arménie a également opté pour la règle LOB simplifiée en vertu de l'article 7(6) de l'IM.

13	France	Non	N/C	Oui	N/C	
14	Géorgie	Non	N/C	Oui	N/C	
15	Allemagne	Non	N/C	Oui	N/C	
16	Grèce	Non	N/C	Oui	N/C	
17	Hongrie	Non	N/C	Oui	N/C	
18	Inde	Non	N/C	Oui	N/C	
19	Indonésie	Non	N/C	Oui	N/C	
20	Iran*	Non	N/C	Oui	N/C	
21	Irlande	Non	N/C	Oui	N/C	
22	Israël	Non	N/C	Non	N/C	
23	Italie	Non	N/C	Oui	N/C	
24	Kazakhstan	Non	N/C	Oui	N/C	
25	Koweït*	Non	N/C	Oui	N/C	
26	Lettonie	Non	N/C	Oui	N/C	
27	Liban*	Non	N/C	Oui	N/C	
28	Lituanie	Non	N/C	Oui	N/C	
29	Luxembourg	Non	N/C	Oui	N/C	
30	Moldova*	Non	N/C	Oui	N/C	
31	Pays-Bas	Non	N/C	Oui	N/C	
32	Pologne	Non	N/C	Oui	N/C	
33	Qatar	Non	N/C	Oui	N/C	
34	Roumanie	Non	N/C	Oui	N/C	
35	Russie	Non	N/C	Oui	N/C	
36	Serbie	Non	N/C	Oui	N/C	
37	République slovaque	Non	N/C	Oui	N/C	
38	Slovénie	Non	N/C	Oui	N/C	
39	Espagne	Non	N/C	Oui	N/C	
40	Suède	Non	N/C	Oui	N/C	
41	Suisse	Non	N/C	Oui	N/C	
42	République arabe syrienne*	Non	N/C	Oui	N/C	
43	Tadjikistan*	Non	N/C	Oui	N/C	
44	Thaïlande	Non	N/C	Oui	N/C	
45	Turkménistan*	Non	N/C	Oui	N/C	
46	Ukraine	Non	N/C	Oui	N/C	
47	Émirats arabes unis	Non	N/C	Oui	N/C	
48	Royaume-Uni	Non	N/C	Oui	N/C	

Aruba

A. Progrès dans la mise en œuvre du standard minimum

Aruba compte une convention fiscale en vigueur, comme l'indique sa réponse au questionnaire d'examen par les pairs.

La convention conclue par Aruba n'est pas conforme au standard minimum et ne fait pas l'objet d'un instrument de mise en conformité.

Aruba n'a pas adhéré à l'IM.

La convention entre Aruba et les Pays-Bas est un instrument régi par le droit interne du Royaume des Pays-Bas.

B. Difficultés de mise en œuvre

Étant donné qu'Aruba n'a pas adhéré à l'IM ni appliqué de mesures de lutte contre le chalandage fiscal dans ses conventions, le Secrétariat lui proposera son aide pour élaborer un plan de mise en œuvre du standard minimum en vue de renforcer son réseau de conventions.

Synthèse de la réponse de la juridiction – Aruba

	Partenaires de convention	Conformité avec le standard	Si conforme, méthode choisie	Signature d'un instrument de mise en conformité	Méthode choisie dans l'instrument de mise en conformité (si différent de l'IM)	Commentaires
1	Pays-Bas	Non	N/C	Non	N/C	Une nouvelle convention est en cours de négociation

Australie

A. Progrès dans la mise en œuvre du standard minimum

L'Australie compte 45 conventions fiscales en vigueur, comme l'indique sa réponse au questionnaire d'examen par les pairs. 18 de ces conventions, celles conclues avec l'Allemagne, la Belgique, le Canada, le Danemark, la Finlande, la France, l'Inde, l'Irlande, Israël, le Japon, Malte, la Norvège, la Nouvelle-Zélande, les Pays-Bas, la Pologne, la République slovaque, le Royaume-Uni et Singapour, sont conformes au standard minimum.

L'Australie a signé l'IM en 2017 et a déposé son instrument de ratification le 26 septembre 2018[8]. L'IM est entré en vigueur pour l'Australie le 1er janvier 2019.

L'Australie met en œuvre le standard minimum par l'inclusion de la déclaration du préambule et de la règle COP[9].

Les conventions qui seront modifiées par l'IM deviendront conformes au standard minimum une fois que les dispositions de l'IM auront pris effet.

B. Difficultés de mise en œuvre

Aucune juridiction n'a signalé de préoccupation relative à ses conventions conclues avec l'Australie.

Synthèse de la réponse de la juridiction – Australie

	Partenaires de convention	Conformité avec le standard	Si conforme, méthode choisie	Signature d'un instrument de mise en conformité	Méthode choisie dans l'instrument de mise en conformité (si différent de l'IM)	Commentaires
1	Argentine	Non	N/C	Oui	N/C	
2	Autriche	Non	N/C	Oui	N/C	L'Australie n'a pas notifié cette convention en tant que convention fiscale couverte.
3	Belgique	Oui	COP uniquement	N/C	N/C	L'IM est entré en vigueur le 1/10/2019.
4	Canada	Oui	COP uniquement	N/C	N/C	L'IM est entré en vigueur le 01/12/2019.
5	Chili	Non	N/C	Oui	N/C	
6	Chine (République populaire de)	Non	N/C	Oui	N/C	
7	Taipei chinois*	Non	N/C	Non	N/C	
8	République tchèque	Non	N/C	Oui	N/C	L'IM est entré en vigueur le 01/09/2020.
9	Danemark	Oui	COP uniquement	N/C	N/C	L'IM est entré en vigueur le 01/01/2020.

[8] La convention conclue avec l'Allemagne, déjà conforme au standard minimum, n'a pas été notifiée aux fins de l'IM. Une nouvelle convention conclue avec Israël est entrée en vigueur en décembre 2019 et est également conforme au standard minimum.

[9] Pour ses conventions notifiées aux fins de l'IM, l'Australie choisit d'appliquer la disposition de la déclaration du préambule (article 6 de l'IM) et la règle COP (article 7 de l'IM).

10	Fidji*	Non	N/C	Oui	N/C	
11	Finlande	Oui	COP uniquement	N/C	N/C	L'IM est entré en vigueur le 01/06/2019.
12	France	Oui	COP uniquement	N/C	N/C	L'IM est entré en vigueur le 01/01/2019.
13	Allemagne	Oui	COP uniquement	N/C	N/C	Le protocole portant modification est entré en vigueur le 07/12/2016.
14	Hongrie	Non	N/C	Oui	N/C	
15	Inde	Oui	COP uniquement	N/C	N/C	L'IM est entré en vigueur le 01/10/2019.
16	Indonésie	Non	N/C	Oui	N/C	L'IM entrera en vigueur le 01/08/2020.
17	Irlande	Oui	COP uniquement	N/C	N/C	L'IM est entré en vigueur le 01/05/2019.
18	Israël	Oui	COP uniquement	N/C	N/C	Une nouvelle convention est entrée en vigueur le 06/12/2019.
19	Italie	Non	N/C	Oui	N/C	
20	Japon	Oui	COP et LOB	N/C	N/C	L'IM est entré en vigueur le 01/01/2019.
21	Kiribati*	Non	N/C	Oui	N/C	
22	Corée	Non	N/C	Oui	N/C	L'IM entrera en vigueur le 01/09/2020.
23	Malaisie	Non	N/C	Oui	N/C	
24	Malte	Oui	COP uniquement	N/C	N/C	L'IM est entré en vigueur le 01/04/2019.
25	Mexique	Non	N/C	Oui	N/C	
26	Pays-Bas	Oui	COP uniquement	N/C	N/C	L'IM est entré en vigueur le 01/07/2019.
27	Nouvelle-Zélande	Oui	COP uniquement	N/C	N/C	L'IM est entré en vigueur le 01/01/2019.
28	Norvège	Oui	COP uniquement	N/C	N/C	L'IM est entré en vigueur le 01/11/2019.
29	Papouasie-Nouvelle-Guinée	Non	N/C	Oui	N/C	
30	Philippines*	Non	N/C	Oui	N/C	
31	Pologne	Oui	COP uniquement	N/C	N/C	L'IM est entré en vigueur le 01/01/2019.
32	Roumanie	Non	N/C	Oui	N/C	
33	Russie	Non	N/C	Oui	N/C	L'IM est entré en vigueur le 01/10/2019.
34	Singapour	Oui	COP uniquement	N/C	N/C	L'IM est entré en vigueur le 01/04/2019.
35	République slovaque	Oui	COP uniquement	N/C	N/C	L'IM est entré en vigueur le 01/01/2019.
36	Afrique du Sud	Non	N/C	Oui	N/C	
37	Espagne	Non	N/C	Oui	N/C	
38	Sri Lanka	Non	N/C	Oui	N/C	
39	Suède	Non	N/C	Oui	N/C	La Suède n'a pas notifié cette convention en tant que convention fiscale couverte.
40	Suisse	Non	N/C	Oui	N/C	La Suisse n'a pas notifié cette convention en tant que convention fiscale couverte.
41	Thaïlande	Non	N/C	Oui	N/C	
42	Turquie	Non	N/C	Oui	N/C	

43	Royaume-Uni	Oui	COP uniquement	N/C	N/C	L'IM est entré en vigueur le 01/01/2019.
44	États-Unis	Non	N/C	Oui	N/C	
45	Viet Nam	Non	N/C	Oui	N/C	

Autriche

A. Progrès dans la mise en œuvre du standard minimum

L'Autriche compte 91 conventions fiscales en vigueur, comme l'indique sa réponse au questionnaire d'examen par les pairs. 20 de ces conventions,[10] celles conclues avec la Belgique, le Canada, la Finlande, la France, l'Inde[11], l'Irlande, Israël, le Japon, le Kosovo*, le Liechtenstein, la Lituanie, le Luxembourg[12], Malte, les Pays-Bas, la Pologne, la République slovaque, le Royaume-Uni, la Serbie, Singapour et la Slovénie, sont conformes au standard minimum.

L'Autriche a signé l'IM en 2017 et a déposé son instrument de ratification le 22 septembre 2017. L'IM est entré en vigueur pour l'Autriche le 1er juillet 2018. L'Autriche n'a pas notifié ses conventions avec l'Albanie, l'Arabie saoudite, l'Arménie, l'Australie, Bahreïn, la Barbade, Belize, la Bosnie-Herzégovine, le Brésil, la Corée, le Danemark, l'Égypte, les Émirats arabes unis, la Géorgie, l'Indonésie, l'Islande, le Kazakhstan, la Macédoine du Nord, la Malaisie, le Maroc, la Mongolie, le Monténégro, la Norvège, la Nouvelle-Zélande, le Qatar, Saint-Marin, la Suède, la Thaïlande, la Tunisie, l'Ukraine et le Viet Nam. Aussi, à ce stade, ces conventions ne seront pas modifiées par l'IM. L'Albanie, l'Arabie saoudite, l'Arménie, l'Australie, la Barbade, le Belize, la Bosnie-Herzégovine, le Danemark, l'Égypte, les Émirats arabes unis, le Kazakhstan, la Macédoine du Nord, la Malaisie, le Maroc, la Nouvelle-Zélande, Saint-Marin, la Tunisie et l'Ukraine ont notifié leurs conventions avec l'Autriche aux fins de l'IM.

L'Autriche a également signé des instruments bilatéraux de mise en conformité concernant ses conventions avec la Corée et l'Ukraine. L'instrument de mise en conformité concernant sa convention avec l'Ukraine a été ratifié, et celui concernant sa convention avec la Corée est en attente de ratification.

L'Autriche a en outre fait savoir que des négociations bilatérales seraient engagées concernant ses conventions avec l'Australie, Bahreïn, le Brésil, l'Égypte, les Émirats arabes unis, l'Indonésie, la Norvège, la Nouvelle-Zélande et le Qatar.

L'Autriche met en œuvre le standard minimum par l'inclusion de la déclaration du préambule et de la règle COP[13].

---

[10] Étant donné que la Russie a invoqué l'article 35 (7) de l'IM et vient à peine de confirmer l'achèvement des procédures requises, l'IM prend uniquement effet pour la convention entre l'Autriche et la Russie pour l'exercice imposable 2021.

En outre, la Suisse a également invoqué l'article 35 (7) de l'IM et n'a pas encore notifié la prise d'effet de l'IM pour l'Autriche. La Suisse a informé l'Autriche qu'elle ne peut notifier l'achèvement des procédures internes concernant une juridiction que si elle s'est entendue avec cette juridiction sur le fait que l'IM s'applique à une convention fiscale de la même manière qu'un nouveau protocole, et qu'elle s'est également mise d'accord sur la formulation exacte des modifications apportées par l'IM au texte de la convention, y compris l'ajout de nouveaux articles et paragraphes à la convention (par exemple dans le cas de la règle COP). Étant donné que cette position ne coïncide pas avec l'interprétation actuelle par l'Autriche des effets juridiques de l'IM, l'Autriche étudie actuellement la meilleure marche à suivre. Aussi, l'IM ne devrait pas entrer en vigueur entre la Suisse et l'Autriche avant le 30 juin 2020.

[11] L'IM entre uniquement en vigueur pour d'autres impôts perçus par l'Autriche en 2021, mais il s'applique aux retenues d'impôt autrichiennes à compter de 2020 ainsi qu'à l'ensemble des impôts perçus par l'Inde à compter de 2020.

[12] L'IM entre uniquement en vigueur pour d'autres impôts perçus par l'Autriche en 2021, mais il s'applique aux retenues d'impôt autrichiennes à compter de 2020 ainsi qu'à l'ensemble des impôts perçus par le Luxembourg à compter de 2020.

[13] Pour ses conventions notifiées aux fins de l'IM, l'Autriche choisit d'appliquer la disposition de la déclaration du préambule (article 6 de l'IM) et la règle COP (article 7 de l'IM).

Les conventions qui seront modifiées par l'IM deviendront conformes au standard minimum une fois que les dispositions de l'IM auront pris effet[14].

B. Difficultés de mise en œuvre

Comme indiqué précédemment, l'Autriche n'a pas notifié ses conventions avec l'Albanie, l'Arabie saoudite, l'Arménie, la Barbade, Belize, la Bosnie-Herzégovine, le Danemark, la Géorgie, l'Islande, le Kazakhstan, la Macédoine du Nord, la Malaisie, le Maroc, la Mongolie, le Monténégro, la Norvège, Saint-Marin, la Suède, la Thaïlande, la Tunisie et le Viet Nam aux fins de l'IM. Notifier ces conventions aux fins de l'IM ou engager des renégociations bilatérales dans le but de mettre en œuvre le standard minimum permettrait de transposer le standard minimum dans ces conventions non couvertes.

Synthèse de la réponse de la juridiction - Autriche

	Partenaires de convention	Conformité avec le standard	Si conforme, méthode choisie	Signature d'un instrument de mise en conformité	Méthode choisie dans l'instrument de mise en conformité (si différent de l'IM)	Commentaires
1	Albanie	Non	N/C	Non	N/C	
2	Algérie*	Non	N/C	Non	N/C	
3	Arménie	Non	N/C	Non	N/C	
4	Australie	Non	N/C	Non	N/C	
5	Azerbaïdjan*	Non	N/C	Non	N/C	
6	Bahreïn	Non	N/C	Non	N/C	
7	Barbade	Non	N/C	Non	N/C	
8	Bélarus*	Non	N/C	Non	N/C	
9	Belgique	Oui	COP uniquement	N/C	N/C	
10	Belize	Non	N/C	Non	N/C	
11	Bosnie-Herzégovine	Non	N/C	Non	N/C	
12	Brésil	Non	N/C	Non	N/C	
13	Bulgarie	Non	N/C	Oui	N/C	
14	Canada	Oui	COP uniquement	N/C	N/C	
15	Chili	Non	N/C	Oui	N/C	
16	Chine (République populaire de)	Non	N/C	Oui	N/C	
17	Taipei chinois*	Non	N/C	Non	N/C	
18	Croatie	Non	N/C	Oui	N/C	
19	Cuba*	Non	N/C	Non	N/C	
20	Chypre*	Non	N/C	Oui	N/C	
21	République tchèque	Non	N/C	Oui	N/C	
22	Danemark	Non	N/C	Non	N/C	
23	Égypte	Non	N/C	Non	N/C	
24	Estonie	Non	N/C	Oui	N/C	
25	Finlande	Oui	COP uniquement	N/C	N/C	
26	France	Oui	COP uniquement	N/C	N/C	
27	Géorgie	Non	N/C	Non	N/C	
28	Allemagne	Non	N/C	Oui	N/C	
29	Grèce	Non	N/C	Oui	N/C	
30	Hong Kong (Chine)	Non	N/C	Oui	N/C	
31	Hongrie	Non	N/C	Oui	N/C	

[14] L'Autriche a formulé une réserve conformément à l'article 35(3) de l'IM (Prise d'effet).

32	Islande	Non	N/C	Non	N/C	
33	Inde	Oui	COP uniquement	N/C	N/C	
34	Indonésie	Non	N/C	Non	N/C	
35	Iran*	Non	N/C	Non	N/C	
36	Irlande	Oui	COP uniquement	N/C	N/C	
37	Israël	Oui	COP uniquement	N/C	N/C	
38	Italie	Non	N/C	Oui	N/C	
39	Japon	Oui	COP et LOB	N/C	N/C	
40	Kazakhstan	Non	N/C	Non	N/C	
41	Corée	Non	N/C	Oui	COP uniquement	
42	Kosovo*	Oui	COP uniquement	N/C	N/C	
43	Koweït*	Non	N/C	Non	N/C	
44	Kirghizistan*	Non	N/C	Non	N/C	
45	Lettonie	Non	N/C	Oui	N/C	
46	Libye*	Non	N/C	Non	N/C	
47	Liechtenstein	Oui	COP uniquement	N/C	N/C	
48	Lituanie	Oui	COP uniquement	N/C	N/C	
49	Luxembourg	Oui	COP uniquement	N/C	N/C	
50	Malaisie	Non	N/C	Non	N/C	
51	Malte	Oui	COP uniquement	N/C	N/C	
52	Mexique	Non	N/C	Oui	N/C	
53	Moldova*	Non	N/C	Non	N/C	
54	Mongolie	Non	N/C	Non	N/C	
55	Monténégro	Non	N/C	Non	N/C	
56	Maroc	Non	N/C	Non	N/C	
57	Népal*	Non	N/C	Non	N/C	
58	Pays-Bas	Oui	COP uniquement	N/C	N/C	
59	Nouvelle-Zélande	Non	N/C	Non	N/C	
60	Macédoine du Nord	Non	N/C	Non	N/C	
61	Norvège	Non	N/C	Non	N/C	
62	Pakistan	Non	N/C	Oui	N/C	
63	Philippines*	Non	N/C	Non	N/C	
64	Pologne	Oui	COP uniquement	N/C	N/C	
65	Portugal	Non	N/C	Oui	N/C	
66	Qatar	Non	N/C	Non	N/C	
67	Roumanie	Non	N/C	Oui	N/C	
68	Russie	Non	N/C	Oui	N/C	
69	Saint-Marin	Non	N/C	Non	N/C	
70	Arabie saoudite	Non	N/C	Non	N/C	
71	Serbie	Oui	COP uniquement	N/C	N/C	
72	Singapour	Oui	COP uniquement	N/C	N/C	
73	République slovaque	Oui	COP uniquement	N/C	N/C	
74	Slovénie	Oui	COP uniquement	N/C	N/C	
75	Afrique du Sud	Non	N/C	Oui	N/C	
76	Espagne	Non	N/C	Oui	N/C	
77	Suède	Non	N/C	Non	N/C	
78	Suisse	Non	N/C	Oui	N/C	
79	République arabe syrienne*	Non	N/C	Non	N/C	
80	Tadjikistan*	Non	N/C	Non	N/C	
81	Thaïlande	Non	N/C	Non	N/C	
82	Tunisie	Non	N/C	Non	N/C	
83	Turquie	Non	N/C	Oui	N/C	
84	Turkménistan*	Non	N/C	Non	N/C	

85	Ukraine	Non	N/C	Oui	COP uniquement	
86	Émirats arabes unis	Non	N/C	Non	N/C	
87	Royaume-Uni	Oui	COP uniquement	N/C	N/C	
88	États-Unis	Non	N/C	Non	N/C	
89	Ouzbékistan*	Non	N/C	Non	N/C	
90	Venezuela*	Non	N/C	Non	N/C	
91	Viet Nam	Non	N/C	Non	N/C	

Bahamas

A. Progrès dans la mise en œuvre du standard minimum

Les Bahamas n'ont aucune convention fiscale en vigueur, comme l'indique leur réponse au questionnaire d'examen par les pairs.

B. Difficultés de mise en œuvre

Aucune juridiction n'a signalé de préoccupation concernant les Bahamas.

Bahreïn

A. Progrès dans la mise en œuvre du standard minimum

Bahreïn compte 44 conventions fiscales en vigueur, comme l'indique sa réponse au questionnaire d'examen par les pairs.

Bahreïn a signé l'IM en 2020 et a notifié ses conventions bilatérales non conformes.

Il a également indiqué que des négociations bilatérales seraient engagées pour plusieurs conventions[15].

Bahreïn met en œuvre le standard minimum par l'inclusion de la déclaration du préambule et de la règle COP[16].

Les conventions qui seront modifiées par l'IM deviendront conformes au standard minimum une fois que les dispositions de l'IM auront pris effet.

B. Difficultés de mise en œuvre

Les conventions notifiées par Bahreïn aux fins de l'IM deviendront conformes une fois que Bahreïn aura ratifié l'IM. Bahreïn est invité à ratifier l'IM le plus rapidement possible.

Synthèse de la réponse de la juridiction – Bahreïn

	Partenaires de convention	Conformité avec le standard	Si conforme, méthode choisie	Signature d'un instrument de mise en conformité	Méthode choisie dans l'instrument de mise en conformité (si différent de l'IM)	Commentaires
1	Algérie*	Non	N/C	Non	N/C	
2	Autriche	Non	N/C	Non	N/C	
3	Bangladesh*	Non	N/C	Non	N/C	
4	Barbade	Non	N/C	Non	N/C	
5	Bélarus*	Non	N/C	Non	N/C	
6	Belgique	Non	N/C	Non	N/C	
7	Bermudes	Non	N/C	Non	N/C	
8	Brunei Darussalam	Non	N/C	Non	N/C	
9	Bulgarie	Non	N/C	Non	N/C	
10	Chine (République populaire de)	Non	N/C	Non	N/C	
11	Chypre*	Non	N/C	Non	N/C	
12	République tchèque	Non	N/C	Non	N/C	
13	Égypte	Non	N/C	Non	N/C	
14	Estonie	Non	N/C	Non	N/C	
15	France	Non	N/C	Non	N/C	
16	Géorgie	Non	N/C	Non	N/C	

[15] Le 23 novembre 2019, Bahreïn a signé une convention avec la Suisse. Cette convention est conforme au standard minimum mais n'a pas encore été ratifiée.

[16] Pour ses conventions notifiées aux fins de l'IM, Bahreïn choisit d'appliquer la disposition de la déclaration du préambule (article 6 de l'IM) et la règle COP (article 7 de l'IM).

17	Hongrie	Non	N/C	Non	N/C	
18	Iran*	Non	N/C	Non	N/C	
19	Irlande	Non	N/C	Non	N/C	
20	Île de Man	Non	N/C	Non	N/C	
21	Jordanie	Non	N/C	Non	N/C	
22	Corée	Non	N/C	Non	N/C	
23	Liban*	Non	N/C	Non	N/C	
24	Luxembourg	Non	N/C	Non	N/C	
25	Malaisie	Non	N/C	Non	N/C	
26	Malte	Non	N/C	Non	N/C	
27	Mexique	Non	N/C	Non	N/C	
28	Maroc	Non	N/C	Non	N/C	
29	Pays-Bas	Non	N/C	Non	N/C	
30	Pakistan	Non	N/C	Non	N/C	
31	Philippines*	Non	N/C	Non	N/C	
32	Portugal	Non	N/C	Non	N/C	
33	Seychelles	Non	N/C	Non	N/C	
34	Singapour	Non	N/C	Non	N/C	
35	Sri Lanka	Non	N/C	Non	N/C	
36	Soudan*	Non	N/C	Non	N/C	
37	République arabe syrienne*	Non	N/C	Non	N/C	
38	Tadjikistan*	Non	N/C	Non	N/C	
39	Thaïlande	Non	N/C	Non	N/C	
40	Turquie	Non	N/C	Non	N/C	
41	Turkménistan*	Non	N/C	Non	N/C	
42	Royaume-Uni	Non	N/C	Non	N/C	
43	Ouzbékistan*	Non	N/C	Non	N/C	
44	Yémen*	Non	N/C	Non	N/C	

Barbade

A. Progrès dans la mise en œuvre du standard minimum

La Barbade compte 31 conventions fiscales en vigueur, y compris la convention multilatérale entre les membres de la CARICOM conclue avec dix de ses partenaires (la convention de la CARICOM)[17].

La Barbade a signé l'IM en 2018 et a déposé son instrument de ratification le 21 décembre 2020. L'IM entrera en vigueur pour la Barbade le 1er avril 2021.

La Barbade met en œuvre le standard minimum par l'inclusion de la déclaration du préambule et de la règle COP[18].

Les conventions qui seront modifiées par l'IM deviendront conformes au standard minimum une fois que les dispositions de l'IM auront pris effet.

B. Difficultés de mise en œuvre

Aucune juridiction n'a signalé de préoccupation relative à ses conventions conclues avec la Barbade.

La Barbade est invitée à actualiser la convention de la CARICOM en engageant des négociations avec tous ses partenaires[19].

Synthèse de la réponse de la juridiction – Barbade

	Partenaires de convention	Conformité avec le standard	Si conforme, méthode choisie	Signature d'un instrument de mise en conformité	Méthode choisie dans l'instrument de mise en conformité (si différent de l'IM)	Commentaires
1	Antigua-et-Barbuda	Non	N/C	Non	N/C	CARICOM
2	Autriche	Non	N/C	Oui	N/C	
3	Bahreïn	Non	N/C	Oui	N/C	
4	Belize	Non	N/C	Non	N/C	CARICOM
5	Botswana	Non	N/C	Oui	N/C	
6	Canada	Non	N/C	Oui	N/C	
7	Chine (République populaire de)	Non	N/C	Oui	N/C	
8	Cuba*	Non	N/C	Non	N/C	
9	Chypre*	Non	N/C	Oui	N/C	
10	République tchèque	Non	N/C	Oui	N/C	
11	Dominique	Non	N/C	Non	N/C	CARICOM
12	Finlande	Non	N/C	Oui	N/C	
13	Grenade	Non	N/C	Non	N/C	CARICOM
14	Guyana*	Non	N/C	Non	N/C	CARICOM

[17] Au total, la Barbade a identifié 40 « accords » dans sa liste des conventions : 30 conventions bilatérales et la convention de la CARICOM conclue avec dix de ses partenaires.

[18] Pour ses conventions notifiées aux fins de l'IM, la Barbade choisit d'appliquer la disposition de la déclaration du préambule (article 6 de l'IM) et la règle COP (article 7 de l'IM).

[19] Les révisions de la convention de la CARICOM nécessitent l'accord de ses onze partenaires.

15	Islande	Non	N/C	Oui	N/C	
16	Italie	Non	N/C	Oui	N/C	
17	Jamaïque	Non	N/C	Non	N/C	CARICOM
18	Luxembourg	Non	N/C	Oui	N/C	
19	Malte	Non	N/C	Oui	N/C	
20	Maurice	Non	N/C	Oui	N/C	
21	Mexique	Non	N/C	Oui	N/C	
22	Pays-Bas	Non	N/C	Oui	N/C	
23	Norvège	Non	N/C	Oui	N/C	
24	Panama	Non	N/C	Oui	N/C	
25	Portugal	Non	N/C	Oui	N/C	
26	Qatar	Non	N/C	Oui	N/C	
27	Saint-Kitts-et-Nevis	Non	N/C	Non	N/C	CARICOM
28	Sainte-Lucie	Non	N/C	Non	N/C	CARICOM
29	Saint-Vincent-et-les-Grenadines	Non	N/C	Non	N/C	CARICOM
30	Saint-Marin	Non	N/C	Oui	N/C	
31	Seychelles	Non	N/C	Oui	N/C	
32	Singapour	Non	N/C	Oui	N/C	
33	Espagne	Non	N/C	Oui	N/C	
34	Suède	Non	N/C	Oui	N/C	
35	Suisse	Non	N/C	Oui	N/C	
36	Trinité-et-Tobago	Non	N/C	Non	N/C	CARICOM
37	Émirats arabes unis	Non	N/C	Oui	N/C	
38	Royaume-Uni	Non	N/C	Oui	N/C	
39	États-Unis	Non	N/C	Oui	N/C	
40	Venezuela*	Non	N/C	Oui	N/C	

Belgique

A. Progrès dans la mise en œuvre du standard minimum

La Belgique compte 95 conventions fiscales en vigueur, comme l'indique sa réponse au questionnaire d'examen par les pairs. 24 de ces conventions, celles conclues avec l'Australie, l'Autriche, le Canada, le Danemark, les Émirats arabes unis, la Finlande, la France, la Géorgie, l'Islande, l'Inde, l'Irlande, Israël, le Japon, la Lituanie, le Luxembourg, Malte, la Nouvelle-Zélande, la Pologne, la République slovaque, le Royaume-Uni, la Serbie, Singapour, la Slovénie et l'Ukraine, sont conformes au standard minimum.

La Belgique a signé l'IM en 2017 et a déposé son instrument de ratification le 26 juin 2019. L'IM est entré en vigueur pour la Belgique le 1er octobre 2019. La Belgique n'a pas notifié ses conventions avec l'Allemagne, la Norvège et la Suisse, mais a indiqué dans sa réponse au questionnaire d'examen par les pairs que des négociations bilatérales seraient menées afin de mettre ces conventions en conformité avec le standard minimum.

La Belgique met généralement en œuvre le standard minimum par l'inclusion de la déclaration du préambule et de la règle COP[20].

Les conventions qui seront modifiées par l'IM deviendront conformes au standard minimum une fois que les dispositions de l'IM auront pris effet.

B. Difficultés de mise en œuvre

Aucune juridiction n'a signalé de préoccupation relative à ses conventions conclues avec la Belgique.

Synthèse de la réponse de la juridiction – Belgique

	Partenaires de convention	Conformité avec le standard	Si conforme, méthode choisie	Signature d'un instrument de mise en conformité	Méthode choisie dans l'instrument de mise en conformité (si différent de l'IM)	Commentaires
1	Albanie	Non	N/C	Oui	N/C	
2	Algérie*	Non	N/C	Oui	N/C	
3	Argentine	Non	N/C	Oui	N/C	
4	Arménie	Non	N/C	Oui	N/C	
5	Australie	Oui	COP uniquement	N/C	N/C	
6	Autriche	Oui	COP uniquement	N/C	N/C	
7	Azerbaïdjan*	Non	N/C	Oui	N/C	
8	Bahreïn	Non	N/C	Oui	N/C	
9	Bangladesh*	Non	N/C	Oui	N/C	
10	Bélarus*	Non	N/C	Oui	N/C	
11	Bosnie-Herzégovine	Non	N/C	Oui	N/C	
12	Brésil	Non	N/C	Oui	N/C	
13	Bulgarie	Non	N/C	Oui	N/C	

20 Pour ses conventions notifiées aux fins de l'IM, la Belgique choisit d'appliquer la disposition de la déclaration du préambule (article 6 de l'IM) et la règle COP (article 7 de l'IM).

14	Canada	Oui	COP uniquement	N/C	N/C	
15	Chili	Non	N/C	Oui	N/C	
16	Chine (République populaire de)	Non	N/C	Oui	N/C	
17	Taipei chinois*	Non	N/C	Non	N/C	
18	République démocratique du Congo	Non	N/C	Oui	N/C	
19	Côte d'Ivoire	Non	N/C	Oui	N/C	
20	Croatie	Non	N/C	Oui	N/C	
21	Chypre*	Non	N/C	Oui	N/C	
22	République tchèque	Non	N/C	Oui	N/C	
23	Danemark	Oui	COP uniquement	N/C	N/C	
24	Équateur*	Non	N/C	Oui	N/C	
25	Égypte	Non	N/C	Oui	N/C	
26	Estonie	Non	N/C	Oui	N/C	
27	Finlande	Oui	COP uniquement	N/C	N/C	
28	France	Oui	COP uniquement	N/C	N/C	
29	Gabon	Non	N/C	Oui	N/C	
30	Géorgie	Oui	COP uniquement	N/C	N/C	
31	Allemagne	Non	N/C	Non	N/C	
32	Ghana*	Non	N/C	Oui	N/C	
33	Grèce	Non	N/C	Oui	N/C	
34	Hong Kong (Chine)	Non	N/C	Oui	N/C	
35	Hongrie	Non	N/C	Oui	N/C	
36	Islande	Oui	COP uniquement	N/C	N/C	
37	Inde	Oui	COP uniquement	N/C	N/C	
38	Indonésie	Non	N/C	Oui	N/C	
39	Irlande	Oui	COP uniquement	N/C	N/C	
40	Israël	Oui	COP uniquement	N/C	N/C	
41	Italie	Non	N/C	Oui	N/C	
42	Japon	Oui	COP et LOB	N/C	N/C	
43	Kazakhstan	Non	N/C	Oui	N/C	
44	Corée	Non	N/C	Oui	N/C	
45	Kosovo*	Non	N/C	Oui	N/C	
46	Koweït*	Non	N/C	Oui	N/C	
47	Kirghizistan*	Non	N/C	Oui	N/C	
48	Lettonie	Non	N/C	Oui	N/C	
49	Lituanie	Oui	COP uniquement	N/C	N/C	
50	Luxembourg	Oui	COP uniquement	N/C	N/C	
51	Malaisie	Non	N/C	Oui	N/C	
52	Malte	Oui	COP uniquement	N/C	N/C	
53	Maurice	Non	N/C	Oui	N/C	
54	Mexique	Non	N/C	Oui	N/C	
55	Moldova*	Non	N/C	Oui	N/C	
56	Mongolie	Non	N/C	Oui	N/C	
57	Monténégro	Non	N/C	Oui	N/C	
58	Maroc	Non	N/C	Oui	N/C	
59	Pays-Bas	Non	N/C	Oui	N/C	
60	Nouvelle-Zélande	Oui	COP uniquement	N/C	N/C	
61	Nigéria	Non	N/C	Oui	N/C	
62	Macédoine du Nord	Non	N/C	Oui	N/C	
63	Norvège	Non	N/C	Non	N/C	
64	Pakistan	Non	N/C	Oui	N/C	
65	Philippines*	Non	N/C	Oui	N/C	
66	Pologne	Oui	COP uniquement	N/C	N/C	

67	Portugal	Non	N/C	Oui	N/C	
68	Roumanie	Non	N/C	Oui	N/C	
69	Russie	Non	N/C	Oui	N/C	
70	Rwanda*	Non	N/C	Oui	N/C	
71	Saint-Marin	Non	N/C	Oui	N/C	
72	Sénégal	Non	N/C	Oui	N/C	
73	Serbie	Oui	COP uniquement	N/C	N/C	
74	Seychelles	Non	N/C	Oui	N/C	
75	Singapour	Oui	COP uniquement	N/C	N/C	
76	République slovaque	Oui	COP uniquement	N/C	N/C	
77	Slovénie	Oui	COP uniquement	N/C	N/C	
78	Afrique du Sud	Non	N/C	Oui	N/C	
79	Espagne	Non	N/C	Oui	N/C	
80	Sri Lanka	Non	N/C	Oui	N/C	
81	Suède	Non	N/C	Oui	N/C	
82	Suisse	Non	N/C	Non	N/C	
83	Tadjikistan*	Non	N/C	Oui	N/C	
84	Thaïlande	Non	N/C	Oui	N/C	
85	Tunisie	Non	N/C	Oui	N/C	
86	Turquie	Non	N/C	Oui	N/C	
87	Turkménistan*	Non	N/C	Oui	N/C	
88	Ukraine	Oui	COP uniquement	N/C	N/C	
89	Émirats arabes unis	Oui	COP uniquement	N/C	N/C	
90	Royaume-Uni	Oui	COP uniquement	N/C	N/C	
91	États-Unis	Non	N/C	Oui	N/C	
92	Uruguay	Non	N/C	Oui	N/C	
93	Ouzbékistan*	Non	N/C	Oui	N/C	
94	Venezuela*	Non	N/C	Oui	N/C	
95	Viet Nam	Non	N/C	Oui	N/C	

Belize

A. Progrès dans la mise en œuvre du standard minimum

Le Belize compte quatre conventions fiscales en vigueur, ainsi que l'indique sa réponse au questionnaire d'examen par les pairs, y compris la convention multilatérale entre les membres de la CARICOM conclue avec dix de ses partenaires (la convention de la CARICOM)[21].

Le Belize a signé l'IM en 2019 et a notifié ses conventions bilatérales non conformes.

Le Belize met en œuvre le standard minimum par l'inclusion de la déclaration du préambule et de la règle COP.

Les conventions qui seront modifiées par l'IM deviendront conformes au standard minimum une fois que les dispositions de l'IM auront pris effet.

B. Difficultés de mise en œuvre

Les conventions notifiées par le Belize aux fins de l'IM deviendront conformes une fois que le Belize aura ratifié l'IM. Le Belize est invité à ratifier l'IM le plus rapidement possible.

Le Belize est invité à actualiser la convention de la CARICOM en engageant des négociations avec l'ensemble de ses partenaires[22].

Synthèse de la réponse de la juridiction – Belize

	Partenaires de convention	Conformité avec le standard	Si conforme, méthode choisie	Signature d'un instrument de mise en conformité	Méthode choisie dans l'instrument de mise en conformité (si différent de l'IM)	Commentaires
1	Antigua-et-Barbuda	Non	N/C	Oui	N/C	CARICOM
2	Autriche	Non	N/C	Oui	N/C	
3	Barbade	Non	N/C	Oui	N/C	CARICOM
4	Dominique	Non	N/C	Oui	N/C	CARICOM
5	Grenade	Non	N/C	Oui	N/C	CARICOM
6	Guyana*	Non	N/C	Oui	N/C	CARICOM
7	Jamaïque	Non	N/C	Oui	N/C	CARICOM
8	Saint-Kitts-et-Nevis	Non	N/C	Oui	N/C	CARICOM
9	Sainte-Lucie	Non	N/C	Oui	N/C	CARICOM
10	Saint-Vincent-et-les-Grenadines	Non	N/C	Oui	N/C	CARICOM
11	Suisse	Non	N/C	Oui	N/C	
12	Trinité-et-Tobago	Non	N/C	Oui	N/C	CARICOM
13	Royaume-Uni	Non	N/C	Oui	N/C	

[21] Au total, le Belize a identifié 13 « accords » dans sa liste de conventions fiscales : 13 conventions bilatérales ainsi que la convention de la CARICOM conclue avec dix de ses partenaires.

[22] Les révisions de la convention de la CARICOM nécessitent l'accord de ses onze partenaires.

Bénin

A. Progrès dans la mise en œuvre du standard minimum

Le Bénin compte trois conventions fiscales en vigueur, ainsi que l'indique sa réponse au questionnaire d'examen par les pairs, y compris le Règlement multilatéral 08/2008/COM portant adoption des règles visant à éviter la double imposition au sein de l'Union économique et monétaire ouest-africaine (l'UEMOA) et des règles d'assistance en matière fiscale conclu avec sept de ses partenaires[23].

Aucune des conventions conclues par le Bénin n'est conforme au standard minimum ou ne fait l'objet d'un instrument de mise en conformité.

Le Bénin n'a pas signé l'IM.

B. Difficultés de mise en œuvre

Étant donné que le Bénin n'a pas adhéré à l'IM ni appliqué de mesures de lutte contre le chalandage fiscal dans ses conventions, le Secrétariat lui proposera son aide pour élaborer un plan de mise en œuvre du standard minimum en vue de renforcer son réseau de conventions.

Synthèse de la réponse de la juridiction – Bénin

	Partenaires de convention	Conformité avec le standard	Si conforme, méthode choisie	Signature d'un instrument de mise en conformité	Méthode choisie dans l'instrument de mise en conformité (si différent de l'IM)	Commentaires
1	Burkina Faso	Non	N/C	Non	N/C	UEMOA
2	Côte d'Ivoire	Non	N/C	Non	N/C	UEMOA
3	France	Non	N/C	Non	N/C	
4	Guinée-Bissau*	Non	N/C	Non	N/C	UEMOA
5	Mali*	Non	N/C	Non	N/C	UEMOA
6	Niger*	Non	N/C	Non	N/C	UEMOA
7	Norvège	Non	N/C	Non	N/C	
8	Sénégal	Non	N/C	Non	N/C	UEMOA
9	Togo*	Non	N/C	Non	N/C	UEMOA

[23] Règlement n°08/2008/CM des pays de l'Union économique et monétaire ouest-africaine (UEMOA) du 26 septembre 2008 portant adoption des règles visant à éviter la double imposition au sein de l'UEMOA et des règles d'assistance en matière fiscale. Au total, le Bénin a identifié neuf « accords » dans sa liste des conventions : deux conventions bilatérales et l'UEMOA.

Bermudes

A. Progrès dans la mise en œuvre du standard minimum

Les Bermudes comptent deux conventions fiscales en vigueur, comme l'indique leur réponse au questionnaire d'examen par les pairs.

Aucune des conventions conclues par les Bermudes n'est conforme au standard minimum ou ne fait l'objet d'un instrument de mise en conformité.

Les Bermudes n'ont pas adhéré à l'IM.

B. Difficultés de mise en œuvre

Étant donné que les Bermudes n'ont pas adhéré à l'IM ni appliqué de mesures de lutte contre le chalandage fiscal dans leurs conventions, le Secrétariat leur proposera son aide pour élaborer un plan de mise en œuvre du standard minimum en vue de renforcer leur réseau de conventions.

Synthèse de la réponse de la juridiction – Bermudes

	Partenaires de convention	Conformité avec le standard	Si conforme, méthode choisie	Signature d'un instrument de mise en conformité	Méthode choisie dans l'instrument de mise en conformité (si différent de l'IM)	Commentaires
1	Bahreïn	Non	N/C	Non	N/C	
2	Seychelles	Non	N/C	Non	N/C	

Bosnie-Herzégovine

A. Progrès dans la mise en œuvre du standard minimum

La Bosnie-Herzégovine compte 37 conventions fiscales en vigueur, comme l'indique sa réponse au questionnaire d'examen par les pairs.

La Bosnie-Herzégovine a signé l'IM en 2019 et a déposé son instrument de ratification le 16 septembre 2020. L'IM entrera en vigueur pour la Bosnie-Herzégovine le 1er janvier 2021.

La Bosnie-Herzégovine met en œuvre le standard minimum par l'inclusion de la déclaration du préambule et de la règle COP[24].

Les conventions qui seront modifiées par l'IM deviendront conformes au standard minimum une fois que les dispositions de l'IM auront pris effet.

B. Difficultés de mise en œuvre

Aucune juridiction n'a signalé de préoccupation relative à ses conventions conclues avec la Bosnie-Herzégovine.

Synthèse de la réponse de la juridiction – Bosnie-Herzégovine

	Partenaires de convention	Conformité avec le standard	Si conforme, méthode choisie	Signature d'un instrument de mise en conformité	Méthode choisie dans l'instrument de mise en conformité (si différent de l'IM)	Commentaires
1	Albanie	Non	N/C	Oui	N/C	
2	Algérie*	Non	N/C	Oui	N/C	
3	Autriche	Non	N/C	Oui	N/C	
4	Azerbaïdjan*	Non	N/C	Oui	N/C	
5	Belgique	Non	N/C	Oui	N/C	
6	Chine (République populaire de)	Non	N/C	Oui	N/C	
7	Croatie	Non	N/C	Oui	N/C	
8	Chypre*	Non	N/C	Oui	N/C	
9	République tchèque	Non	N/C	Oui	N/C	
10	Finlande	Non	N/C	Oui	N/C	
11	France	Non	N/C	Oui	N/C	
12	Allemagne	Non	N/C	Oui	N/C	
13	Grèce	Non	N/C	Oui	N/C	
14	Hongrie	Non	N/C	Oui	N/C	
15	Irlande	Non	N/C	Oui	N/C	
16	Italie	Non	N/C	Oui	N/C	
17	Jordanie	Non	N/C	Oui	N/C	
18	Koweït*	Non	N/C	Oui	N/C	
19	Malaisie	Non	N/C	Oui	N/C	

[24] Pour ses conventions notifiées aux fins de l'IM, la Bosnie-Herzégovine choisit d'appliquer la disposition de la déclaration du préambule (article 6 de l'IM) et la règle COP (article 7 de l'IM).

20	Moldova*	Non	N/C	Oui	N/C	
21	Monténégro	Non	N/C	Oui	N/C	
22	Pays-Bas	Non	N/C	Oui	N/C	
23	Macédoine du Nord	Non	N/C	Oui	N/C	
24	Norvège	Non	N/C	Oui	N/C	
25	Pakistan	Non	N/C	Oui	N/C	
26	Pologne	Non	N/C	Oui	N/C	
27	Qatar	Non	N/C	Oui	N/C	
28	Roumanie	Non	N/C	Oui	N/C	
29	Serbie	Non	N/C	Oui	N/C	
30	République slovaque	Non	N/C	Oui	N/C	
31	Slovénie	Non	N/C	Oui	N/C	
32	Espagne	Non	N/C	Oui	N/C	
33	Sri Lanka	Non	N/C	Oui	N/C	
34	Suède	Non	N/C	Oui	N/C	
35	Turquie	Non	N/C	Oui	N/C	
36	Émirats arabes unis	Non	N/C	Oui	N/C	
37	Royaume-Uni	Non	N/C	Oui	N/C	

Botswana

A. Progrès dans la mise en œuvre du standard minimum

Le Botswana compte 17 conventions fiscales en vigueur, comme l'indique sa réponse au questionnaire d'examen par les pairs.

Aucune des conventions conclues par le Botswana n'est conforme au standard minimum ou ne fait l'objet d'un instrument de mise en conformité.

Le Botswana n'a pas signé l'IM.

B. Difficultés de mise en œuvre

Étant donné que le Botswana n'a pas adhéré à l'IM ni appliqué de mesures de lutte contre le chalandage fiscal dans ses conventions, le Secrétariat lui proposera son aide pour élaborer un plan de mise en œuvre du standard minimum en vue de renforcer son réseau de conventions.

Synthèse de la réponse de la juridiction – Botswana

	Partenaires de convention	Conformité avec le standard	Si conforme, méthode choisie	Signature d'un instrument de mise en conformité	Méthode choisie dans l'instrument de mise en conformité (si différent de l'IM)	Commentaires
1	Barbade	Non	N/C	Non	N/C	
2	Chine (République populaire de)	Non	N/C	Non	N/C	
3	Eswatini	Non	N/C	Non	N/C	
4	France	Non	N/C	Non	N/C	
5	Inde	Non	N/C	Non	N/C	
6	Irlande	Non	N/C	Non	N/C	
7	Malte	Non	N/C	Non	N/C	
8	Maurice	Non	N/C	Non	N/C	
9	Mozambique*	Non	N/C	Non	N/C	
10	Namibie	Non	N/C	Non	N/C	
11	Russie	Non	N/C	Non	N/C	
12	Seychelles	Non	N/C	Non	N/C	
13	Afrique du Sud	Non	N/C	Non	N/C	
14	Suède	Non	N/C	Non	N/C	
15	Royaume-Uni	Non	N/C	Non	N/C	
16	Zambie	Non	N/C	Non	N/C	
17	Zimbabwe*	Non	N/C	Non	N/C	

Brésil

A. Progrès dans la mise en œuvre du standard minimum

Le Brésil compte 33 conventions fiscales en vigueur, comme l'indique sa réponse au questionnaire d'examen par les pairs. L'une de ces conventions, celle avec l'Argentine, est conforme au standard minimum.

Le Brésil n'a pas signé l'IM.

Le Brésil met en œuvre le standard minimum par l'inclusion de la disposition de la déclaration du préambule et la règle COP associée à la règle LOB.

Le Brésil a signé un instrument bilatéral de mise en conformité concernant sa convention avec la Suède.

Le Brésil a indiqué dans sa réponse au questionnaire d'examen par les pairs que des négociations bilatérales seraient engagées pour ses conventions et qu'il a déjà pris contact avec ses partenaires en vue d'engager ces négociations.

B. Difficultés de mise en œuvre

Étant donné que le Brésil n'a pas adhéré à l'IM ni appliqué de mesures de lutte contre le chalandage fiscal dans ses conventions, le Secrétariat lui proposera son aide pour élaborer un plan de mise en œuvre du standard minimum en vue de renforcer son réseau de conventions.

Synthèse de la réponse de la juridiction – Brésil

	Partenaires de convention	Conformité avec le standard	Si conforme, méthode choisie	Signature d'un instrument de mise en conformité	Méthode choisie dans l'instrument de mise en conformité (si différent de l'IM)	Commentaires
1	Argentine	Oui	COP et LOB	N/C	N/C	
2	Autriche	Non	N/C	Non	N/C	
3	Belgique	Non	N/C	Non	N/C	
4	Canada	Non	N/C	Non	N/C	
5	Chili	Non	N/C	Non	N/C	
6	Chine (République populaire de)	Non	N/C	Non	N/C	
7	République tchèque	Non	N/C	Non	N/C	
8	Danemark	Non	N/C	Non	N/C	
9	Équateur*	Non	N/C	Non	N/C	
10	Finlande	Non	N/C	Non	N/C	
11	France	Non	N/C	Non	N/C	
12	Hongrie	Non	N/C	Non	N/C	
13	Inde	Non	N/C	Non	N/C	
14	Israël	Non	N/C	Non	N/C	
15	Italie	Non	N/C	Non	N/C	
16	Japon	Non	N/C	Non	N/C	
17	Corée	Non	N/C	Non	N/C	
18	Luxembourg	Non	N/C	Non	N/C	
19	Mexique	Non	N/C	Non	N/C	

20	Pays-Bas	Non	N/C	Non	N/C	
21	Norvège	Non	N/C	Non	N/C	
22	Pérou	Non	N/C	Non	N/C	
23	Philippines*	Non	N/C	Non	N/C	
24	Portugal	Non	N/C	Non	N/C	
25	Russie	Non	N/C	Non	N/C	
26	République slovaque	Non	N/C	Non	N/C	
27	Afrique du Sud	Non	N/C	Non	N/C	
28	Espagne	Non	N/C	Non	N/C	
29	Suède	Non	N/C	Oui	COP et LOB	
30	Trinité-et-Tobago	Non	N/C	Non	N/C	
31	Turquie	Non	N/C	Non	N/C	
32	Ukraine	Non	N/C	Non	N/C	
33	Venezuela*	Non	N/C	Non	N/C	

Îles Vierges britanniques

A. Progrès dans la mise en œuvre du standard minimum

Les Îles Vierges britanniques comptent une convention fiscale en vigueur, comme l'indique leur réponse au questionnaire d'examen par les pairs.

Cette convention n'est pas conforme au standard minimum et ne fait pas l'objet d'un instrument de mise en conformité.

Les Îles Vierges britanniques n'ont pas adhéré à l'IM.

B. Difficultés de mise en œuvre

Étant donné que les Îles Vierges britanniques n'ont pas adhéré à l'IM ni appliqué de mesures de lutte contre le chalandage fiscal dans leur convention, le Secrétariat leur proposera son aide pour élaborer un plan de mise en œuvre du standard minimum en vue de renforcer leur réseau de conventions.

Synthèse de la réponse de la juridiction - Îles Vierges britanniques

	Partenaires de convention	Conformité avec le standard	Si conforme, méthode choisie	Signature d'un instrument de mise en conformité	Méthode choisie dans l'instrument de mise en conformité (si différent de l'IM)	Commentaires
1	Suisse	Non	N/C	Non	N/C	

Brunei Darussalam

A. Progrès dans la mise en œuvre du standard minimum

Le Brunei Darussalam compte 18 conventions fiscales en vigueur, comme l'indique sa réponse au questionnaire d'examen par les pairs.

Aucune des conventions conclues par le Brunei Darussalam n'est conforme au standard minimum ou ne fait l'objet d'un instrument de mise en conformité.

Le Brunei Darussalam n'a pas signé l'IM.

Le Brunei Darussalam a indiqué dans sa réponse au questionnaire d'examen par les pairs qu'il met à jour son Modèle de Convention fiscale afin de l'aligner sur les standards minimums du BEPS qui se rapportent aux conventions fiscales et qu'il envisage de signer l'IM.

B. Difficultés de mise en œuvre

Étant donné que le Brunei Darussalam n'a pas adhéré à l'IM ni appliqué de mesures de lutte contre le chalandage fiscal dans ses conventions, le Secrétariat lui proposera son aide pour élaborer un plan de mise en œuvre du standard minimum en vue de renforcer son réseau de conventions.

Synthèse de la réponse de la juridiction - Brunei Darussalam

	Partenaires de convention	Conformité avec le standard	Si conforme, méthode choisie	Signature d'un instrument de mise en conformité	Méthode choisie dans l'instrument de mise en conformité (si différent de l'IM)	Commentaires
1	Bahreïn	Non	N/C	Non	N/C	
2	Cambodge*	Non	N/C	Non	N/C	
3	Chine (République populaire de)	Non	N/C	Non	N/C	
4	Hong Kong (Chine)	Non	N/C	Non	N/C	
5	Indonésie	Non	N/C	Non	N/C	
6	Japon	Non	N/C	Non	N/C	
7	Corée	Non	N/C	Non	N/C	
8	Koweït*	Non	N/C	Non	N/C	
9	République démocratique populaire lao*	Non	N/C	Non	N/C	
10	Luxembourg	Non	N/C	Non	N/C	
11	Malaisie	Non	N/C	Non	N/C	
12	Oman	Non	N/C	Non	N/C	
13	Pakistan	Non	N/C	Non	N/C	
14	Qatar	Non	N/C	Non	N/C	
15	Singapour	Non	N/C	Non	N/C	
16	Émirats arabes unis	Non	N/C	Non	N/C	
17	Royaume-Uni	Non	N/C	Non	N/C	
18	Viet Nam	Non	N/C	Non	N/C	

Bulgarie

A. Progrès dans la mise en œuvre du standard minimum

La Bulgarie compte 71 conventions fiscales en vigueur, comme l'indique sa réponse au questionnaire d'examen par les pairs. Deux de ces conventions, celles conclues avec le Pakistan et l'Arabie saoudite, sont conformes au standard minimum.

La Bulgarie a signé l'IM en 2017 et n'a pas notifié ses conventions avec la Finlande, Malte et les Pays-Bas. Elle a indiqué dans sa réponse au questionnaire d'examen par les pairs que des négociations bilatérales seraient engagées concernant ces conventions.

La Bulgarie met en œuvre le standard minimum par l'inclusion de la disposition de la déclaration du préambule et la règle COP associée à la règle LOB[25].

Les conventions qui seront modifiées par l'IM deviendront conformes au standard minimum une fois que les dispositions de l'IM auront pris effet.

B. Difficultés de mise en œuvre

Les conventions notifiées par la Bulgarie aux fins de l'IM deviendront conformes une fois qu'elle aura ratifié l'IM. La Bulgarie a indiqué qu'elle comptait déposer son instrument de ratification de l'IM début 2021.

Synthèse de la réponse de la juridiction – Bulgarie

	Partenaires de convention	Conformité avec le standard	Si conforme, méthode choisie	Signature d'un instrument de mise en conformité	Méthode choisie dans l'instrument de mise en conformité (si différent de l'IM)	Commentaires
1	Albanie	Non	N/C	Oui	N/C	
2	Algérie*	Non	N/C	Oui	N/C	
3	Arménie	Non	N/C	Oui	N/C	
4	Autriche	Non	N/C	Oui	N/C	
5	Azerbaïdjan*	Non	N/C	Oui	N/C	
6	Bahreïn	Non	N/C	Oui	N/C	
7	Bélarus*	Non	N/C	Oui	N/C	
8	Belgique	Non	N/C	Oui	N/C	
9	Canada	Non	N/C	Oui	N/C	
10	Chine (République populaire de)	Non	N/C	Oui	N/C	
11	Croatie	Non	N/C	Oui	N/C	

[25] Pour 65 de ses conventions notifiées aux fins de l'IM, la Bulgarie choisit d'appliquer la disposition de la déclaration du préambule (article 6 de l'IM). Pour 66 de ses conventions notifiées aux fins de l'IM, le Bulgarie choisit d'appliquer la règle COP (article 7 de l'IM). La Bulgarie a également opté pour la règle LOB simplifiée au titre de l'article 7(6) de l'IM. La Bulgarie a formulé une réserve conformément à l'article 6(4) de l'IM afin de ne pas appliquer l'article 6(1) de l'IM concernant les conventions qui contiennent déjà la version adéquate du préambule. L'une des conventions de la Bulgarie, celle conclue avec la Roumanie, entre dans le champ de cette réserve.

12	Chypre*	Non	N/C	Oui	N/C	
13	République tchèque	Non	N/C	Oui	N/C	
14	République populaire démocratique de Corée*	Non	N/C	Oui	N/C	
15	Danemark	Non	N/C	Oui	N/C	
16	Égypte	Non	N/C	Oui	N/C	
17	Estonie	Non	N/C	Oui	N/C	
18	Finlande	Non	N/C	Non	N/C	
19	France	Non	N/C	Oui	N/C	
20	Géorgie	Non	N/C	Oui	N/C	
21	Allemagne	Non	N/C	Oui	N/C	Protocole portant modification à signer. L'Allemagne sera exclue de la liste des conventions fiscales couvertes notifiées par la Bulgarie.
22	Grèce	Non	N/C	Oui	N/C	
23	Hongrie	Non	N/C	Oui	N/C	
24	Inde	Non	N/C	Oui	N/C	
25	Indonésie	Non	N/C	Oui	N/C	
26	Iran*	Non	N/C	Oui	N/C	
27	Irlande	Non	N/C	Oui	N/C	
28	Israël	Non	N/C	Oui	N/C	
29	Italie	Non	N/C	Oui	N/C	
30	Japon	Non	N/C	Oui	N/C	
31	Jordanie	Non	N/C	Oui	N/C	
32	Kazakhstan	Non	N/C	Oui	N/C	
33	Corée	Non	N/C	Oui	N/C	
34	Koweït*	Non	N/C	Oui	N/C	
35	Lettonie	Non	N/C	Oui	N/C	
36	Liban*	Non	N/C	Oui	N/C	
37	Lituanie	Non	N/C	Oui	N/C	
38	Luxembourg	Non	N/C	Oui	N/C	Possibilité de planifier des négociations bilatérales en vue d'une nouvelle convention
39	Malte	Non	N/C	Non	N/C	Les négociations prévues en vue d'une nouvelle convention ont été reportées en raison du COVID-19
40	Moldova*	Non	N/C	Oui	N/C	
41	Mongolie	Non	N/C	Oui	N/C	
42	Monténégro	Non	N/C	Oui	N/C	
43	Maroc	Non	N/C	Oui	N/C	
44	Pays-Bas	Non	N/C	Non	N/C	
45	Macédoine du Nord	Non	N/C	Oui	N/C	
46	Norvège	Non	N/C	Oui	N/C	
47	Pakistan	Oui	COP uniquement	N/C	N/C	En vigueur depuis le 20 février 2020
48	Pologne	Non	N/C	Oui	N/C	
49	Portugal	Non	N/C	Oui	N/C	
50	Qatar	Non	N/C	Oui	N/C	
51	Roumanie	Non	N/C	Oui	N/C	
52	Russie	Non	N/C	Oui	N/C	
53	Arabie saoudite	Oui	COP uniquement	N/C	N/C	

54	Serbie	Non	N/C	Oui	N/C	
55	Singapour	Non	N/C	Oui	N/C	
56	République slovaque	Non	N/C	Oui	N/C	
57	Slovénie	Non	N/C	Oui	N/C	
58	Afrique du Sud	Non	N/C	Oui	N/C	
59	Espagne	Non	N/C	Oui	N/C	
60	Suède	Non	N/C	Oui	N/C	
61	Suisse	Non	N/C	Oui	N/C	
62	République arabe syrienne*	Non	N/C	Oui	N/C	
63	Thaïlande	Non	N/C	Oui	N/C	
64	Turquie	Non	N/C	Oui	N/C	
65	Ukraine	Non	N/C	Oui	N/C	
66	Émirats arabes unis	Non	N/C	Oui	N/C	
67	Royaume-Uni	Non	N/C	Oui	N/C	
68	États-Unis	Non	N/C	Oui	N/C	
69	Ouzbékistan*	Non	N/C	Oui	N/C	Des négociations bilatérales en vue d'un protocole portant modification doivent être planifiées.
70	Viet Nam	Non	N/C	Oui	N/C	
71	Zimbabwe*	Non	N/C	Oui	N/C	

Burkina Faso

A. Progrès dans la mise en œuvre du standard minimum

Le Burkina Faso compte trois conventions fiscales en vigueur, comme l'indique sa réponse au questionnaire d'examen par les pairs, y compris le Règlement multilatéral n°08/2008/COM portant adoption des règles visant à éviter la double imposition au sein de l'Union économique et monétaire ouest-africaine (UEMOA) et les règles d'assistance en matière fiscale conclu avec sept de ses partenaires[26].

Le Burkina Faso a signé l'IM en 2017 et a déposé son instrument de ratification le 30 octobre 2020. L'IM entrera en vigueur pour le Burkina Faso le 1er février 2021.

Le Burkina Faso a indiqué dans sa réponse au questionnaire d'examen par les pairs que la convention avec l'UEMOA n'a pas été notifiée aux fins de l'IM, car il s'agit d'un règlement de l'Union économique et monétaire ouest-africaine.

Le Burkina Faso met en œuvre le standard minimum par l'inclusion de la déclaration du préambule et de la règle COP[27].

Les conventions qui seront modifiées par l'IM deviendront conformes au standard minimum une fois que les dispositions de l'IM auront pris effet.

B. Difficultés de mise en œuvre

Aucune juridiction n'a signalé de préoccupation relative à ses conventions conclues avec le Burkina Faso.

Le Burkina Faso est invité à envisager d'engager des négociations concernant l'UEMOA en vue de mettre en œuvre le standard minimum.

Synthèse de la réponse de la juridiction - Burkina Faso

	Partenaires de convention	Conformité avec le standard	Si conforme, méthode choisie	Signature d'un instrument de mise en conformité	Méthode choisie dans l'instrument de mise en conformité (si différent de l'IM)	Commentaires
1	Bénin	Non	N/C	Non	N/C	UEMOA
2	Côte d'Ivoire	Non	N/C	Non	N/C	UEMOA
3	France	Non	N/C	Oui	N/C	
4	Guinée-Bissau*	Non	N/C	Non	N/C	UEMOA
5	Mali*	Non	N/C	Non	N/C	UEMOA
6	Niger*	Non	N/C	Non	N/C	UEMOA
7	Sénégal	Non	N/C	Non	N/C	UEMOA
8	Togo*	Non	N/C	Non	N/C	UEMOA
9	Tunisie	Non	N/C	Oui	N/C	

[26] Règlement n°08/2008/CM des pays de l'Union économique et monétaire ouest-africaine (UEMOA) du 26 septembre 2008 portant adoption des règles visant à éviter la double imposition au sein de l'UEMOA et des règles d'assistance en matière fiscale. Au total, le Burkina Faso a notifié 9 « accords » dans sa liste des conventions fiscales : deux conventions bilatérales et l'UEMOA conclue avec sept de ses partenaires.

[27] Pour ses conventions notifiées aux fins de l'IM, le Burkina Faso choisit d'appliquer la disposition de la déclaration du préambule (article 6 de l'IM) et la règle COP (article 7 de l'IM).

Cabo Verde

A. Progrès dans la mise en œuvre du standard minimum

Le Cabo Verde compte trois conventions fiscales en vigueur, comme l'indique sa réponse au questionnaire d'examen par les pairs.

Aucune des conventions conclues par le Cabo Verde n'est conforme au standard minimum ou ne fait l'objet d'un instrument de mise en conformité.

Le Cabo Verde n'a pas signé l'IM.

B. Difficultés de mise en œuvre

Étant donné que le Cabo Verde n'a pas adhéré à l'IM ni appliqué de mesures de lutte contre le chalandage fiscal dans ses conventions, le Secrétariat lui proposera son aide pour élaborer un plan de mise en œuvre du standard minimum en vue de renforcer son réseau de conventions.

Synthèse de la réponse de la juridiction - Cabo Verde

	Partenaires de convention	Conformité avec le standard	Si conforme, méthode choisie	Signature d'un instrument de mise en conformité	Méthode choisie dans l'instrument de mise en conformité (si différent de l'IM)	Commentaires
1	Macao (Chine)	Non	N/C	Non	N/C	
2	Maurice	Non	N/C	Non	N/C	
3	Portugal	Non	N/C	Non	N/C	

Cameroun

A. Progrès dans la mise en œuvre du standard minimum

Le Cameroun compte quatre conventions fiscales en vigueur, ainsi que l'indique sa réponse au questionnaire d'examen par les pairs.

Le Cameroun a signé l'IM en 2017 et a notifié ses conventions non conformes.

Le Cameroun met en œuvre le standard minimum par l'inclusion de la déclaration du préambule et de la règle COP[28].

Les conventions qui seront modifiées par l'IM deviendront conformes au standard minimum une fois que les dispositions de l'IM auront pris effet.

B. Difficultés de mise en œuvre

Les conventions notifiées par le Cameroun aux fins de l'IM deviendront conformes une fois qu'il aura ratifié l'IM. Le Cameroun est invité à ratifier l'IM le plus rapidement possible. L'Assemblée nationale du Cameroun avait approuvé un projet de loi portant sur la ratification de l'IM le 20 novembre 2020. Le Cameroun devrait déposer son instrument de ratification de l'IM début 2021.

Synthèse de la réponse de la juridiction – Cameroun

	Partenaires de convention	Conformité avec le standard	Si conforme, méthode choisie	Signature d'un instrument de mise en conformité	Méthode choisie dans l'instrument de mise en conformité (si différent de l'IM)	Commentaires
1	Canada	Non	N/C	Oui	N/C	
2	France	Non	N/C	Oui	N/C	
3	Afrique du Sud	Non	N/C	Oui	N/C	
4	Tunisie	Non	N/C	Oui	N/C	

[28] Pour ses conventions notifiées aux fins de l'IM, le Cameroun choisit d'appliquer la disposition de la déclaration du préambule (article 6 de l'IM) et la règle COP (article 7 de l'IM).

Canada

A. Progrès dans la mise en œuvre du standard minimum

Le Canada compte 94 conventions fiscales en vigueur, comme l'indique sa réponse au questionnaire d'examen par les pairs. 24 de ces conventions, celles conclues avec l'Australie, l'Autriche, la Belgique, le Danemark, les Émirats arabes unis, la Finlande, la France, l'Inde, l'Irlande, l'Islande, Israël, le Japon, la Lituanie, le Luxembourg, Malte, la Nouvelle-Zélande, les Pays-Bas, la Pologne, la République slovaque, le Royaume-Uni, la Serbie, Singapour, la Slovénie et l'Ukraine, sont conformes au standard minimum.

Le Canada a signé l'IM en 2017 et a déposé son instrument de ratification le 28 août 2019. L'IM est entré en vigueur pour le Canada le 1er décembre 2019. Le Canada n'a pas notifié ses conventions avec l'Allemagne et la Suisse, mais a indiqué dans sa réponse au questionnaire d'examen par les pairs que des négociations bilatérales seraient engagées concernant ses conventions avec l'Allemagne et avec la Suisse.

Le Canada met en œuvre le standard minimum par l'inclusion de la déclaration du préambule et de la règle COP[29].

Les conventions qui seront modifiées par l'IM deviendront conformes au standard minimum une fois que les dispositions de l'IM auront pris effet.

B. Difficultés de mise en œuvre

Aucune juridiction n'a signalé de préoccupation relative à ses conventions conclues avec le Canada.

Synthèse de la réponse de la juridiction – Canada

	Partenaires de convention	Conformité avec le standard	Si conforme, méthode choisie	Signature d'un instrument de mise en conformité	Méthode choisie dans l'instrument de mise en conformité (si différent de l'IM)	Commentaires
1	Algérie*	Non	N/C	Oui	N/C	
2	Argentine	Non	N/C	Oui	N/C	
3	Arménie	Non	N/C	Oui	N/C	
4	Australie	Oui	COP uniquement	N/C	N/C	
5	Autriche	Oui	COP uniquement	N/C	N/C	
6	Azerbaïdjan*	Non	N/C	Oui	N/C	
7	Bangladesh*	Non	N/C	Oui	N/C	
8	Barbade	Non	N/C	Oui	N/C	
9	Belgique	Oui	COP uniquement	N/C	N/C	
10	Brésil	Non	N/C	Oui	N/C	
11	Bulgarie	Non	N/C	Oui	N/C	
12	Cameroun	Non	N/C	Oui	N/C	

29 Pour ses conventions notifiées aux fins de l'IM, le Canada choisit d'appliquer la disposition de la déclaration du préambule (article 6 de l'IM) et la règle COP (article 7 de l'IM). Le Canada a également déclaré, conformément à l'article 7(17)(a) de l'IM, que même s'il accepte l'application de la règle COP aux fins de l'IM, il a l'intention d'adopter, dans la mesure du possible, une règle LOB venant compléter ou remplacer la règle COP via des négociations bilatérales.

13	Chili	Non	N/C	Oui	N/C	
14	Chine (République populaire de)	Non	N/C	Oui	N/C	
15	Taipei chinois*[30]	Non	N/C	Non	N/C	
16	Colombie	Non	N/C	Oui	N/C	
17	Côte d'Ivoire	Non	N/C	Oui	N/C	
18	Croatie	Non	N/C	Oui	N/C	
19	Chypre*	Non	N/C	Oui	N/C	
20	République tchèque	Non	N/C	Oui	N/C	
21	Danemark	Oui	COP uniquement	N/C	N/C	
22	République dominicaine	Non	N/C	Oui	N/C	
23	Équateur*	Non	N/C	Non	N/C	
24	Égypte	Non	N/C	Oui	N/C	
25	Estonie	Non	N/C	Oui	N/C	
26	Finlande	Oui	COP uniquement	N/C	N/C	
27	France	Oui	COP uniquement	N/C	N/C	
28	Gabon	Non	N/C	Oui	N/C	
29	Allemagne	Non	N/C	Non	N/C	
30	Grèce	Non	N/C	Oui	N/C	
31	Guyana*	Non	N/C	Non	N/C	
32	Hong Kong (Chine)	Non	N/C	Oui	N/C	
33	Hongrie	Non	N/C	Oui	N/C	
34	Islande	Oui	COP uniquement	N/C	N/C	
35	Inde	Oui	COP uniquement	N/C	N/C	
36	Indonésie	Non	N/C	Oui	N/C	
37	Irlande	Oui	COP uniquement	N/C	N/C	
38	Israël	Oui	COP uniquement	N/C	N/C	
39	Italie	Non	N/C	Oui	N/C	
40	Jamaïque	Non	N/C	Oui	N/C	
41	Japon	Oui	COP uniquement	N/C	N/C	
42	Jordanie	Non	N/C	Oui	N/C	
43	Kazakhstan	Non	N/C	Oui	N/C	
44	Kenya	Non	N/C	Oui	N/C	
45	Corée	Non	N/C	Oui	N/C	
46	Koweït*	Non	N/C	Oui	N/C	
47	Kirghizistan*	Non	N/C	Non	N/C	
48	Lettonie	Non	N/C	Oui	N/C	
49	Lituanie	Oui	COP uniquement	N/C	N/C	
50	Luxembourg	Oui	COP uniquement	N/C	N/C	
51	Madagascar*	Non	N/C	Non	N/C	
52	Malaisie	Non	N/C	Oui	N/C	
53	Malte	Oui	COP uniquement	N/C	N/C	
54	Mexique	Non	N/C	Oui	N/C	
55	Moldova*	Non	N/C	Oui	N/C	
56	Mongolie	Non	N/C	Oui	N/C	
57	Maroc	Non	N/C	Oui	N/C	
58	Pays-Bas	Oui	COP uniquement	N/C	N/C	
59	Nouvelle-Zélande	Oui	COP uniquement	N/C	N/C	
60	Nigéria	Non	N/C	Oui	N/C	
61	Norvège	Non	N/C	Oui	N/C	

[27] Il s'agit d'un Accord en vue d'éviter la double imposition et de prévenir la fraude fiscale en matière d'impôts sur le revenu conclu entre le Bureau commercial du Canada à Taipei et le Bureau économique et culturel de Taipei au Canada.

62	Oman	Non	N/C	Oui	N/C	
63	Pakistan	Non	N/C	Oui	N/C	
64	Papouasie-Nouvelle-Guinée	Non	N/C	Oui	N/C	
65	Pérou	Non	N/C	Oui	N/C	
66	Philippines*	Non	N/C	Oui	N/C	
67	Pologne	Oui	COP uniquement	N/C	N/C	
68	Portugal	Non	N/C	Oui	N/C	
69	Roumanie	Non	N/C	Oui	N/C	
70	Russie	Non	N/C	Oui	N/C	
71	Sénégal	Non	N/C	Oui	N/C	
72	Serbie	Oui	COP uniquement	N/C	N/C	
73	Singapour	Oui	COP uniquement	N/C	N/C	
74	République slovaque	Oui	COP uniquement	N/C	N/C	
75	Slovénie	Oui	COP uniquement	N/C	N/C	
76	Afrique du Sud	Non	N/C	Oui	N/C	
77	Espagne	Non	N/C	Oui	N/C	
78	Sri Lanka	Non	N/C	Oui	N/C	
79	Suède	Non	N/C	Oui	N/C	
80	Suisse	Non	N/C	Non	N/C	
81	Tanzanie*	Non	N/C	Oui	N/C	
82	Thaïlande	Non	N/C	Oui	N/C	
83	Trinité-et-Tobago	Non	N/C	Oui	N/C	
84	Tunisie	Non	N/C	Oui	N/C	
85	Turquie	Non	N/C	Oui	N/C	
86	Ukraine	Oui	COP uniquement	N/C	N/C	
87	Émirats arabes unis	Oui	COP uniquement	N/C	N/C	
88	Royaume-Uni	Oui	COP uniquement	N/C	N/C	
89	États-Unis	Non	N/C	Non	N/C	
90	Ouzbékistan*	Non	N/C	Non	N/C	
91	Venezuela*	Non	N/C	Non	N/C	
92	Viet Nam	Non	N/C	Oui	N/C	
93	Zambie	Non	N/C	Oui	N/C	
94	Zimbabwe*	Non	N/C	Oui	N/C	

Îles Caïmanes

A. Progrès dans la mise en œuvre du standard minimum

Les Îles Caïmanes n'ont aucune convention fiscale en vigueur, comme l'indique leur réponse au questionnaire d'examen par les pairs.

B. Difficultés de mise en œuvre

Aucune juridiction n'a signalé de préoccupation concernant les Îles Caïmanes.

Chili

A. Progrès dans la mise en œuvre du standard minimum

Le Chili compte 33 conventions fiscales en vigueur, comme l'indique sa réponse au questionnaire d'examen par les pairs. Cinq de ces conventions, celles conclues avec l'Argentine, la Chine, l'Italie, le Japon et l'Uruguay, sont conformes au standard minimum.

Le Chili a signé l'IM en 2017 et a déposé son instrument de ratification le 26 novembre 2020. L'IM entrera en vigueur pour le Chili le 1er mars 2021.

Le Chili met en œuvre le standard minimum par l'inclusion de la disposition de la déclaration du préambule et de la règle COP associée à la règle LOB. Pour ses conventions conformes avec l'Italie et le Japon, le standard minimum est mis en œuvre par l'inclusion de la disposition de la déclaration du préambule et de la règle COP[31]. Le Chili fait observer que toutes ses conventions qui ne contiennent pas de règle COP comportent un critère de l'objet principal dans les articles relatifs aux dividendes, intérêts et redevances.

Les conventions qui seront modifiées par l'IM deviendront conformes au standard minimum une fois que les dispositions de l'IM auront pris effet.

B. Difficultés de mise en œuvre

Aucune juridiction n'a signalé de préoccupation relative à ses conventions conclues avec le Chili.

Synthèse de la réponse de la juridiction – Chili

	Partenaires de convention	Conformité avec le standard	Si conforme, méthode choisie	Signature d'un instrument de mise en conformité	Méthode choisie dans l'instrument de mise en conformité (si différent de l'IM)	Commentaires
1	Argentine	Oui	COP et LOB	N/C	N/C	
2	Australie	Non	N/C	Oui	N/C	
3	Autriche	Non	N/C	Oui	N/C	
4	Belgique	Non	N/C	Oui	N/C	
5	Brésil	Non	N/C	Oui	N/C	
6	Canada	Non	N/C	Oui	N/C	
7	Chine (République populaire de)	Oui	COP et LOB	N/C	N/C	
8	Colombie	Non	N/C	Oui	N/C	
9	Croatie	Non	N/C	Oui	N/C	
10	République tchèque	Non	N/C	Oui	N/C	
11	Danemark	Non	N/C	Oui	N/C	

31 Pour 28 de ses conventions notifiées aux fins de l'IM, le Chili choisit d'appliquer la disposition de la déclaration du préambule (article 6 de l'IM) et la règle COP (article 7 de l'IM). Le Chili a également opté pour la règle LOB simplifiée conformément à l'article 7(6) de l'IM et a indiqué que même s'il accepte l'application de la règle COP aux fins de l'IM, il a l'intention dans la mesure du possible d'adopter une règle LOB via des négociations bilatérales. Le Chili a formulé une réserve conformément à l'article 6(4) de l'IM afin de ne pas appliquer l'article 6(1) de l'IM concernant les conventions qui contiennent déjà la version adéquate du préambule. Le Chili a également formulé une réserve conformément à l'article 7(15)(b) de l'IM afin de ne pas appliquer l'article 7(1) concernant les conventions qui contiennent déjà une règle COP. Quatre des conventions du Chili entrent dans le champ de ces réserves.

12	Équateur*	Non	N/C	Oui	N/C	
13	France	Non	N/C	Oui	N/C	
14	Irlande	Non	N/C	Oui	N/C	
15	Italie	Oui	COP uniquement	N/C	N/C	
16	Japon	Oui	COP uniquement	N/C	N/C	
17	Corée	Non	N/C	Oui	N/C	
18	Malaisie	Non	N/C	Oui	N/C	
19	Mexique	Non	N/C	Oui	N/C	
20	Nouvelle-Zélande	Non	N/C	Oui	N/C	
21	Norvège	Non	N/C	Oui	N/C	
22	Paraguay	Non	N/C	Oui	N/C	
23	Pérou	Non	N/C	Oui	N/C	
24	Pologne	Non	N/C	Oui	N/C	
25	Portugal	Non	N/C	Oui	N/C	
26	Russie	Non	N/C	Oui	N/C	
27	Afrique du Sud	Non	N/C	Oui	N/C	
28	Espagne	Non	N/C	Oui	N/C	
29	Suède	Non	N/C	Oui	N/C	
30	Suisse	Non	N/C	Oui	N/C	
31	Thaïlande	Non	N/C	Oui	N/C	
32	Royaume-Uni	Non	N/C	Oui	N/C	
33	Uruguay	Oui	COP et LOB	N/C	N/C	

Chine (République populaire de)

A. Progrès dans la mise en œuvre du standard minimum

La Chine compte 102 conventions fiscales en vigueur, comme l'indique sa réponse au questionnaire d'examen par les pairs. Trois de ces conventions, celles conclues avec le Chili, l'Inde et la Nouvelle-Zélande, sont conformes au standard minimum.

La Chine a signé l'IM en 2017 et a notifié ses conventions non conformes.

La Chine met généralement en œuvre le standard minimum par l'inclusion de la déclaration du préambule et de la règle COP[32].

Les conventions qui seront modifiées par l'IM deviendront conformes au standard minimum une fois que les dispositions de l'IM auront pris effet.

B. Difficultés de mise en œuvre

Les conventions notifiées par la Chine aux fins de l'IM deviendront conformes une fois qu'elle aura ratifié l'IM. La Chine est invitée à ratifier l'IM le plus rapidement possible.

Synthèse de la réponse de la juridiction - Chine (République populaire de)

	Partenaires de convention	Conformité avec le standard	Si conforme, méthode choisie	Signature d'un instrument de mise en conformité	Méthode choisie dans l'instrument de mise en conformité (si différent de l'IM)	Commentaires
1	Albanie	Non	N/C	Oui	N/C	
2	Algérie*	Non	N/C	Oui	N/C	
3	Arménie	Non	N/C	Oui	N/C	
4	Australie	Non	N/C	Oui	N/C	
5	Autriche	Non	N/C	Oui	N/C	
6	Azerbaïdjan*	Non	N/C	Oui	N/C	
7	Bahreïn	Non	N/C	Oui	N/C	
8	Bangladesh*	Non	N/C	Oui	N/C	
9	Barbade	Non	N/C	Oui	N/C	
10	Bélarus*	Non	N/C	Oui	N/C	
11	Belgique	Non	N/C	Oui	N/C	
12	Bosnie-Herzégovine	Non	N/C	Oui	N/C	
13	Botswana	Non	N/C	Oui	N/C	
14	Brésil	Non	N/C	Oui	N/C	
15	Brunei Darussalam	Non	N/C	Oui	N/C	
16	Bulgarie	Non	N/C	Oui	N/C	
17	Cambodge*	Non	N/C	Oui	N/C	
18	Canada	Non	N/C	Oui	N/C	
19	Chili	Oui	COP et LOB	N/C	N/C	

32 Pour ses conventions notifiées aux fins de l'IM, la Chine choisit d'appliquer la disposition de la déclaration du préambule (article 6 de l'IM) et la règle COP (article 7 de l'IM).

20	Croatie	Non	N/C	Oui	N/C	
21	Cuba*	Non	N/C	Oui	N/C	
22	Chypre*	Non	N/C	Oui	N/C	
23	République tchèque	Non	N/C	Oui	N/C	
24	Danemark	Non	N/C	Oui	N/C	
25	Équateur*	Non	N/C	Oui	N/C	
26	Égypte	Non	N/C	Oui	N/C	
27	Estonie	Non	N/C	Oui	N/C	
28	Éthiopie*	Non	N/C	Oui	N/C	
29	Finlande	Non	N/C	Oui	N/C	
30	France	Non	N/C	Oui	N/C	
31	Géorgie	Non	N/C	Oui	N/C	
32	Allemagne	Non	N/C	Oui	N/C	
33	Grèce	Non	N/C	Oui	N/C	
34	Hongrie	Non	N/C	Oui	N/C	
35	Islande	Non	N/C	Oui	N/C	
36	Inde	Oui	COP uniquement	N/C	N/C	
37	Indonésie	Non	N/C	Oui	N/C	
38	Iran*	Non	N/C	Oui	N/C	
39	Irlande	Non	N/C	Oui	N/C	
40	Israël	Non	N/C	Oui	N/C	
41	Italie	Non	N/C	Oui	COP uniquement	
42	Jamaïque	Non	N/C	Oui	N/C	
43	Japon	Non	N/C	Oui	N/C	
44	Kazakhstan	Non	N/C	Oui	N/C	
45	Corée	Non	N/C	Oui	N/C	
46	Koweït*	Non	N/C	Oui	N/C	
47	Kirghizistan*	Non	N/C	Oui	N/C	
48	République démocratique populaire lao*	Non	N/C	Oui	N/C	
49	Lettonie	Non	N/C	Oui	N/C	
50	Lituanie	Non	N/C	Oui	N/C	
51	Luxembourg	Non	N/C	Oui	N/C	
52	Malaisie	Non	N/C	Oui	N/C	
53	Malte	Non	N/C	Oui	N/C	
54	Maurice	Non	N/C	Oui	N/C	
55	Mexique	Non	N/C	Oui	N/C	
56	Moldova*	Non	N/C	Oui	N/C	
57	Mongolie	Non	N/C	Oui	N/C	
58	Monténégro	Non	N/C	Oui	N/C	
59	Maroc	Non	N/C	Oui	N/C	
60	Népal*	Non	N/C	Oui	N/C	
61	Pays-Bas	Non	N/C	Oui	N/C	
62	Nouvelle-Zélande	Oui	COP uniquement	N/C	N/C	
63	Nigéria	Non	N/C	Oui	N/C	
64	Macédoine du Nord	Non	N/C	Oui	N/C	
65	Norvège	Non	N/C	Oui	N/C	
66	Oman	Non	N/C	Oui	N/C	
67	Pakistan	Non	N/C	Oui	N/C	
68	Papouasie-Nouvelle-Guinée	Non	N/C	Oui	N/C	
69	Philippines*	Non	N/C	Oui	N/C	
70	Pologne	Non	N/C	Oui	N/C	
71	Portugal	Non	N/C	Oui	N/C	
72	Qatar	Non	N/C	Oui	N/C	

73	Roumanie	Non	N/C	Oui	N/C	
74	Russie	Non	N/C	Oui	N/C	
75	Arabie saoudite	Non	N/C	Oui	N/C	
76	Serbie	Non	N/C	Oui	N/C	
77	Seychelles	Non	N/C	Oui	N/C	
78	Singapour	Non	N/C	Oui	N/C	
79	République slovaque	Non	N/C	Oui	N/C	
80	Slovénie	Non	N/C	Oui	N/C	
81	Afrique du Sud	Non	N/C	Oui	N/C	
82	Espagne	Non	N/C	Oui	COP uniquement	
83	Sri Lanka	Non	N/C	Oui	N/C	
84	Soudan*	Non	N/C	Oui	N/C	
85	Suède	Non	N/C	Oui	N/C	
86	Suisse	Non	N/C	Oui	N/C	
87	République arabe syrienne*	Non	N/C	Oui	N/C	
88	Tadjikistan*	Non	N/C	Oui	N/C	
89	Thaïlande	Non	N/C	Oui	N/C	
90	Trinité-et-Tobago	Non	N/C	Oui	N/C	
91	Tunisie	Non	N/C	Oui	N/C	
92	Turquie	Non	N/C	Oui	N/C	
93	Turkménistan*	Non	N/C	Oui	N/C	
94	Ukraine	Non	N/C	Oui	N/C	
95	Émirats arabes unis	Non	N/C	Oui	N/C	
96	Royaume-Uni	Non	N/C	Oui	N/C	
97	États-Unis	Non	N/C	Oui	N/C	
98	Ouzbékistan*	Non	N/C	Oui	N/C	
99	Venezuela*	Non	N/C	Oui	N/C	
100	Viet Nam	Non	N/C	Oui	N/C	
101	Zambie	Non	N/C	Oui	N/C	
102	Zimbabwe*	Non	N/C	Oui	N/C	

Colombie

A. Progrès dans la mise en œuvre du standard minimum

La Colombie compte onze conventions fiscales en vigueur, ainsi que l'indique sa réponse au questionnaire d'examen par les pairs, y compris la Décision 578 de la Commission de la Communauté andine pour les membres de la Communauté andine (la convention de la Communauté andine)[33]. Une de ces conventions, celle avec le Royaume-Uni, est conforme au standard minimum.

La Colombie a signé l'IM en 2017 et a notifié ses conventions bilatérales non conformes.

La Colombie a indiqué dans sa réponse au questionnaire d'examen par les pairs que la convention de la Communauté andine n'a pas été notifiée aux fins de l'IM car il s'agit d'une Décision de la Commission de la Communauté andine[34]. Toutefois, pour mettre la convention de la Communauté andine en conformité avec le standard minimum établi par l'Action 6, la Colombie a engagé des négociations avec ses partenaires et signale que des avancées encourageantes ont été accomplies.

Elle a également précisé que des négociations bilatérales seraient menées concernant sa convention avec la Suisse.

La Colombie met en œuvre le standard minimum par l'inclusion de la disposition de la déclaration du préambule et de la règle COP associée à la règle LOB[35].

Les conventions qui seront modifiées par l'IM deviendront conformes au standard minimum une fois que les dispositions de l'IM auront pris effet.

B. Difficultés de mise en œuvre

Les conventions notifiées par la Colombie aux fins de l'IM deviendront conformes une fois qu'elle aura ratifié l'IM. La Colombie a fait savoir qu'elle avait soumis un projet de loi portant approbation de l'IM au Congrès de la République en janvier 2021. La Colombie est invitée à ratifier l'IM le plus rapidement possible.

Synthèse de la réponse de la juridiction – Colombie

	Partenaires de convention	Conformité avec le standard	Si conforme, méthode choisie	Signature d'un instrument de mise en conformité	Méthode choisie dans l'instrument de mise en conformité (si différent de l'IM)	Commentaires
1	Bolivie*	Non	N/C	Non	N/C	Renégociation de la Décision 578 en cours

---

[33] La Décision 578 de la Commission de la Communauté andine établissant un régime tendant à éviter la double imposition et à prévenir la fraude fiscale, adoptée le 4 mai 2004. Les membres actuels de la Communauté andine sont la Bolivie*, la Colombie, l'Équateur* et le Pérou. Au total, la Colombie a notifié 13 « accords » dans sa liste de conventions fiscales : dix conventions bilatérales et la convention de la Communauté andine.

[34] La Bolivie* et l'Équateur* ne sont pas membres du Cadre inclusif sur le BEPS.

[35] Pour ses conventions notifiées aux fins de l'IM, la Colombie choisit d'appliquer la disposition de la déclaration du préambule (article 6 de l'IM) et la règle COP (article 7 de l'IM). La Colombie a également opté pour la règle LOB simplifiée au titre de l'article 7(6) de l'IM.

2	Canada	Non	N/C	Oui	N/C	
3	Chili	Non	N/C	Oui	N/C	
4	République tchèque	Non	N/C	Oui	N/C	
5	Équateur*	Non	N/C	Non	N/C	Renégociation de la Décision 578 en cours
6	Inde	Non	N/C	Oui	N/C	
7	Corée	Non	N/C	Oui	N/C	
8	Mexique	Non	N/C	Oui	N/C	
9	Pérou	Non	N/C	Non	N/C	Renégociation de la Décision 578 en cours
10	Portugal	Non	N/C	Oui	N/C	
11	Espagne	Non	N/C	Oui	N/C	
12	Suisse[36]	Non	N/C	Oui	N/C	
13	Royaume-Uni	Oui	COP uniquement	N/C	N/C	

[36] La Colombie et la Suisse finalisent actuellement un protocole portant modification dont la signature devrait intervenir en 2020. Ce Protocole adopte la disposition de la déclaration du préambule, la règle COP et la règle LOB.

Congo

A. Progrès dans la mise en œuvre du standard minimum

Le Congo compte trois conventions fiscales en vigueur, comme l'indique sa réponse au questionnaire d'examen par les pairs.

Aucune des conventions conclues par le Congo n'est conforme au standard minimum ou ne fait l'objet d'un instrument de mise en conformité.

Le Congo n'a pas signé l'IM.

B. Difficultés de mise en œuvre

Étant donné que le Congo n'a pas adhéré à l'IM ni appliqué de mesures de lutte contre le chalandage fiscal dans ses conventions, le Secrétariat lui proposera son aide pour élaborer un plan de mise en œuvre du standard minimum en vue de renforcer son réseau de conventions.

Synthèse de la réponse de la juridiction – Congo

	Partenaires de convention	Conformité avec le standard	Si conforme, méthode choisie	Signature d'un instrument de mise en conformité	Méthode choisie dans l'instrument de mise en conformité (si différent de l'IM)	Commentaires
1	France	Non	N/C	Non	N/C	
2	Italie	Non	N/C	Non	N/C	
3	Maurice	Non	N/C	Non	N/C	

Îles Cook

A. Progrès dans la mise en œuvre du standard minimum

Les Îles Cook n'ont aucune convention fiscale en vigueur, comme l'indique leur réponse au questionnaire d'examen par les pairs.

B. Difficultés de mise en œuvre

Aucune juridiction n'a signalé de préoccupation concernant les Îles Cook.

Costa Rica

A. Progrès dans la mise en œuvre du standard minimum

Le Costa Rica compte trois conventions fiscales en vigueur, ainsi que l'indique sa réponse au questionnaire d'examen par les pairs.

Le Costa Rica a signé l'IM en 2017 et a déposé son instrument de ratification le 22 septembre 2020. L'IM entrera en vigueur pour le Costa Rica le 1er janvier 2021.

Le Costa Rica a indiqué dans sa réponse au questionnaire d'examen par les pairs que des négociations bilatérales seraient engagées concernant sa convention avec l'Allemagne.

Le Costa Rica met en œuvre le standard minimum par l'inclusion de la déclaration du préambule et de la règle COP[37].

Les conventions qui seront modifiées par l'IM deviendront conformes au standard minimum une fois que les dispositions de l'IM auront pris effet.

B. Difficultés de mise en œuvre

Aucune juridiction n'a signalé de préoccupation concernant le Costa Rica.

Synthèse de la réponse de la juridiction – Costa Rica

	Partenaires de convention	Conformité avec le standard	Si conforme, méthode choisie	Signature d'un instrument de mise en conformité	Méthode choie dans l'instrument de mise en conformité (si différent de l'IM)	Commentaires
1	Allemagne	Non	N/C	Non	N/C	
2	Mexique	Non	N/C	Oui	N/C	
3	Espagne	Non	N/C	Oui	N/C	

[37] Pour ses conventions notifiées aux fins de l'IM, le Costa Rica choisit d'appliquer la disposition de la déclaration du préambule (article 6 de l'IM) et la règle COP (article 7 de l'IM).

Côte d'Ivoire

A. Progrès dans la mise en œuvre du standard minimum

La Côte d'Ivoire compte 12 conventions fiscales en vigueur, comme l'indique sa réponse au questionnaire d'examen par les pairs, y compris le Règlement multilatéral 08/2008/COM portant adoption des règles visant à éviter la double imposition au sein de l'Union économique et monétaire ouest-africaine (UEMOA) et des règles d'assistance en matière fiscale conclu avec sept de ses partenaires[38].

La Côte d'Ivoire a signé l'IM en 2018 et n'a pas notifié sa convention avec la Suisse.

La Côte d'Ivoire met en œuvre le standard minimum par l'inclusion de la déclaration du préambule et de la règle COP[39].

Les conventions qui seront modifiées par l'IM deviendront conformes au standard minimum une fois que les dispositions de l'IM auront pris effet.

B. Difficultés de mise en œuvre

Les conventions notifiées par la Côte d'Ivoire aux fins de l'IM deviendront conformes une fois qu'elle aura ratifié l'IM. La Côte d'Ivoire est invitée à ratifier l'IM le plus rapidement possible.

La Côte d'Ivoire est invitée à envisager d'ouvrir des négociations concernant l'UEMOA.

Synthèse de la réponse de la juridiction - Côte d'Ivoire

	Partenaires de convention	Conformité avec le standard	Si conforme, méthode choisie	Signature d'un instrument de mise en conformité	Méthode choisie dans l'instrument de mise en conformité (si différent de l'IM)	Commentaires
1	Belgique	Non	N/C	Oui	N/C	
2	Bénin	Non	N/C	Non	N/C	UEMOA
3	Burkina Faso	Non	N/C	Non	N/C	UEMOA
4	Canada	Non	N/C	Oui	N/C	
5	France	Non	N/C	Oui	N/C	
6	Allemagne	Non	N/C	Oui	N/C	
7	Guinée-Bissau*	Non	N/C	Non	N/C	UEMOA
8	Italie	Non	N/C	Oui	N/C	
9	Mali*	Non	N/C	Non	N/C	UEMOA
10	Maroc	Non	N/C	Oui	N/C	
11	Niger*	Non	N/C	Non	N/C	UEMOA
12	Norvège	Non	N/C	Oui	N/C	

[38] Règlement n°08/2008/CM des pays de l'Union économique et monétaire ouest-africaine (UEMOA) du 26 septembre 2008 portant adoption des règles visant à éviter la double imposition au sein de l'UEMOA et des règles d'assistance en matière fiscale. Au total, la Côte d'Ivoire a identifié 18 « accords » dans sa liste des conventions : 11 conventions bilatérales et l'UEMOA.

[39] Pour ses conventions notifiées, la Côte d'Ivoire choisit d'appliquer la disposition de la déclaration du préambule (article 6 de l'IM) et la règle COP (article 7 de l'IM). La Côte d'Ivoire a également opté pour l'application asymétrique de la règle LOB simplifiée conformément à l'article 7(7)(b) de l'IM.

13	Portugal	Non	N/C	Oui	N/C	
14	Sénégal	Non	N/C	Non	N/C	UEMOA
15	Suisse	Non	N/C	Non	N/C	
16	Togo*	Non	N/C	Non	N/C	UEMOA
17	Tunisie	Non	N/C	Oui	N/C	
18	Royaume-Uni	Non	N/C	Oui	N/C	

Croatie

A. Progrès dans la mise en œuvre du standard minimum

La Croatie compte 66 conventions fiscales en vigueur, comme l'indique sa réponse au questionnaire d'examen par les pairs. Une de ces conventions, celle avec le Japon, est conforme au standard minimum.

La Croatie a signé l'IM en 2017. Elle n'a pas notifié ses conventions avec le Kazakhstan, les Émirats arabes unis et le Viet Nam. Aussi, à ce stade, ces conventions ne seront pas modifiées par l'IM. Dans sa réponse au questionnaire d'examen par les pairs, la Croatie a indiqué qu'elle notifierait ces conventions aux fins de l'IM lorsqu'elle ratifiera l'IM.

La Croatie met en œuvre le standard minimum par l'inclusion de la déclaration du préambule et de la règle COP[40].

Les conventions qui seront modifiées par l'IM deviendront conformes au standard minimum une fois que les dispositions de l'IM auront pris effet.

B. Difficultés de mise en œuvre

Les conventions notifiées par la Croatie aux fins de l'IM deviendront conformes une fois qu'elle aura ratifié l'IM. La Croatie a fait savoir que son Parlement a approuvé un projet de loi portant ratification de l'IM le 26 novembre 2020 qui sera bientôt promulgué par le Président croate. La Croatie a également fait savoir qu'elle comptait déposer son instrument de ratification de l'IM fin 2020 ou début 2021.

Synthèse de la réponse de la juridiction – Croatie

	Partenaires de convention	Conformité avec le standard	Si conforme, méthode choisie	Signature d'un instrument de mise en conformité	Méthode choisie dans l'instrument de mise en conformité (si différent de l'IM)	Commentaires
1	Albanie	Non	N/C	Oui	N/C	
2	Arménie	Non	N/C	Oui	N/C	
3	Autriche	Non	N/C	Oui	N/C	
4	Azerbaïdjan*	Non	N/C	Oui	N/C	
5	Bélarus*	Non	N/C	Oui	N/C	
6	Belgique	Non	N/C	Oui	N/C	
7	Bosnie-Herzégovine	Non	N/C	Oui	N/C	
8	Bulgarie	Non	N/C	Oui	N/C	
9	Canada	Non	N/C	Oui	N/C	
10	Chili	Non	N/C	Oui	N/C	
11	Chine (République populaire de)	Non	N/C	Oui	N/C	
12	République tchèque	Non	N/C	Oui	N/C	
13	Danemark	Non	N/C	Oui	N/C	
14	Estonie	Non	N/C	Oui	N/C	
15	Finlande	Non	N/C	Oui	N/C	

40 Pour ses conventions notifiées aux fins de l'IM, la Croatie choisit d'appliquer la disposition de la déclaration du préambule (article 6 de l'IM) et la règle COP (article 7 de l'IM).

16	France	Non	N/C	Oui	N/C	
17	Géorgie	Non	N/C	Oui	N/C	
18	Allemagne	Non	N/C	Oui	N/C	
19	Grèce	Non	N/C	Oui	N/C	
20	Hongrie	Non	N/C	Oui	N/C	
21	Islande	Non	N/C	Oui	N/C	
22	Inde	Non	N/C	Oui	N/C	
23	Indonésie	Non	N/C	Oui	N/C	
24	Iran*	Non	N/C	Oui	N/C	
25	Irlande	Non	N/C	Oui	N/C	
26	Israël	Non	N/C	Oui	N/C	
27	Italie	Non	N/C	Oui	N/C	
28	Jordanie	Non	N/C	Oui	N/C	
29	Japon	Oui	COP et LOB	N/C	N/C	
30	Kazakhstan	Non	N/C	Non	N/C	
31	Corée	Non	N/C	Oui	N/C	
32	Kosovo*	Non	N/C	Oui	N/C	
33	Koweït*	Non	N/C	Oui	N/C	
34	Lettonie	Non	N/C	Oui	N/C	
35	Lituanie	Non	N/C	Oui	N/C	
36	Luxembourg	Non	N/C	Oui	N/C	
37	Malaisie	Non	N/C	Oui	N/C	
38	Malte	Non	N/C	Oui	N/C	
39	Maurice	Non	N/C	Oui	N/C	
40	Moldova*	Non	N/C	Oui	N/C	
41	Monténégro	Non	N/C	Oui	N/C	
42	Maroc	Non	N/C	Oui	N/C	
43	Pays-Bas	Non	N/C	Oui	N/C	
44	Macédoine du Nord	Non	N/C	Oui	N/C	
45	Norvège	Non	N/C	Oui	N/C	
46	Oman	Non	N/C	Oui	N/C	
47	Pologne	Non	N/C	Oui	N/C	
48	Portugal	Non	N/C	Oui	N/C	
49	Qatar	Non	N/C	Oui	N/C	
50	Roumanie	Non	N/C	Oui	N/C	
51	Russie	Non	N/C	Oui	N/C	
52	Saint-Marin	Non	N/C	Oui	N/C	
53	Serbie	Non	N/C	Oui	N/C	
54	République slovaque	Non	N/C	Oui	N/C	
55	Slovénie	Non	N/C	Oui	N/C	
56	Afrique du Sud	Non	N/C	Oui	N/C	
57	Espagne	Non	N/C	Oui	N/C	
58	Suède	Non	N/C	Oui	N/C	
59	Suisse	Non	N/C	Oui	N/C	
60	République arabe syrienne*	Non	N/C	Oui	N/C	
61	Turquie	Non	N/C	Oui	N/C	
62	Turkménistan*	Non	N/C	Oui	N/C	
63	Ukraine	Non	N/C	Oui	N/C	
64	Émirats arabes unis	Non	N/C	Non	N/C	
65	Royaume-Uni	Non	N/C	Oui	N/C	
66	Viet Nam	Non	N/C	Non	N/C	

Curaçao

A. Progrès dans la mise en œuvre du standard minimum

Le Curaçao compte trois conventions fiscales en vigueur, comme l'indique sa réponse au questionnaire d'examen par les pairs. Une de ces conventions, celle conclue avec Malte, est conforme au standard minimum.

Le Curaçao a adhéré à l'IM en 2017 et le Royaume des Pays-Bas a déposé son instrument d'acceptation le 29 mars 2019, notifiant ses conventions non conformes. L'IM est entré en vigueur pour le Curaçao le 1er juillet 2019.

Le Curaçao a indiqué dans sa réponse au questionnaire d'examen par les pairs que sa convention avec les Pays-Bas n'a pas été notifiée aux fins de l'IM car c'est un instrument régi par le droit interne du Royaume des Pays-Bas.

Le Curaçao met en œuvre le standard minimum par l'inclusion de la déclaration du préambule et de la règle COP[41].

Les conventions qui seront modifiées par l'IM deviendront conformes au standard minimum une fois que les dispositions de l'IM auront pris effet.

B. Difficultés de mise en œuvre

Le Curaçao est invité à envisager d'ouvrir des renégociations bilatérales concernant sa convention avec les Pays-Bas en vue de mettre en œuvre le standard minimum.

Synthèse de la réponse de la juridiction – Curaçao

	Partenaires de convention	Conformité avec le standard	Si conforme, méthode choisie	Signature d'un instrument de mise en conformité	Méthode choisie dans l'instrument de mise en conformité (si différent de l'IM)	Commentaires
1	Malte	Oui	COP uniquement	N/C	N/C	
2	Pays-Bas	Non	N/C	Non	N/C	
3	Norvège	Non	N/C	Oui	N/C	

[41] Pour ses conventions notifiées aux fins de l'IM, le Curaçao choisit d'appliquer la disposition de la déclaration du préambule (article 6 de l'IM) et la règle COP (article 7 de l'IM).

République tchèque

A. Progrès dans la mise en œuvre du standard minimum

La République tchèque compte 88 conventions fiscales en vigueur, comme l'indique sa réponse au questionnaire d'examen par les pairs[42]. Une de ces conventions, celle conclue avec la Corée, est conforme au standard minimum.

La République tchèque a signé l'IM en 2017 et a déposé son instrument de ratification le 13 mai 2020. L'IM entrera en vigueur pour la République tchèque le 1er septembre 2020. La République tchèque n'a pas notifié ses conventions avec l'Albanie, l'Arabie saoudite, Bahreïn, la Barbade, la Bosnie-Herzégovine, le Brésil, les Émirats arabes unis, l'Estonie, l'Indonésie, la Jordanie, le Kazakhstan, la Macédoine du Nord, la Malaisie, le Maroc, la Mongolie, le Monténégro, le Panama, le Sri Lanka, la Thaïlande, la Tunisie, l'Ukraine et le Viet Nam. Aussi, à ce stade, ces conventions ne seront pas modifiées par l'IM. L'Albanie, l'Arabie saoudite, la Barbade, la Bosnie-Herzégovine, les Émirats arabes unis, l'Estonie, l'Indonésie, la Jordanie, le Kazakhstan, la Macédoine du Nord, la Malaisie, le Maroc, le Panama, la Tunisie et l'Ukraine ont notifié leurs conventions avec la République tchèque aux fins de l'IM.

La République tchèque met en œuvre le standard minimum par l'inclusion de la déclaration du préambule et de la règle COP[43].

Les conventions qui seront modifiées par l'IM deviendront conformes au standard minimum une fois que les dispositions de l'IM auront pris effet.

B. Difficultés de mise en œuvre

Comme mentionné précédemment, la République tchèque n'a pas notifié ses conventions aux fins de l'IM avec l'Albanie, l'Arabie saoudite, Bahreïn, la Barbade, la Bosnie-Herzégovine, le Brésil, les Émirats arabes unis, l'Estonie, l'Indonésie, la Jordanie, le Kazakhstan, la Macédoine du Nord, la Malaisie, le Maroc, la Mongolie, le Monténégro, le Panama, le Sri Lanka, la Thaïlande, la Tunisie, l'Ukraine et le Viet Nam. Notifier ces conventions aux fins de l'IM ou engager des renégociations bilatérales dans le but de mettre en œuvre le standard minimum permettrait de transposer le standard minimum dans ces conventions non couvertes.

Synthèse de la juridiction - République tchèque

	Partenaires de convention	Conformité avec le standard	Si conforme, méthode choisie	Signature d'un instrument de mise en conformité	Méthode choisie dans l'instrument de mise en conformité (si différent de l'IM)	Commentaires
1	Albanie	Non	N/C	Non	N/C	
2	Arménie	Non	N/C	Oui	N/C	

[42] La République tchèque continue d'appliquer le traité conclu avec l'ancienne Serbie-et-Monténégro à la Serbie et au Monténégro.

[43] Pour ses conventions notifiées aux fins de l'IM, la République slovaque choisit d'appliquer la disposition de la déclaration du préambule (article 6 de l'IM) et la règle COP (article 7 de l'IM).

3	Australie	Non	N/C	Oui	N/C	
4	Autriche	Non	N/C	Oui	N/C	
5	Azerbaïdjan*	Non	N/C	Non	N/C	
6	Bahreïn	Non	N/C	Non	N/C	
7	Barbade	Non	N/C	Non	N/C	
8	Bélarus*	Non	N/C	Non	N/C	
9	Belgique	Non	N/C	Oui	N/C	
10	Bosnie-Herzégovine	Non	N/C	Non	N/C	
11	Brésil	Non	N/C	Non	N/C	
12	Bulgarie	Non	N/C	Oui	N/C	
13	Canada	Non	N/C	Oui	N/C	
14	Chili	Non	N/C	Oui	N/C	
15	Chine (République populaire de)	Non	N/C	Oui	N/C	
16	Colombie	Non	N/C	Oui	N/C	
17	Croatie	Non	N/C	Oui	N/C	
18	Chypre*	Non	N/C	Oui	N/C	
19	République populaire démocratique de Corée*	Non	N/C	Non	N/C	
20	Danemark	Non	N/C	Oui	N/C	
21	Égypte	Non	N/C	Oui	N/C	
22	Estonie	Non	N/C	Non	N/C	
23	Éthiopie*	Non	N/C	Non	N/C	
24	Finlande	Non	N/C	Oui	N/C	
25	France	Non	N/C	Oui	N/C	
26	Géorgie	Non	N/C	Oui	N/C	
27	Allemagne	Non	N/C	Oui	N/C	
28	Grèce	Non	N/C	Oui	N/C	
29	Hong Kong (Chine)	Non	N/C	Oui	N/C	
30	Hongrie	Non	N/C	Oui	N/C	
31	Islande	Non	N/C	Oui	N/C	
32	Inde	Non	N/C	Oui	N/C	
33	Indonésie	Non	N/C	Non	N/C	
34	Iran*	Non	N/C	Non	N/C	
35	Irlande	Non	N/C	Oui	N/C	
36	Israël	Non	N/C	Oui	N/C	
37	Italie	Non	N/C	Oui	N/C	
38	Japon	Non	N/C	Oui	N/C	
39	Jordanie	Non	N/C	Non	N/C	
40	Kazakhstan	Non	N/C	Non	N/C	
41	Corée	Oui	COP uniquement	N/C	N/C	
42	Koweït*	Non	N/C	Oui	N/C	
43	Lettonie	Non	N/C	Oui	N/C	
44	Liban*	Non	N/C	Non	N/C	
45	Liechtenstein	Non	N/C	Oui	N/C	
46	Lituanie	Non	N/C	Oui	N/C	
47	Luxembourg	Non	N/C	Oui	N/C	
48	Malaisie	Non	N/C	Non	N/C	
49	Malte	Non	N/C	Oui	N/C	
50	Mexique	Non	N/C	Oui	N/C	
51	Moldova*	Non	N/C	Non	N/C	
52	Mongolie	Non	N/C	Non	N/C	
53	Monténégro	Non	N/C	Non	N/C	
54	Maroc	Non	N/C	Non	N/C	

55	Pays-Bas	Non	N/C	Oui	N/C	
56	Nouvelle-Zélande	Non	N/C	Oui	N/C	
57	Nigéria	Non	N/C	Oui	N/C	
58	Macédoine du Nord	Non	N/C	Non	N/C	
59	Norvège	Non	N/C	Oui	N/C	
60	Pakistan	Non	N/C	Oui	N/C	
61	Panama	Non	N/C	Non	N/C	
62	Philippines*	Non	N/C	Non	N/C	
63	Pologne	Non	N/C	Oui	N/C	
64	Portugal	Non	N/C	Oui	N/C	
65	Roumanie	Non	N/C	Oui	N/C	
66	Russie	Non	N/C	Oui	N/C	
67	Arabie saoudite	Non	N/C	Non	N/C	
68	Serbie	Non	N/C	Oui	N/C	
69	Singapour	Non	N/C	Oui	N/C	
70	République slovaque	Non	N/C	Oui	N/C	
71	Slovénie	Non	N/C	Oui	N/C	
72	Afrique du Sud	Non	N/C	Oui	N/C	
73	Espagne	Non	N/C	Oui	N/C	
74	Sri Lanka	Non	N/C	Non	N/C	
75	Suède	Non	N/C	Oui	N/C	
76	Suisse	Non	N/C	Oui	N/C	
77	République arabe syrienne*	Non	N/C	Non	N/C	
78	Tadjikistan*	Non	N/C	Non	N/C	
79	Thaïlande	Non	N/C	Non	N/C	
80	Tunisie	Non	N/C	Non	N/C	
81	Turquie	Non	N/C	Oui	N/C	
82	Turkménistan*	Non	N/C	Non	N/C	
83	Ukraine	Non	N/C	Non	N/C	
84	Émirats arabes unis	Non	N/C	Non	N/C	
85	Royaume-Uni	Non	N/C	Oui	N/C	
86	États-Unis	Non	N/C	Non	N/C	
87	Ouzbékistan*	Non	N/C	Non	N/C	
88	Venezuela*	Non	N/C	Non	N/C	
89	Viet Nam	Non	N/C	Non	N/C	

République démocratique du Congo

A. Progrès dans la mise en œuvre du standard minimum

La République démocratique du Congo compte deux conventions fiscales en vigueur, ainsi que l'indique sa réponse au questionnaire d'examen par les pairs.

Aucune des conventions conclues par la République démocratique du Congo n'est conforme au standard minimum ou ne fait l'objet d'un instrument de mise en conformité.

La République démocratique du Congo n'a pas signé l'IM.

B. Difficultés de mise en œuvre

Étant donné que la République démocratique du Congo n'a pas adhéré à l'IM ni appliqué de mesures de lutte contre le chalandage fiscal dans ses conventions, le Secrétariat lui proposera son aide pour élaborer un plan de mise en œuvre du standard minimum en vue de renforcer son réseau de conventions.

Synthèse de la réponse de la juridiction - République démocratique du Congo

	Partenaires de convention	Conformité avec le standard	Si conforme, méthode choisie	Signature d'un instrument de mise en conformité	Méthode choisie dans l'instrument de mise en conformité (si différent de l'IM)	Commentaires
1	Belgique	Non	N/C	Non	N/C	
2	Afrique du Sud	Non	N/C	Non	N/C	

Danemark

A. Progrès dans la mise en œuvre du standard minimum

Le Danemark compte 71 conventions fiscales en vigueur, ainsi que l'indique sa réponse au questionnaire d'examen par les pairs, y compris la Convention nordique multilatérale conclue avec la Finlande, l'Islande, la Norvège et la Suède (la « Convention nordique »)[44]. 19 de ces conventions, celles conclues avec l'Australie, la Belgique, le Canada, l'Inde, l'Irlande, Israël, le Japon, la Lituanie, le Luxembourg, Malte, la Nouvelle-Zélande, les Pays-Bas, la Pologne, la République slovaque, le Royaume-Uni, la Serbie, la Slovénie, l'Ukraine et la Convention nordique sont conformes au standard minimum.

Le Danemark a signé l'IM en 2017 et a déposé son instrument de ratification le 30 septembre 2019. L'IM est entré en vigueur pour le Danemark le 1er janvier 2020. Le Danemark n'a pas notifié ses conventions avec l'Allemagne, l'Arménie et la Suisse, mais a indiqué son intention de notifier sa convention avec l'Arménie aux fins de l'IM. Aussi, à ce stade, ces conventions ne seront pas modifiées par l'IM.

Les Parties à la Convention nordique ont signé un instrument de mise en conformité en 2018. Le protocole est entré en vigueur le 28 novembre 2019 et ses dispositions ont pris effet le 1er janvier 2020.

Le Danemark met en œuvre le standard minimum par l'inclusion de la déclaration du préambule et de la règle COP[45].

Les conventions qui seront modifiées par l'IM deviendront conformes au standard minimum une fois que les dispositions de l'IM auront pris effet.

B. Difficultés de mise en œuvre

Comme mentionné précédemment, le Danemark n'a pas notifié ses conventions avec l'Allemagne, l'Arménie et la Suisse aux fins de l'IM. Notifier ces conventions aux fins de l'IM ou engager des renégociations bilatérales dans le but de mettre en œuvre le standard minimum permettrait de transposer le standard minimum dans ces conventions non couvertes.

Synthèse de la réponse de la juridiction - Danemark

	Partenaires de convention	Conformité avec le standard	Si conforme, méthode choisie	Signature d'un instrument de mise en conformité	Méthode choisie dans l'instrument de mise en conformité (si différent de l'IM)	Commentaires
1	Argentine	Non	N/C	Oui	N/C	

44 Voir la convention multilatérale conclue par le Danemark, la Finlande, les Îles Féroé, l'Islande, la Norvège et la Suède tendant à éviter la double imposition concernant les impôts sur le revenu et la fortune (1996, 1997, 2008 et 2018). Au total, le Danemark a identifié 74 « accords » dans sa liste des conventions fiscales : 70 conventions bilatérales et la Convention nordique conclue avec quatre de ses partenaires.

45 Pour ses conventions notifiées aux fins de l'IM, le Danemark choisit d'appliquer la disposition de la déclaration du préambule (article 6 de l'IM) et la règle COP (article 7 de l'IM). Le Danemark a également accepté d'appliquer une règle LOB simplifiée dans ses conventions conclues avec des partenaires qui ont opté pour la règle LOB simplifiée (article 7(7)(a) de l'IM).

2	Arménie	Non	N/C	Non	N/C	La convention sera notifiée en tant que convention fiscale couverte aux fins de l'IM.
3	Australie	Oui	COP uniquement	N/C	N/C	
4	Autriche	Non	N/C	Oui	N/C	
5	Azerbaïdjan*	Non	N/C	Oui	N/C	
6	Bangladesh*	Non	N/C	Oui	N/C	
7	Bélarus*	Non	N/C	Non	N/C	
8	Belgique	Oui	COP uniquement	N/C	N/C	
9	Brésil	Non	N/C	Oui	N/C	
10	Bulgarie	Non	N/C	Oui	N/C	
11	Canada	Oui	COP uniquement	N/C	N/C	
12	Chili	Non	N/C	Oui	N/C	
13	Chine (République populaire de)	Non	N/C	Oui	N/C	
14	Taipei chinois*	Non	N/C	Oui	N/C	
15	Croatie	Non	N/C	Oui	N/C	
16	Chypre*	Non	N/C	Oui	N/C	
17	République tchèque	Non	N/C	Oui	N/C	
18	Égypte	Non	N/C	Oui	N/C	
19	Estonie	Non	N/C	Oui	N/C	
20	Finlande	Oui	COP uniquement	N/C	N/C	Convention nordique
21	Géorgie	Non	N/C	Oui	N/C	
22	Allemagne	Non	N/C	Non	N/C	
23	Ghana*	Non	N/C	Oui	N/C	
24	Grèce	Non	N/C	Oui	N/C	
25	Hongrie	Non	N/C	Oui	N/C	
26	Islande	Oui	COP uniquement	N/C	N/C	Convention nordique
27	Inde	Oui	COP et LOB	N/C	N/C	
28	Indonésie	Non	N/C	Oui	N/C	
29	Irlande	Oui	COP uniquement	N/C	N/C	
30	Israël	Oui	COP uniquement	N/C	N/C	
31	Italie	Non	N/C	Oui	N/C	
32	Jamaïque	Non	N/C	Oui	N/C	
33	Japon	Oui	COP et LOB	N/C	N/C	
34	Kenya	Non	N/C	Oui	N/C	
35	Corée	Non	N/C	Oui	N/C	
36	Koweït*	Non	N/C	Oui	N/C	
37	Lettonie	Non	N/C	Oui	N/C	
38	Lituanie	Oui	COP uniquement	N/C	N/C	
39	Luxembourg	Oui	COP uniquement	N/C	N/C	
40	Malaisie	Non	N/C	Oui	N/C	
41	Malte	Oui	COP uniquement	N/C	N/C	
42	Mexique	Non	N/C	Oui	N/C	
43	Monténégro	Non	N/C	Oui	N/C	
44	Maroc	Non	N/C	Oui	N/C	

45	Pays-Bas	Oui	COP uniquement	N/C	N/C	
46	Nouvelle-Zélande	Oui	COP uniquement	N/C	N/C	
47	Macédoine du Nord	Non	N/C	Oui	N/C	
48	Norvège	Oui	COP uniquement	N/C	N/C	Convention nordique
49	Pakistan	Non	N/C	Oui	N/C	
50	Philippines*	Non	N/C	Oui	N/C	
51	Pologne	Oui	COP uniquement	N/C	N/C	
52	Portugal	Non	N/C	Oui	N/C	
53	Roumanie	Non	N/C	Oui	N/C	
54	Russie	Non	N/C	Oui	N/C	
55	Serbie	Oui	COP uniquement	N/C	N/C	
56	Singapour	Non	N/C	Oui	N/C	
57	République slovaque	Oui	COP uniquement	N/C	N/C	
58	Slovénie	Oui	COP uniquement	N/C	N/C	
59	Afrique du Sud	Non	N/C	Oui	N/C	
60	Sri Lanka	Non	N/C	Oui	N/C	
61	Suède	Oui	COP uniquement	N/C	N/C	Convention nordique
62	Suisse	Non	N/C	Non	N/C	
63	Tanzanie*	Non	N/C	Oui	N/C	
64	Thaïlande	Non	N/C	Oui	N/C	
65	Trinité-et-Tobago	Non	N/C	Oui	N/C	
66	Tunisie	Non	N/C	Oui	N/C	
67	Turquie	Non	N/C	Oui	N/C	
68	Ouganda*	Non	N/C	Oui	N/C	
69	Ukraine	Oui	COP uniquement	N/C	N/C	
70	Royaume-Uni	Oui	COP uniquement	N/C	N/C	
71	États-Unis	Non	N/C	Oui	N/C	
72	Venezuela*	Non	N/C	Oui	N/C	
73	Viet Nam	Non	N/C	Oui	N/C	
74	Zambie	Non	N/C	Oui	N/C	

Djibouti

A. Progrès dans la mise en œuvre du standard minimum

Djibouti n'a aucune convention fiscale en vigueur, comme l'indique sa réponse au questionnaire d'examen par les pairs.

B. Difficultés de mise en œuvre

Aucune juridiction n'a soulevé de préoccupation concernant Djibouti.

Dominique

A. Progrès dans la mise en œuvre du standard minimum

La Dominique compte trois conventions fiscales en vigueur, comme l'indique sa réponse au questionnaire d'examen par les pairs, y compris la convention multilatérale entre les membres de la CARICOM conclue avec dix partenaires (la convention de la CARICOM)[46].

Neuf des conventions conclues par la Dominique sont conformes au standard minimum ou font l'objet d'un instrument de mise en conformité.

La Dominique n'a pas signé l'IM.

B. Difficultés de mise en œuvre

Étant donné que la Dominique n'a pas adhéré à l'IM ni appliqué de mesures de lutte contre le chalandage fiscal dans ses conventions, le Secrétariat lui proposera son aide pour élaborer un plan de mise en œuvre du standard minimum en vue de renforcer son réseau de conventions.

La Dominique est invitée à actualiser la convention de la CARICOM en engageant des négociations avec l'ensemble de ses partenaires[47].

Synthèse de la réponse de la juridiction – Dominique

	Partenaires de convention	Conformité avec le standard	Si conforme, méthode choisie	Signature d'un instrument de mise en conformité	Méthode choisie dans l'instrument de mise en conformité (si différent de l'IM)	Commentaires
1	Antigua-et-Barbuda	Non	N/C	Non	N/C	CARICOM
2	Barbade	Non	N/C	Non	N/C	CARICOM
3	Belize	Non	N/C	Non	N/C	CARICOM
4	Grenade	Non	N/C	Non	N/C	CARICOM
5	Guyana*	Non	N/C	Non	N/C	CARICOM
6	Jamaïque	Non	N/C	Non	N/C	CARICOM
7	Saint-Kitts-et-Nevis	Non	N/C	Non	N/C	CARICOM
8	Sainte-Lucie	Non	N/C	Non	N/C	CARICOM
9	Saint-Vincent-et-les-Grenadines	Non	N/C	Non	N/C	CARICOM
10	Suisse	Non	N/C	Non	N/C	
11	Trinité-et-Tobago	Non	N/C	Non	N/C	CARICOM
12	Royaume-Uni	Non	N/C	Non	N/C	

[46] Au total, la Dominique a identifié 12 « accords » dans sa liste des conventions : deux conventions bilatérales et la convention de la CARICOM.

[47] Les révisions de la convention de la CARICOM nécessitent l'accord de ses onze partenaires.

République dominicaine

A. Progrès dans la mise en œuvre du standard minimum

La République dominicaine compte deux conventions fiscales en vigueur, comme l'indique sa réponse au questionnaire d'examen par les pairs.

Aucune des conventions conclues par la République dominicaine n'est conforme au standard minimum ou ne fait l'objet d'un instrument de mise en conformité.

La République dominicaine n'a pas signé l'IM.

La République dominicaine a indiqué dans sa réponse au questionnaire d'examen par les pairs que des négociations bilatérales seraient engagées concernant sa convention avec le Canada et l'Espagne.

B. Difficultés de mise en œuvre

Étant donné que la République dominicaine n'a pas adhéré à l'IM ni appliqué de mesures de lutte contre le chalandage fiscal dans ses conventions, le Secrétariat lui proposera son aide pour élaborer un plan de mise en œuvre du standard minimum en vue de renforcer son réseau de conventions.

Synthèse de la réponse de la juridiction - République dominicaine

	Partenaires de convention	Conformité avec le standard	Si conforme, méthode choisie	Signature d'un instrument de mise en conformité	Méthode choisie dans l'instrument de mise en conformité (si différent de l'IM)	Commentaires
1	Canada	Non	N/C	Non	N/C	
2	Espagne	Non	N/C	Non	N/C	Partiellement conforme. La convention contient une règle COP, mais pas le texte du nouveau préambule.

Égypte

A. Progrès dans la mise en œuvre du standard minimum

L'Égypte compte 58 conventions fiscales en vigueur, comme l'indique sa réponse au questionnaire d'examen par les pairs. L'une de ces conventions, celle avec Chypre*, est conforme au standard minimum.

L'Égypte a signé l'IM en 2017 et a déposé son instrument de ratification le 30 septembre 2020. L'IM entrera en vigueur pour l'Égypte le 1er janvier 2021.

L'Égypte met en œuvre le standard minimum par l'inclusion de la déclaration du préambule et de la règle COP[48].

Les conventions qui seront modifiées par l'IM deviendront conformes au standard minimum une fois que les dispositions de l'IM auront pris effet.

B. Difficultés de mise en œuvre

Aucune juridiction n'a signalé de préoccupation relative à ses conventions conclues avec l'Égypte.

Synthèse de la réponse de la juridiction – Égypte

	Partenaires de convention	Conformité avec le standard	Si conforme, méthode choisie	Signature d'un instrument de mise en conformité	Méthode choisie dans l'instrument de mise en conformité (si différent de l'IM)	Commentaires
1	Albanie	Non	N/C	Oui	N/C	
2	Algérie*	Non	N/C	Oui	N/C	
3	Autriche	Non	N/C	Oui	N/C	
4	Bahreïn	Non	N/C	Oui	N/C	
5	Bélarus*	Non	N/C	Oui	N/C	
6	Belgique	Non	N/C	Oui	N/C	
7	Bulgarie	Non	N/C	Oui	N/C	
8	Canada	Non	N/C	Oui	N/C	
9	Chine (République populaire de)	Non	N/C	Oui	N/C	
10	Chypre*	Oui	COP uniquement	Non	N/C	
11	République tchèque	Non	N/C	Oui	N/C	
12	Danemark	Non	N/C	Oui	N/C	
13	Éthiopie*	Non	N/C	Oui	N/C	
14	Finlande	Non	N/C	Oui	N/C	
15	France	Non	N/C	Oui	N/C	
16	Géorgie	Non	N/C	Oui	N/C	
17	Allemagne	Non	N/C	Oui	N/C	
18	Grèce	Non	N/C	Oui	N/C	
19	Hongrie	Non	N/C	Oui	N/C	
20	Inde	Non	N/C	Oui	N/C	
21	Indonésie	Non	N/C	Oui	N/C	

48 Pour ses conventions notifiées aux fins de l'IM, l'Égypte choisit d'appliquer la disposition de la déclaration du préambule (article 6 de l'IM) et la règle COP (article 7 de l'IM).

22	Iraq*	Non	N/C	Oui	N/C	
23	Irlande	Non	N/C	Oui	N/C	
24	Italie	Non	N/C	Oui	N/C	
25	Japon	Non	N/C	Oui	N/C	
26	Jordanie	Non	N/C	Oui	N/C	
27	Corée	Non	N/C	Oui	N/C	
28	Koweït*	Non	N/C	Oui	N/C	
29	Liban*	Non	N/C	Oui	N/C	
30	Libye*	Non	N/C	Oui	N/C	
31	Malaisie	Non	N/C	Oui	N/C	
32	Malte	Non	N/C	Oui	N/C	
33	Maurice	Non	N/C	Oui	N/C	
34	Maroc	Non	N/C	Oui	N/C	
35	Pays-Bas	Non	N/C	Oui	N/C	
36	Norvège	Non	N/C	Oui	N/C	
37	Pakistan	Non	N/C	Oui	N/C	
38	Palestine*	Non	N/C	Oui	N/C	
39	Pologne	Non	N/C	Oui	N/C	
40	Roumanie	Non	N/C	Oui	N/C	
41	Russie	Non	N/C	Oui	N/C	
42	Arabie saoudite	Non	N/C	Non	N/C	
43	Serbie	Non	N/C	Oui	N/C	
44	Singapour	Non	N/C	Oui	N/C	
45	Afrique du Sud	Non	N/C	Oui	N/C	
46	Espagne	Non	N/C	Oui	N/C	
47	Soudan*	Non	N/C	Oui	N/C	
48	Suède	Non	N/C	Oui	N/C	
49	Suisse	Non	N/C	Oui	N/C	
50	République arabe syrienne*	Non	N/C	Oui	N/C	
51	Tunisie	Non	N/C	Oui	N/C	
52	Turquie	Non	N/C	Oui	N/C	
53	Ukraine	Non	N/C	Oui	N/C	
54	Émirats arabes unis	Non	N/C	Oui	COP uniquement	
55	Royaume-Uni	Non	N/C	Oui	N/C	
56	États-Unis	Non	N/C	Non	N/C	
57	Ouzbékistan*	Non	N/C	Non	N/C	
58	Yémen*	Non	N/C	Oui	N/C	

Estonie

A. Progrès dans la mise en œuvre du standard minimum

L'Estonie compte 60 conventions fiscales en vigueur, comme l'indique sa réponse au questionnaire d'examen par les pairs. Deux de ces conventions, celles avec Hong Kong (Chine) et avec le Japon, sont conformes au standard minimum.

L'Estonie a signé l'IM en 2018 et n'a pas notifié ses conventions avec l'Allemagne et avec la Suisse. Elle a indiqué dans sa réponse au questionnaire d'examen par les pairs que des négociations bilatérales seraient engagées concernant ces conventions.

L'Estonie met généralement en œuvre le standard minimum par l'inclusion de la déclaration du préambule et de la règle COP[49].

Les conventions qui seront modifiées par l'IM deviendront conformes au standard minimum une fois que les dispositions de l'IM auront pris effet.

B. Difficultés de mise en œuvre

Les conventions notifiées par l'Estonie aux fins de l'IM deviendront conformes une fois qu'elle aura ratifié l'IM. L'Estonie a fait savoir que le projet de loi de ratification modifié avait été soumis au Parlement. Elle a également indiqué qu'elle comptait déposer son instrument de ratification de l'IM début 2021.

Synthèse de la réponse de la juridiction – Estonie

	Partenaires de convention	Conformité avec le standard	Si conforme, méthode choisie	Signature d'un instrument de mise en conformité	Méthode choisie dans l'instrument de mise en conformité (si différent de l'IM)	Commentaires
1	Albanie	Non	N/C	Oui	N/C	
2	Arménie	Non	N/C	Oui	N/C	
3	Autriche	Non	N/C	Oui	N/C	
4	Azerbaïdjan*	Non	N/C	Oui	N/C	
5	Bahreïn	Non	N/C	Oui	N/C	
6	Bélarus*	Non	N/C	Oui	N/C	
7	Belgique	Non	N/C	Oui	N/C	
8	Bulgarie	Non	N/C	Oui	N/C	
9	Canada	Non	N/C	Oui	N/C	
10	Chine (République populaire de)	Non	N/C	Oui	N/C	
11	Croatie	Non	N/C	Oui	N/C	
12	Chypre*	Non	N/C	Oui	N/C	
13	République tchèque	Non	N/C	Oui	N/C	
14	Danemark	Non	N/C	Oui	N/C	
15	Finlande	Non	N/C	Oui	N/C	
16	France	Non	N/C	Oui	N/C	

[49] Pour ses conventions notifiées aux fins de l'IM, l'Estonie choisit d'appliquer la disposition de la déclaration du préambule (article 6 de l'IM) et la règle COP (article 7 de l'IM).

17	Géorgie	Non	N/C	Oui	N/C	
18	Allemagne	Non	N/C	Oui	COP uniquement	
19	Grèce	Non	N/C	Oui	N/C	
20	Hong Kong (Chine)	Oui	COP uniquement	N/C	N/C	
21	Hongrie	Non	N/C	Oui	N/C	
22	Islande	Non	N/C	Oui	N/C	
23	Inde	Non	N/C	Oui	N/C	
24	Irlande	Non	N/C	Oui	N/C	
25	Île de Man	Non	N/C	Oui	N/C	
26	Israël	Non	N/C	Oui	N/C	
27	Italie	Non	N/C	Oui	N/C	
28	Japon	Oui	COP et LOB	N/C	N/C	
29	Jersey	Non	N/C	Oui	N/C	
30	Kazakhstan	Non	N/C	Oui	N/C	
31	Corée	Non	N/C	Oui	N/C	
32	Kirghizistan*	Non	N/C	Oui	N/C	
33	Lettonie	Non	N/C	Oui	N/C	
34	Lituanie	Non	N/C	Oui	N/C	
35	Luxembourg	Non	N/C	Oui	N/C	
36	Malte	Non	N/C	Oui	N/C	
37	Mexique	Non	N/C	Oui	N/C	
38	Moldova*	Non	N/C	Oui	N/C	
39	Pays-Bas	Non	N/C	Oui	N/C	
40	Macédoine du Nord	Non	N/C	Oui	N/C	
41	Norvège	Non	N/C	Oui	N/C	
42	Pologne	Non	N/C	Oui	N/C	
43	Portugal	Non	N/C	Oui	N/C	
44	Roumanie	Non	N/C	Oui	N/C	
45	Serbie	Non	N/C	Oui	N/C	
46	Singapour	Non	N/C	Oui	N/C	
47	République slovaque	Non	N/C	Oui	N/C	
48	Slovénie	Non	N/C	Oui	N/C	
49	Espagne	Non	N/C	Oui	N/C	
50	Suède	Non	N/C	Oui	N/C	
51	Suisse	Non	N/C	Non	N/C	
52	Thaïlande	Non	N/C	Oui	N/C	
53	Turquie	Non	N/C	Oui	N/C	
54	Turkménistan*	Non	N/C	Oui	N/C	
55	Ukraine	Non	N/C	Oui	N/C	
56	Émirats arabes unis	Non	N/C	Oui	N/C	
57	Royaume-Uni	Non	N/C	Oui	N/C	
58	États-Unis	Non	N/C	Oui	N/C	
59	Ouzbékistan*	Non	N/C	Oui	N/C	
60	Viet Nam	Non	N/C	Oui	N/C	

Eswatini

A. Progrès dans la mise en œuvre du standard minimum

L'Eswatini compte cinq conventions fiscales en vigueur, comme l'indique sa réponse au questionnaire d'examen par les pairs.

Aucune des conventions conclues par l'Eswatini n'est conforme au standard minimum ou ne fait l'objet d'un instrument de mise en conformité.

L'Eswatini n'a pas signé l'IM.

B. Difficultés de mise en œuvre

Étant donné que l'Eswatini n'a pas adhéré à l'IM ni appliqué de mesures de lutte contre le chalandage fiscal dans ses conventions, le Secrétariat lui proposera son aide pour élaborer un plan de mise en œuvre du standard minimum en vue de renforcer son réseau de conventions.

Synthèse de la réponse de la juridiction - Eswatini

	Partenaires de convention	Conformité avec le standard	Si conforme, méthode choisie	Signature d'un instrument de mise en conformité	Méthode choisie dans l'instrument de mise en conformité (si différent de l'IM)	Commentaires
1	Taipei chinois*	Non	N/C	Non	N/C	
2	Maurice	Non	N/C	Non	N/C	
3	Seychelles	Non	N/C	Non	N/C	
4	Afrique du Sud	Non	N/C	Non	N/C	
5	Royaume-Uni	Non	N/C	Non	N/C	

Îles Féroé

A. Progrès dans la mise en œuvre du standard minimum

Les Îles Féroé comptent cinq conventions fiscales en vigueur, ainsi que l'indique leur réponse au questionnaire d'examen par les pairs, y compris la Convention nordique multilatérale conclue avec le Danemark, la Finlande, l'Islande, la Norvège et la Suède (la « Convention nordique »)[50]. Trois de ces conventions, celles conclues avec le Groenland et l'Inde, ainsi que la Convention nordique, sont conformes au standard minimum.

Les Îles Féroé n'ont pas adhéré à l'IM.

Les Îles Féroé mettent en œuvre le standard minimum par l'inclusion de la déclaration du préambule et de la règle COP.

Les Îles Féroé ont signé un instrument de mise en conformité concernant leur convention avec le Groenland.

Les Îles Féroé ont indiqué dans leur réponse au questionnaire d'examen par les pairs que les conventions avec l'Inde et la Suisse sont des conventions conclues par le Danemark qui s'appliquent à son territoire.

Les Parties à la Convention nordique ont signé un instrument de mise en conformité en 2018. Le protocole est entré en vigueur le jeudi 28 novembre 2019 et ses dispositions ont pris effet le 1er janvier 2020.

B. Difficultés de mise en œuvre

Aucune juridiction n'a signalé de préoccupation relative à ses conventions conclues avec les Îles Féroé.

Synthèse de la réponse de la juridiction - Îles Féroé

	Partenaires de convention	Conformité avec le standard	Si conforme, méthode choisie	Signature d'un instrument de mise en conformité	Méthode choisie dans l'instrument de mise en conformité (si différent de l'IM)	Commentaires
1	Danemark	Oui	COP uniquement	N/C	N/C	Convention nordique
2	Finlande	Oui	COP uniquement	N/C	N/C	Convention nordique
3	Groenland	Oui	COP uniquement	N/C	N/C	
4	Inde	Oui	COP et LOB	N/C	N/C	IM DK
5	Islande	Oui	COP uniquement	N/C	N/C	Convention nordique
6	Norvège	Oui	COP uniquement	N/C	N/C	Convention nordique
7	Suède	Oui	COP uniquement	N/C	N/C	Convention nordique
8	Suisse	Non	N/C	Non	N/C	Protocole DK
9	Royaume-Uni	Non	N/C	Non	N/C	

50 Voir la convention multilatérale conclue par le Danemark, la Finlande, les Îles Féroé, l'Islande, la Norvège et la Suède : tendant à éviter la double imposition concernant les impôts sur le revenu et la fortune (1996, 1997, 2008 et 2018). Au total, les Îles Féroé ont notifié huit « accords » dans leur liste de conventions fiscales : trois conventions bilatérales et la Convention nordique.

Finlande

A. Progrès dans la mise en œuvre du standard minimum

La Finlande compte 73 conventions fiscales en vigueur, ainsi que l'indique sa réponse au questionnaire d'examen par les pairs, y compris la Convention nordique multilatérale conclue avec le Danemark, les Îles Féroé, l'Islande, la Norvège et la Suède (la « Convention nordique ») [51]. Vingt-cinq de ces conventions, celles conclues avec l'Australie, l'Autriche, la Belgique, le Canada, les Émirats arabes unis, la France, la Géorgie, Hong Kong (Chine), l'Inde, l'Irlande, Israël, le Japon, la Lituanie, le Luxembourg, Malte, la Nouvelle-Zélande, les Pays-Bas, la Pologne, la République slovaque, le Royaume-Uni, la Serbie, Singapour, la Slovénie et l'Ukraine, ainsi que la Convention nordique, sont conformes au standard minimum.

La Finlande a signé l'IM en 2017 et déposé son instrument de ratification le 25 février 2019. L'IM est entré en vigueur pour la Finlande le 1er juin 2019. La Finlande n'a pas notifié ses conventions avec l'Allemagne et la Bulgarie, mais a indiqué dans sa réponse au questionnaire d'examen par les pairs que des négociations bilatérales seraient engagées concernant ces conventions et qu'un instrument de mise en conformité avait été signé avec l'Allemagne en novembre 2019.

Les Parties à la Convention nordique ont signé un instrument de mise en conformité en 2018. Le protocole est entré en vigueur le jeudi 28 novembre 2019 et ses dispositions ont pris effet le 1er janvier 2020.

La Finlande met en œuvre le standard minimum par l'inclusion de la déclaration du préambule et de la règle COP[52].

Les conventions qui seront modifiées par l'IM deviendront conformes au standard minimum une fois que les dispositions de l'IM auront pris effet.

B. Difficultés de mise en œuvre

Aucune juridiction n'a signalé de préoccupation relative à ses conventions conclues avec la Finlande.

Synthèse de la réponse de la juridiction – Finlande

	Partenaires de convention	Conformité avec le standard	Si conforme, méthode choisie	Signature d'un instrument de mise en conformité	Méthode choisie dans l'instrument de mise en conformité (si différent de l'IM)	Commentaires
1	Argentine	Non	N/C	Oui	N/C	
2	Arménie	Non	N/C	Oui	N/C	
3	Australie	Oui	COP uniquement	N/C	N/C	

[51] Voir la convention multilatérale conclue par le Danemark, la Finlande, les Îles Féroé, l'Islande, la Norvège et la Suède : tendant à éviter la double imposition concernant les impôts sur le revenu et la fortune (1996, 1997, 2008 et 2018). Au total, la Finlande a notifié 77 « accords » dans sa liste des conventions fiscales : 72 conventions bilatérales et la Convention nordique conclue avec cinq de ses partenaires.

[52] Pour ses conventions notifiées aux fins de l'IM, la Finlande choisit d'appliquer la disposition de la déclaration du préambule (article 6 de l'IM) et la règle COP (article 7 de l'IM).

4	Autriche	Oui	COP uniquement	N/C	N/C	
5	Azerbaïdjan*	Non	N/C	Oui	N/C	
6	Barbade	Non	N/C	Oui	N/C	
7	Bélarus*	Non	N/C	Oui	N/C	
8	Belgique	Oui	COP uniquement	N/C	N/C	
9	Bosnie-Herzégovine	Non	N/C	Oui	N/C	
10	Brésil	Non	N/C	Oui	N/C	
11	Bulgarie	Non	N/C	Non	N/C	
12	Canada	Oui	COP uniquement	N/C	N/C	
13	Chine (République populaire de)	Non	N/C	Oui	N/C	
14	Croatie	Non	N/C	Oui	N/C	
15	Chypre*	Non	N/C	Oui	N/C	
16	République tchèque	Non	N/C	Oui	N/C	
17	Danemark	Oui	COP uniquement	N/C	N/C	Convention nordique
18	Égypte	Non	N/C	Oui	N/C	
19	Estonie	Non	N/C	Oui	N/C	
20	Îles Féroé	Oui	COP uniquement	N/C	N/C	Convention nordique
21	France	Oui	COP uniquement	N/C	N/C	
22	Géorgie	Oui	COP uniquement	N/C	N/C	
23	Allemagne	Non	N/C	Oui	COP uniquement	
24	Grèce	Non	N/C	Oui	N/C	
25	Hong Kong (Chine)	Oui	COP uniquement	N/C	N/C	
26	Hongrie	Non	N/C	Oui	N/C	
27	Islande	Oui	COP uniquement	N/C	N/C	Convention nordique
28	Inde	Oui	COP uniquement	N/C	N/C	
29	Indonésie	Non	N/C	Oui	N/C	
30	Irlande	Oui	COP uniquement	N/C	N/C	
31	Israël	Oui	COP uniquement	N/C	N/C	
32	Italie	Non	N/C	Oui	N/C	
33	Japon	Oui	COP uniquement	N/C	N/C	
34	Kazakhstan	Non	N/C	Oui	N/C	
35	Corée	Non	N/C	Oui	N/C	
36	Kosovo*	Non	N/C	Oui	N/C	
37	Kirghizistan*	Non	N/C	Oui	N/C	
38	Lettonie	Non	N/C	Oui	N/C	
39	Lituanie	Oui	COP uniquement	N/C	N/C	
40	Luxembourg	Oui	COP uniquement	N/C	N/C	
41	Malaisie	Non	N/C	Oui	N/C	
42	Malte	Oui	COP uniquement	N/C	N/C	
43	Mexique	Non	N/C	Oui	N/C	
44	Moldova*	Non	N/C	Oui	N/C	
45	Monténégro	Non	N/C	Oui	N/C	
46	Maroc	Non	N/C	Oui	N/C	
47	Pays-Bas	Oui	COP uniquement	N/C	N/C	
48	Nouvelle-Zélande	Oui	COP uniquement	N/C	N/C	
49	Macédoine du Nord	Non	N/C	Oui	N/C	
50	Norvège	Oui	COP uniquement	N/C	N/C	Convention nordique
51	Pakistan	Non	N/C	Oui	N/C	
52	Philippines*	Non	N/C	Oui	N/C	
53	Pologne	Oui	COP uniquement	N/C	N/C	
54	Roumanie	Non	N/C	Oui	N/C	
55	Russie	Non	N/C	Oui	N/C	
56	Serbie	Oui	COP uniquement	N/C	N/C	

57	Singapour	Oui	COP uniquement	N/C	N/C	
58	République slovaque	Oui	COP uniquement	N/C	N/C	
59	Slovénie	Oui	COP uniquement	N/C	N/C	
60	Afrique du Sud	Non	N/C	Oui	N/C	
61	Espagne	Non	N/C	Oui	N/C	
62	Sri Lanka	Non	N/C	Oui	N/C	
63	Suède	Oui	COP uniquement	N/C	N/C	Convention nordique
64	Suisse	Non	N/C	Oui	N/C	Le partenaire conventionnel n'a pas notifié cette convention dans sa position sur l'IM.
65	Tadjikistan*	Non	N/C	Oui	N/C	
66	Tanzanie*	Non	N/C	Oui	N/C	
67	Thaïlande	Non	N/C	Oui	N/C	
68	Turquie	Non	N/C	Oui	N/C	
69	Turkménistan*	Non	N/C	Oui	N/C	
70	Ukraine	Oui	COP uniquement	N/C	N/C	
71	Émirats arabes unis	Oui	COP uniquement	N/C	N/C	
72	Royaume-Uni	Oui	COP uniquement	N/C	N/C	
73	États-Unis	Non	N/C	Oui	N/C	
74	Uruguay	Non	N/C	Oui	N/C	
75	Ouzbékistan*	Non	N/C	Oui	N/C	
76	Viet Nam	Non	N/C	Oui	N/C	
77	Zambie	Non	N/C	Oui	N/C	

France

A. Progrès dans la mise en œuvre du standard minimum

La France compte 119 conventions fiscales en vigueur, comme l'indique sa réponse au questionnaire d'examen par les pairs. Vingt-cinq de ces conventions, celles conclues avec l'Australie, l'Autriche, la Belgique, le Canada les Émirats arabes unis, la Finlande, la Géorgie, l'Islande, l'Inde, l'Irlande, Israël, le Japon, la Lituanie, le Luxembourg, Malte, Monaco, la Nouvelle-Zélande, les Pays-Bas, la Pologne, la République slovaque, le Royaume-Uni, la Serbie, Singapour, la Slovénie et l'Ukraine, sont conformes au standard minimum.

La France a signé l'IM en 2017 et déposé son instrument de ratification le mercredi 26 septembre 2018. L'IM est entré en vigueur pour la France le 1er janvier 2019. En outre, la France a formulé le 22 septembre 2020 des notifications supplémentaires aux fins de l'IM afin de notifier les conventions qui ne l'étaient pas initialement dans sa position définitive sur l'IM.

La France met en œuvre le standard minimum par l'inclusion de la déclaration du préambule et de la règle COP[53].

Les conventions qui seront modifiées par l'IM deviendront conformes au standard minimum une fois que les dispositions de l'IM auront pris effet.

B. Difficultés de mise en œuvre

Aucune juridiction n'a signalé de préoccupation relative à ses conventions conclues avec la France.

La France a indiqué avoir contacté ses partenaires conventionnels afin de les encourager à adhérer à l'IM. Elle a également pris attache avec certains de ses partenaires conventionnels signataires de l'IM afin de les inviter à notifier lesdites conventions aux fins de l'IM.

Synthèse de la réponse de la juridiction - France

	Partenaires de convention	Conformité avec le standard	Si conforme, méthode choisie	Signature d'un instrument de mise en conformité	Méthode choisie dans l'instrument de mise en conformité (si différent de l'IM)	Commentaires
1	Albanie	Non	N/C	Oui	N/C	
2	Algérie*	Non	N/C	Oui	N/C	
3	Andorre	Non	N/C	Oui	N/C	
4	Argentine	Non	N/C	Oui	N/C	
5	Arménie	Non	N/C	Oui	N/C	
6	Australie	Oui	COP uniquement	N/C	N/C	
7	Autriche	Oui	COP uniquement	N/C	N/C	
8	Azerbaïdjan*	Non	N/C	Oui	N/C	
9	Bahreïn	Non	N/C	Oui	N/C	

[53] Pour ses conventions notifiées aux fins de l'IM, la France choisit d'appliquer la disposition de la déclaration du préambule (article 6 de l'IM) et la règle COP (article 7 de l'IM).

10	Bangladesh*	Non	N/C	Oui	N/C	
11	Bélarus*	Non	N/C	Oui	N/C	
12	Belgique	Oui	COP uniquement	N/C	N/C	
13	Bénin	Non	N/C	Oui	N/C	
14	Bolivie*	Non	N/C	Oui	N/C	
15	Bosnie-Herzégovine	Non	N/C	Oui	N/C	
16	Botswana	Non	N/C	Oui	N/C	
17	Brésil	Non	N/C	Oui	N/C	
18	Bulgarie	Non	N/C	Oui	N/C	
19	Burkina Faso	Non	N/C	Oui	N/C	
20	Cameroun	Non	N/C	Oui	N/C	
21	Canada	Oui	COP uniquement	N/C	N/C	
22	République centrafricaine*	Non	N/C	Oui	N/C	
23	Chili	Non	N/C	Oui	N/C	
24	Chine (République populaire de)	Non	N/C	Oui	N/C	
25	Congo	Non	N/C	Oui	N/C	
26	Côte d'Ivoire	Non	N/C	Oui	N/C	
27	Croatie	Non	N/C	Oui	N/C	
28	Chypre*	Non	N/C	Oui	N/C	
29	République tchèque	Non	N/C	Oui	N/C	
30	Équateur*	Non	N/C	Oui	N/C	
31	Égypte	Non	N/C	Oui	N/C	
32	Estonie	Non	N/C	Oui	N/C	
33	Éthiopie*	Non	N/C	Oui	N/C	
34	Finlande	Oui	COP uniquement	N/C	N/C	
35	Gabon	Non	N/C	Oui	N/C	
36	Géorgie	Oui	COP uniquement	N/C	N/C	
37	Allemagne	Non	N/C	Oui	N/C	
38	Ghana*	Non	N/C	Oui	N/C	
39	Grèce	Non	N/C	Oui	N/C	
40	Guinée*	Non	N/C	Oui	N/C	
41	Hong Kong (Chine)	Non	N/C	Oui	N/C	
42	Hongrie	Non	N/C	Oui	N/C	
43	Islande	Oui	COP uniquement	N/C	N/C	
44	Inde	Oui	COP uniquement	N/C	N/C	
45	Indonésie	Non	N/C	Oui	N/C	
46	Iran*	Non	N/C	Oui	N/C	
47	Irlande	Oui	COP uniquement	N/C	N/C	
48	Israël	Oui	COP uniquement	N/C	N/C	
49	Italie	Non	N/C	Oui	N/C	
50	Jamaïque	Non	N/C	Oui	N/C	
51	Japon	Oui	COP et LOB	N/C	N/C	
52	Jordanie	Non	N/C	Oui	N/C	
53	Kazakhstan	Non	N/C	Oui	N/C	
54	Kenya	Non	N/C	Oui	N/C	
55	Corée	Non	N/C	Oui	N/C	
56	Kosovo*	Non	N/C	Oui	N/C	
57	Koweït*	Non	N/C	Oui	N/C	
58	Kirghizistan*	Non	N/C	Oui	N/C	
59	Lettonie	Non	N/C	Oui	N/C	
60	Liban*	Non	N/C	Oui	N/C	
61	Libye*	Non	N/C	Oui	N/C	
62	Lituanie	Oui	COP uniquement	N/C	N/C	

63	Luxembourg	Oui	COP uniquement	N/C	N/C	Une nouvelle convention est entrée en vigueur le 19 août 2019.
64	Madagascar*	Non	N/C	Oui	N/C	
65	Malawi*	Non	N/C	Oui	N/C	
66	Malaisie	Non	N/C	Oui	N/C	
67	Mali*	Non	N/C	Oui	N/C	
68	Malte	Oui	COP uniquement	N/C	N/C	
69	Mauritanie*	Non	N/C	Oui	N/C	
70	Maurice	Non	N/C	Oui	N/C	
71	Mexique	Non	N/C	Oui	N/C	
72	Monaco	Oui	COP uniquement	N/C	N/C	
73	Mongolie	Non	N/C	Oui	N/C	
74	Monténégro	Non	N/C	Oui	N/C	
75	Maroc	Non	N/C	Oui	N/C	
76	Namibie	Non	N/C	Oui	N/C	
77	Pays-Bas	Oui	COP uniquement	N/C	N/C	
78	Nouvelle-Zélande	Oui	COP uniquement	N/C	N/C	
79	Niger*	Non	N/C	Oui	N/C	
80	Nigéria	Non	N/C	Oui	N/C	
81	Macédoine du Nord	Non	N/C	Oui	N/C	
82	Norvège	Non	N/C	Oui	N/C	
83	Oman	Non	N/C	Oui	N/C	
84	Pakistan	Non	N/C	Oui	N/C	
85	Panama	Non	N/C	Oui	N/C	
86	Philippines*	Non	N/C	Oui	N/C	
87	Pologne	Oui	COP uniquement	N/C	N/C	
88	Portugal	Non	N/C	Oui	N/C	
89	Qatar	Non	N/C	Oui	N/C	
90	Québec*	Non	N/C	Oui	N/C	
91	Roumanie	Non	N/C	Oui	N/C	
92	Russie	Non	N/C	Oui	N/C	
93	Arabie saoudite	Non	N/C	Oui	N/C	
94	Sénégal	Non	N/C	Oui	N/C	
95	Serbie	Oui	COP uniquement	N/C	N/C	
96	Singapour	Oui	COP uniquement	N/C	N/C	
97	République slovaque	Oui	COP uniquement	N/C	N/C	
98	Slovénie	Oui	COP uniquement	N/C	N/C	
99	Afrique du Sud	Non	N/C	Oui	N/C	
100	Espagne	Non	N/C	Oui	N/C	
101	Sri Lanka	Non	N/C	Oui	N/C	
102	Suède	Non	N/C	Oui	N/C	
103	Suisse	Non	N/C	Oui	N/C	
104	République arabe syrienne*	Non	N/C	Oui	N/C	
105	Thaïlande	Non	N/C	Oui	N/C	
106	Togo*	Non	N/C	Oui	N/C	
107	Trinité-et-Tobago	Non	N/C	Oui	N/C	
108	Tunisie	Non	N/C	Oui	N/C	
109	Turquie	Non	N/C	Oui	N/C	
110	Turkménistan*	Non	N/C	Oui	N/C	
111	Ukraine	Oui	COP uniquement	N/C	N/C	
112	Émirats arabes unis	Oui	COP uniquement	N/C	N/C	
113	Royaume-Uni	Oui	COP uniquement	N/C	N/C	

114	États-Unis	Non	N/C	Oui	N/C	
115	Ouzbékistan*	Non	N/C	Oui	N/C	
116	Venezuela*	Non	N/C	Oui	N/C	
117	Viet Nam	Non	N/C	Oui	N/C	
118	Zambie	Non	N/C	Oui	N/C	
119	Zimbabwe*	Non	N/C	Oui	N/C	

Gabon

A. Progrès dans la mise en œuvre du standard minimum

Le Gabon compte cinq conventions fiscales en vigueur, comme l'indique sa réponse au questionnaire d'examen par les pairs.

Le Gabon a signé l'IM en 2017 et n'a pas notifié sa convention avec la Corée. Cette convention ne sera pas, à ce stade, modifiée par l'IM. La Corée a notifié son accord avec le Gabon aux fins de l'IM.

Le Gabon met en œuvre le standard minimum par l'inclusion de la déclaration du préambule et de la règle COP[54].

Les conventions qui seront modifiées par l'IM deviendront conformes au standard minimum une fois que les dispositions de l'IM auront pris effet.

B. Difficultés de mise en œuvre

Les conventions notifiées par le Gabon aux fins de l'IM deviendront conformes une fois qu'il aura ratifié l'IM. Le Gabon est invité à ratifier l'IM le plus rapidement possible.

Synthèse de la réponse de la juridiction – Gabon

	Partenaires de convention	Conformité avec le standard	Si conforme, méthode choisie	Signature d'un instrument de mise en conformité	Méthode choisie dans l'instrument de mise en conformité (si différent de l'IM)	Commentaires
1	Belgique	Non	N/C	Oui	N/C	
2	Canada	Non	N/C	Oui	N/C	
3	France	Non	N/C	Oui	N/C	
4	Corée	Non	N/C	Non	N/C	
5	Maroc	Non	N/C	Oui	N/C	

54 Pour ses conventions notifiées aux fins de l'IM, le Gabon choisit d'appliquer la disposition de la déclaration du préambule (article 6 de l'IM) et la règle COP (article 7 de l'IM).

Géorgie

A. Progrès dans la mise en œuvre du standard minimum

La Géorgie compte 56 conventions fiscales en vigueur, comme l'indique sa réponse au questionnaire d'examen par les pairs. 16 de ces conventions, celles conclues avec la Belgique, la Finlande, la France, l'Islande, l'Inde, l'Irlande, Israël, la Lituanie, le Luxembourg, les Pays-Bas, la Norvège, la République slovaque, le Royaume-Uni, la Serbie, Singapour et la Slovénie, sont conformes au standard minimum.

La Géorgie a signé l'IM en 2017 et déposé son instrument de ratification le 29 mars 2019. L'IM est entré en vigueur pour la Géorgie 1er juillet 2019. La Géorgie n'a pas notifié ses conventions avec l'Allemagne, l'Arabie saoudite, l'Arménie, l'Autriche, le Bahreïn, le Danemark, l'Égypte, les Émirats arabes unis, le Japon, le Kazakhstan, Malte, la Pologne, le Qatar, la Suisse et l'Ukraine. Aussi, à ce stade, ces conventions ne seront pas modifiées par l'IM. L'Arabie saoudite, l'Arménie, le Danemark, l'Égypte, les Émirats arabes unis, le Kazakhstan, Malte et l'Ukraine ont notifié leurs conventions avec la Géorgie aux fins de l'IM.

La Géorgie a indiqué dans sa réponse au questionnaire d'examen par les pairs que des négociations bilatérales seraient engagées concernant ses conventions avec Malte et la Pologne.

La Géorgie met en œuvre le standard minimum par l'inclusion de la déclaration du préambule et de la règle COP[55].

Les conventions qui seront modifiées par l'IM deviendront conformes au standard minimum une fois que les dispositions de l'IM auront pris effet.

B. Difficultés de mise en œuvre

Comme indiqué plus haut, la Géorgie n'a pas notifié ses conventions avec l'Allemagne, l'Arabie saoudite, l'Arménie, l'Autriche, le Bahreïn, le Danemark, l'Égypte, les Émirats arabes unis, le Japon, le Kazakhstan, Malte, la Pologne, le Qatar, la Suisse et l'Ukraine aux fins de l'IM. Notifier ces conventions aux fins de l'IM ou engager des renégociations bilatérales dans le but de mettre en œuvre le standard minimum permettrait de transposer le standard minimum dans ces conventions non couvertes.

La Géorgie a indiqué qu'elle fournirait en 2021 une liste révisée de conventions aux fins de l'IM en notifiant toutes les conventions en vigueur.

Synthèse de la réponse de la juridiction – Géorgie

	Partenaires de convention	Conformité avec le standard	Si conforme, méthode choisie	Signature d'un instrument de mise en conformité	Méthode choisie dans l'instrument de mise en conformité (si différent de l'IM)	Commentaires
1	Arménie	Non	N/C	Non	N/C	
2	Autriche	Non	N/C	Non	N/C	
3	Azerbaïdjan*	Non	N/C	Non	N/C	
4	Bahreïn	Non	N/C	Non	N/C	

55 Pour ses conventions notifiées aux fins de l'IM, la Géorgie choisit d'appliquer la disposition de la déclaration du préambule (article 6 de l'IM) et la règle COP (article 7 de l'IM).

5	Bélarus*	Non	N/C	Non	N/C	
6	Belgique	Oui	COP uniquement	N/C	N/C	
7	Bulgarie	Non	N/C	Oui	N/C	
8	Chine (République populaire de)	Non	N/C	Oui	N/C	
9	Croatie	Non	N/C	Oui	N/C	
10	Chypre*	Non	N/C	Oui	N/C	
11	République tchèque	Non	N/C	Oui	N/C	
12	Danemark	Non	N/C	Non	N/C	
13	Égypte	Non	N/C	Non	N/C	
14	Estonie	Non	N/C	Oui	N/C	
15	Finlande	Oui	COP uniquement	N/C	N/C	
16	France	Oui	COP uniquement	N/C	N/C	
17	Allemagne	Non	N/C	Non	N/C	
18	Grèce	Non	N/C	Oui	N/C	
19	Hongrie	Non	N/C	Oui	N/C	
20	Islande	Oui	COP uniquement	N/C	N/C	
21	Inde	Oui	COP uniquement	N/C	N/C	
22	Iran*	Non	N/C	Non	N/C	
23	Irlande	Oui	COP uniquement	N/C	N/C	
24	Israël	Oui	COP uniquement	N/C	N/C	
25	Italie	Non	N/C	Oui	N/C	
26	Japon	Non	N/C	Non	N/C	
27	Kazakhstan	Non	N/C	Non	N/C	
28	Corée	Non	N/C	Oui	N/C	
29	Koweït*	Non	N/C	Non	N/C	
30	Lettonie	Non	N/C	Oui	N/C	
31	Liechtenstein	Non	N/C	Oui	N/C	
32	Lituanie	Oui	COP uniquement	N/C	N/C	
33	Luxembourg	Oui	COP uniquement	N/C	N/C	
34	Malte	Non	N/C	Non	N/C	
35	Moldova*	Non	N/C	Non	N/C	
36	Pays-Bas	Oui	COP uniquement	N/C	N/C	
37	Norvège	Oui	COP uniquement	N/C	N/C	
38	Pologne	Non	N/C	Non	N/C	
39	Portugal	Non	N/C	Oui	N/C	
40	Qatar	Non	N/C	Non	N/C	
41	Roumanie	Non	N/C	Oui	N/C	
42	Saint-Marin	Non	N/C	Oui	N/C	
43	Arabie saoudite	Non	N/C	Non	N/C	
44	Serbie	Oui	COP uniquement	N/C	N/C	
45	Singapour	Oui	COP uniquement	N/C	N/C	
46	République slovaque	Oui	COP uniquement	N/C	N/C	
47	Slovénie	Oui	COP uniquement	N/C	N/C	
48	Espagne	Non	N/C	Oui	N/C	
49	Suède	Non	N/C	Oui	N/C	
50	Suisse	Non	N/C	Non	N/C	
51	Turquie	Non	N/C	Oui	N/C	
52	Turkménistan*	Non	N/C	Non	N/C	
53	Ukraine	Non	N/C	Non	N/C	
54	Émirats arabes unis	Non	N/C	Non	N/C	
55	Royaume-Uni	Oui	COP uniquement	N/C	N/C	
56	Ouzbékistan*	Non	N/C	Non	N/C	

Allemagne

A. Progrès dans la mise en œuvre du standard minimum

L'Allemagne compte 96 conventions fiscales en vigueur, comme l'indique sa réponse au questionnaire d'examen par les pairs. Deux de ces conventions, celles avec l'Australie et le Japon, sont conformes au standard minimum.

L'Allemagne a signé l'IM en 2017 et déposé son instrument de ratification le 18 décembre 2020. L'IM entrera en vigueur pour l'Allemagne 1er avril 2021. L'Allemagne a notifié ses accords avec l'Autriche, la Croatie, l'Espagne, la France, la Grèce, la Hongrie, l'Italie, le Japon, le Luxembourg, Malte, la Roumanie, la République slovaque, la République tchèque et la Turquie. Après consultation de ses partenaires conventionnels, l'Allemagne préfère mettre en œuvre le minimum standard et les recommandations relatives aux conventions du plan d'action BEPS dans le cadre de négociations bilatérales, dès lors que cette approche semble plus simple, plus rapide et plus appropriée. L'Albanie, l'Arménie, la Bosnie-Herzégovine, la Côte d'Ivoire, l'Égypte, l'Inde, la Jamaïque, le Kazakhstan, la Malaisie, le Maroc, la Macédoine du Nord, le Pakistan, le Portugal, la Serbie, Singapour, la Tunisie, l'Ukraine et l'Uruguay ont notifié leurs conventions avec l'Allemagne aux fins de l'IM.

L'Allemagne a indiqué qu'elle s'appuierait sur des négociations bilatérales pour ajuster les conventions non couvertes par l'IM. Ces négociations sont en cours avec l'Afrique du Sud, l'Argentine, la Belgique, la Bulgarie, le Canada, la Chine (République populaire de), la Corée, le Costa Rica, Chypre*, l'Équateur*, l'Égypte, l'Islande, l'Inde, l'Indonésie, l'Irlande, l'Iran* Israël, le Kirghizistan*, la Lettonie, le Libéria, la Lituanie, le Maroc, Maurice, le Mexique, la Nouvelle-Zélande, les Pays-Bas, la Norvège, la Pologne, le Portugal, le Royaume-Uni la Russie, la Serbie, la Slovénie, le Sri Lanka, la Suède, la Suisse, le Tadjikistan*, la Thaïlande, Trinité-et-Tobago et l'Ukraine. Les conventions révisées ont déjà été signées avec le Danemark, l'Estonie, la Finlande, le Liechtenstein et Singapour. Un accord a été conclu avec le Kazakhstan en vue d'engager prochainement les négociations bilatérales.

L'Allemagne a également indiqué que des démarches avaient été entreprises en ce qui concerne les conventions avec le Kazakhstan, le Kenya, la Mongolie, la Namibie, le Pakistan, l'Uruguay, le Viet Nam, et il est prévu d'engager des négociations avec l'Albanie, l'Arménie, la Bosnie-Herzégovine, la Côte d'Ivoire, la Géorgie, la Jamaïque, la Malaisie, le Monténégro, la Macédoine du Nord, la Tunisie et la Zambie.

L'Allemagne a indiqué dans sa réponse au questionnaire d'examen par les pairs que la plupart de ses conventions contiennent une disposition fondée sur le paragraphe 1 de l'article 28 du Texte allemand de négociation des conventions qui permet aux États contractants d'appliquer des dispositions nationales anti-abus, telles que la section 50d de la Loi allemande de l'impôt sur le revenu (règle anti mécanismes de relais) ou la section 42 du Code fiscal allemand (GAAR).

L'Allemagne met en œuvre le standard minimum par l'inclusion de la déclaration du préambule et de la règle COP[56].

Les conventions qui seront modifiées par l'IM deviendront conformes au standard minimum une fois que les dispositions de l'IM auront pris effet.

---

[56] Pour ses 14 conventions notifiées aux fins de l'IM, l'Allemagne choisit d'appliquer la disposition de la déclaration du préambule (article 6 de l'IM). Pour 13 de ses conventions notifiées aux fins de l'IM, l'Allemagne choisit d'appliquer la règle COP (paragraphe 1 de l'article 7 de l'IM). L'Allemagne a formulé une réserve conformément à l'article 7(15)(b) de l'IM afin de ne pas appliquer l'article 7(1) pour les conventions qui contiennent déjà une règle COP. La convention notifiée avec le Japon entre dans le champ de cette réserve.

B. Difficultés de mise en œuvre

Aucune juridiction n'a signalé de préoccupation relative à ses conventions conclues avec l'Allemagne.

Synthèse de la réponse de la juridiction – Allemagne

	Partenaires de convention	Conformité avec le standard	Si conforme, méthode choisie	Signature d'un instrument de mise en conformité	Méthode choisie dans l'instrument de mise en conformité (si différent de l'IM)	Commentaires
1	Albanie	Non	N/C	Non	N/C	
2	Algérie*	Non	N/C	Non	N/C	
3	Argentine	Non	N/C	Non	N/C	
4	Arménie	Non	N/C	Non	N/C	
5	Australie	Oui	COP uniquement	N/C	N/C	
6	Autriche	Non	N/C	Oui	N/C	
7	Azerbaïdjan*	Non	N/C	Non	N/C	
8	Bangladesh*	Non	N/C	Non	N/C	
9	Bélarus*	Non	N/C	Non	N/C	
10	Belgique	Non	N/C	Non	N/C	
11	Bolivie*	Non	N/C	Non	N/C	
12	Bosnie-Herzégovine	Non	N/C	Non	N/C	
13	Bulgarie	Non	N/C	Non	N/C	
14	Canada	Non	N/C	Non	N/C	
15	Chine (République populaire de)	Non	N/C	Non	N/C	
16	Taipei chinois*	Non	N/C	Non	N/C	
17	Costa Rica	Non	N/C	Non	N/C	
18	Côte d'Ivoire	Non	N/C	Non	N/C	
19	Croatie	Non	N/C	Oui	N/C	
20	Chypre*	Non	N/C	Non	N/C	
21	République tchèque	Non	N/C	Oui	N/C	
22	Danemark	Non	N/C	Oui	COP uniquement	
23	Équateur*	Non	N/C	Non	N/C	
24	Égypte	Non	N/C	Non	N/C	
25	Estonie	Non	N/C	Oui	COP uniquement	
26	Finlande	Non	N/C	Oui	COP uniquement	
27	France	Non	N/C	Oui	N/C	
28	Géorgie	Non	N/C	Non	N/C	
29	Ghana*	Non	N/C	Non	N/C	
30	Grèce	Non	N/C	Oui	N/C	
31	Hongrie	Non	N/C	Oui	N/C	
32	Islande	Non	N/C	Non	N/C	
33	Inde	Non	N/C	Non	N/C	
34	Indonésie	Non	N/C	Non	N/C	
35	Iran*	Non	N/C	Non	N/C	
36	Irlande	Non	N/C	Non	N/C	
37	Israël	Non	N/C	Non	N/C	
38	Italie	Non	N/C	Oui	N/C	
39	Jamaïque	Non	N/C	Non	N/C	
40	Japon	Oui	COP et LOB	N/C	N/C	
41	Kazakhstan	Non	N/C	Non	N/C	
42	Kenya	Non	N/C	Non	N/C	
43	Corée	Non	N/C	Non	N/C	

44	Kosovo*	Non	N/C	Non	N/C	
45	Koweït*	Non	N/C	Non	N/C	
46	Kirghizistan*	Non	N/C	Non	N/C	
47	Lettonie	Non	N/C	Non	N/C	
48	Libéria	Non	N/C	Non	N/C	
49	Liechtenstein	Non	N/C	Oui	COP uniquement	
50	Lituanie	Non	N/C	Non	N/C	
51	Luxembourg	Non	N/C	Oui	N/C	
52	Malaisie	Non	N/C	Non	N/C	
53	Malte	Non	N/C	Oui	N/C	
54	Maurice	Non	N/C	Non	N/C	
55	Mexique	Non	N/C	Non	N/C	
56	Moldova*	Non	N/C	Non	N/C	
57	Mongolie	Non	N/C	Non	N/C	
58	Monténégro	Non	N/C	Non	N/C	
59	Maroc	Non	N/C	Non	N/C	
60	Namibie	Non	N/C	Non	N/C	
61	Pays-Bas	Non	N/C	Non	N/C	
62	Nouvelle-Zélande	Non	N/C	Non	N/C	
63	Macédoine du Nord	Non	N/C	Non	N/C	
64	Norvège	Non	N/C	Non	N/C	
65	Pakistan	Non	N/C	Non	N/C	
66	Philippines*	Non	N/C	Non	N/C	
67	Pologne	Non	N/C	Non	N/C	
68	Portugal	Non	N/C	Non	N/C	
69	Roumanie	Non	N/C	Oui	N/C	
70	Russie	Non	N/C	Non	N/C	
71	Serbie	Non	N/C	Non	N/C	
72	Singapour	Non	N/C	Oui	COP uniquement	
73	République slovaque	Non	N/C	Oui	N/C	
74	Slovénie	Non	N/C	Non	N/C	
75	Afrique du Sud	Non	N/C	Non	N/C	
76	Espagne	Non	N/C	Oui	N/C	
77	Sri Lanka	Non	N/C	Non	N/C	
78	Suède	Non	N/C	Non	N/C	
79	Suisse	Non	N/C	Non	N/C	
80	République arabe syrienne*	Non	N/C	Non	N/C	
81	Tadjikistan*	Non	N/C	Non	N/C	
82	Thaïlande	Non	N/C	Non	N/C	
83	Trinité-et-Tobago	Non	N/C	Non	N/C	
84	Tunisie	Non	N/C	Non	N/C	
85	Turquie	Non	N/C	Non	N/C	
86	Turkménistan*	Non	N/C	Non	N/C	
87	Ukraine	Non	N/C	Non	N/C	
88	Émirats arabes unis	Non	N/C	Non	N/C	
89	Royaume-Uni	Non	N/C	Non	N/C	
90	États-Unis	Non	N/C	Non	N/C	
91	Uruguay	Non	N/C	Non	N/C	
92	Ouzbékistan*	Non	N/C	Non	N/C	
93	Venezuela*	Non	N/C	Non	N/C	
94	Viet Nam	Non	N/C	Non	N/C	
95	Zambie	Non	N/C	Non	N/C	
96	Zimbabwe*	Non	N/C	Non	N/C	

Gibraltar

A. Progrès dans la mise en œuvre du standard minimum

Gibraltar compte une convention fiscale en vigueur avec le Royaume-Uni, comme l'indique sa réponse au questionnaire d'examen par les pairs. Sa convention est conforme au standard minimum.

Gibraltar met en œuvre le standard minimum par l'inclusion de la déclaration du préambule et de la règle COP.

B. Difficultés de mise en œuvre

Aucune juridiction n'a signalé de préoccupation relative à ses conventions conclues avec Gibraltar.

Synthèse de la réponse de la juridiction – Gibraltar

	Partenaires de convention	Conformité avec le standard	Si conforme, méthode choisie	Signature d'un instrument de mise en conformité	Méthode choisie dans l'instrument de mise en conformité (si différent de l'IM)	Commentaires
1	Royaume-Uni	Oui	COP uniquement	N/C	N/C	

Grèce

A. Progrès dans la mise en œuvre du standard minimum

La Grèce compte 57 conventions fiscales en vigueur, comme l'indique sa réponse au questionnaire d'examen par les pairs.

La Grèce a signé l'IM en 2017 et a notifié ses conventions non conformes.

La Grèce met en œuvre le standard minimum dans ses conventions fiscales par l'inclusion de la disposition de la déclaration du préambule et de la règle COP[57].

Les conventions qui seront modifiées par l'IM deviendront conformes au standard minimum une fois que les dispositions de l'IM auront pris effet.

B. Difficultés de mise en œuvre

Les conventions notifiées par la Grèce aux fins de l'IM deviendront conformes une fois qu'elle aura ratifié l'IM. La Grèce est invitée à ratifier l'IM le plus rapidement possible.

Synthèse de la réponse de la juridiction – Grèce

	Partenaires de convention	Conformité avec le standard	Si conforme, méthode choisie	Signature d'un instrument de mise en conformité	Méthode choisie dans l'instrument de mise en conformité (si différent de l'IM)	Commentaires
1	Albanie	Non	N/C	Oui	N/C	
2	Arménie	Non	N/C	Oui	N/C	
3	Autriche	Non	N/C	Oui	N/C	
4	Azerbaïdjan*	Non	N/C	Oui	N/C	
5	Belgique	Non	N/C	Oui	N/C	
6	Bosnie-Herzégovine	Non	N/C	Oui	N/C	
7	Bulgarie	Non	N/C	Oui	N/C	
8	Canada	Non	N/C	Oui	N/C	
9	Chine (République populaire de)	Non	N/C	Oui	N/C	
10	Croatie	Non	N/C	Oui	N/C	
11	Chypre*	Non	N/C	Oui	N/C	
12	République tchèque	Non	N/C	Oui	N/C	
13	Danemark	Non	N/C	Oui	N/C	
14	Égypte	Non	N/C	Oui	N/C	
15	Estonie	Non	N/C	Oui	N/C	
16	Finlande	Non	N/C	Oui	N/C	
17	France	Non	N/C	Oui	N/C	
18	Géorgie	Non	N/C	Oui	N/C	
19	Allemagne	Non	N/C	Oui	N/C	
20	Hongrie	Non	N/C	Oui	N/C	

[57] Pour ses conventions notifiées aux fins de l'IM, la Grèce choisit d'appliquer la disposition de la déclaration du préambule (article 6 de l'IM) et la règle COP (article 7 de l'IM). La Grèce a également opté pour une application asymétrique de la règle LOB simplifiée conformément à l'article 7(7)(b) de l'IM.

21	Islande	Non	N/C	Oui	N/C	
22	Inde	Non	N/C	Oui	N/C	
23	Irlande	Non	N/C	Oui	N/C	
24	Israël	Non	N/C	Oui	N/C	
25	Italie	Non	N/C	Oui	N/C	
26	Corée	Non	N/C	Oui	N/C	
27	Koweït*	Non	N/C	Oui	N/C	
28	Lettonie	Non	N/C	Oui	N/C	
29	Lituanie	Non	N/C	Oui	N/C	
30	Luxembourg	Non	N/C	Oui	N/C	
31	Malte	Non	N/C	Oui	N/C	
32	Mexique	Non	N/C	Oui	N/C	
33	Moldova*	Non	N/C	Oui	N/C	
34	Maroc	Non	N/C	Oui	N/C	
35	Pays-Bas	Non	N/C	Oui	N/C	
36	Norvège	Non	N/C	Oui	N/C	
37	Pologne	Non	N/C	Oui	N/C	
38	Portugal	Non	N/C	Oui	N/C	
39	Qatar	Non	N/C	Oui	N/C	
40	Roumanie	Non	N/C	Oui	N/C	
41	Russie	Non	N/C	Oui	N/C	
42	Saint-Marin	Non	N/C	Oui	N/C	
43	Arabie saoudite	Non	N/C	Oui	N/C	
44	Serbie	Non	N/C	Oui	N/C	
45	République slovaque	Non	N/C	Oui	N/C	
46	Slovénie	Non	N/C	Oui	N/C	
47	Afrique du Sud	Non	N/C	Oui	N/C	
48	Espagne	Non	N/C	Oui	N/C	
49	Suède	Non	N/C	Oui	N/C	
50	Suisse	Non	N/C	Oui	N/C	
51	Tunisie	Non	N/C	Oui	N/C	
52	Turquie	Non	N/C	Oui	N/C	
53	Ukraine	Non	N/C	Oui	N/C	
54	Émirats arabes unis	Non	N/C	Oui	N/C	
55	Royaume-Uni	Non	N/C	Oui	N/C	
56	États-Unis	Non	N/C	Oui	N/C	
57	Ouzbékistan*	Non	N/C	Oui	N/C	

Groenland

A. Progrès dans la mise en œuvre du standard minimum

Le Groenland compte quatre conventions fiscales en vigueur, ainsi que l'indique sa réponse au questionnaire d'examen par les pairs. L'une de ces conventions, celle avec les Îles Féroé, est conforme au standard minimum.

Le Groenland n'a pas signé l'IM.

Le Groenland a indiqué dans sa réponse au questionnaire d'examen par les pairs que des négociations bilatérales seraient engagées concernant ses autres conventions.

B. Difficultés de mise en œuvre

Aucune juridiction n'a signalé de préoccupation relative à ses conventions conclues avec le Groenland.

Synthèse de la réponse de la juridiction – Groenland

	Partenaires de convention	Conformité avec le standard	Si conforme, méthode choisie	Signature d'un instrument de mise en conformité	Méthode choisie dans l'instrument de mise en conformité (si différent de l'IM)	Commentaires
1	Danemark	Non	N/C	Non	N/C	Le Groenland et le Danemark sont en cours de négociation au sujet de leur convention fiscale.
2	Îles Féroé	Oui	COP uniquement	Non	N/C	La convention fiscale entre le Groenland et les Îles Féroé a été modifiée. La Convention est entrée en vigueur le 24 février 2020.
3	Islande	Non	N/C	Non	N/C	Le Groenland et l'Islande sont convenus de commencer à négocier des amendements de leur convention fiscale. Ces négociations devraient débuter à l'automne 2019, et auront pour objectif de garantir la conformité avec le standard minimum. Le Groenland et l'Islande sont en attende des amendements résultant des négociations entre le Groenland et le Danemark.
4	Norvège	Non	N/C	Non	N/C	Le Groenland et l'Islande sont convenus de commencer à négocier des amendements de leur convention de double imposition. Ces négociations devraient débuter à l'automne 2019, et auront pour objectif de garantir la conformité avec le standard minimum. Le Groenland et l'Islande sont en attende des amendements résultant des négociations entre le Groenland et le Danemark.

Grenade

A. Progrès dans la mise en œuvre du standard minimum

La Grenade compte quatre conventions fiscales en vigueur, comme l'indique sa réponse au questionnaire d'examen par les pairs, y compris la convention multilatérale entre les membres de la CARICOM conclue avec dix de ses partenaires (la convention de la CARICOM)[58].

Aucune des conventions conclues par la Grenade n'est conforme au standard minimum ou ne fait l'objet d'un instrument de mise en conformité.

La Grenade n'a pas signé l'IM.

B. Difficultés de mise en œuvre

Étant donné que la Grenade n'a pas adhéré à l'IM ni appliqué de mesures de lutte contre le chalandage fiscal dans ses conventions, le Secrétariat lui proposera son aide pour élaborer un plan de mise en œuvre du standard minimum en vue de renforcer son réseau de conventions.

La Grenade est invitée à actualiser la convention de la CARICOM en engageant des négociations avec l'ensemble de ses partenaires [59].

Synthèse de la réponse de la juridiction – Grenade

	Partenaires de convention	Conformité avec le standard	Si conforme, méthode choisie	Signature d'un instrument de mise en conformité	Méthode choisie dans l'instrument de mise en conformité (si différent de l'IM)	Commentaires
1	Antigua-et-Barbuda	Non	N/C	Non	N/C	CARICOM
2	Barbade	Non	N/C	Non	N/C	CARICOM
3	Belize	Non	N/C	Non	N/C	CARICOM
4	Dominique	Non	N/C	Non	N/C	CARICOM
5	Guyana*	Non	N/C	Non	N/C	CARICOM
6	Jamaïque	Non	N/C	Non	N/C	CARICOM
7	Saint-Kitts-et-Nevis	Non	N/C	Non	N/C	CARICOM
8	Sainte-Lucie	Non	N/C	Non	N/C	CARICOM
9	Saint-Vincent-et-les-Grenadines	Non	N/C	Non	N/C	CARICOM
10	Afrique du Sud	Non	N/C	Non	N/C	
11	Suisse	Non	N/C	Non	N/C	
12	Trinité-et-Tobago	Non	N/C	Non	N/C	CARICOM
13	Royaume-Uni	Non	N/C	Non	N/C	

[58] Au total, la Grenade a notifié 13 « accords » dans sa liste de conventions fiscales : trois conventions bilatérales et la convention de la CARICOM.

[59] Les révisions de la convention de la CARICOM nécessitent l'accord de ses onze partenaires.

Guernesey

A. Progrès dans la mise en œuvre du standard minimum

Guernesey compte 13 conventions fiscales en vigueur, comme l'indique sa réponse au questionnaire d'examen par les pairs. Six de ces conventions, celles avec l'Île de Man, le Luxembourg, Malte, Monaco, le Royaume-Uni et Singapour sont conformes au standard minimum.

Guernesey a signé l'IM en 2017 et a déposé son instrument de ratification le 12 février 2019. L'IM est entré en vigueur pour Guernesey le 1er juin 2019.

Guernesey a indiqué dans sa réponse au questionnaire d'examen par les pairs que des négociations bilatérales seraient engagées concernant ses conventions avec Jersey et le Qatar.

Guernesey met en œuvre le standard minimum par l'inclusion de la déclaration du préambule et de la règle COP[60].

Les conventions qui seront modifiées par l'IM deviendront conformes au standard minimum une fois que les dispositions de l'IM auront pris effet.

B. Difficultés de mise en œuvre

Aucune juridiction n'a signalé de préoccupation relative à ses conventions conclues avec Guernesey.

Synthèse de la réponse de la juridiction – Guernesey

	Partenaires de convention	Conformité avec le standard	Si conforme, méthode choisie	Signature d'un instrument de mise en conformité	Méthode choisie dans l'instrument de mise en conformité (si différent de l'IM)	Commentaires
1	Chypre*	Non	N/C	Oui	N/C	L'entrée en vigueur pour Chypre* était le 1er mai 2020 ; et pour Guernesey le 1er juin 2019.
2	Hong Kong (Chine)	Non	N/C	Oui	N/C	
3	Île de Man	Oui	N/C	Oui	COP uniquement	Un protocole portant modification de la convention a été signé avec l'Île de Man le 18 octobre (par l'Île de Man) et le 12 novembre 2019 (par Guernesey). Ce protocole devrait être ratifié par Guernesey le 15 juillet 2020. Le texte du protocole est disponible à l'adresse suivante : https://www.gov.gg/CHttpHandler.ashx?id=122034&p=0
4	Jersey	Non	N/C	Non	N/C	En cours de renégociation bilatérale
5	Liechtenstein	Non	N/C	Oui	N/C	L'entrée en vigueur pour Le Liechtenstein était le 1er avril 2020 ; et pour Guernesey le 1er juin 2019
6	Luxembourg	Oui	COP uniquement	N/C	N/C	L'entrée en vigueur pour le Luxembourg était le 1er août 2019 ; et pour Guernesey le 1er juin 2019
7	Malte	Oui	COP	N/C	N/C	L'entrée en vigueur pour Malte était le 1er avril 2019 ; et

60. Pour ses conventions notifiées aux fins de l'IM, Guernesey choisit d'appliquer la disposition de la déclaration du préambule (article 6 de l'IM) et la règle COP (article 7 de l'IM).

			uniquement			pour Guernesey le 1er juin 2019
8	Maurice	Non	N/C	Oui	N/C	L'entrée en vigueur pour Maurice était le 1er février 2020 ; et pour Guernesey le 1er juin 2019
9	Monaco	Oui	COP uniquement	N/C	N/C	L'entrée en vigueur pour Monaco était le 1er mai 2019 ; et pour Guernesey le 1er juin 2019
10	Qatar	Non	N/C	Non	N/C	En cours de renégociations bilatérales ; dispositions prises en vue de la signature.
11	Seychelles	Non	N/C	Oui	N/C	
12	Singapour	Oui	COP uniquement	N/C	N/C	L'entrée en vigueur pour Singapour était le 1er avril 2019 ; et pour Guernesey le 1er juin 2019
13	Royaume-Uni	Oui	COP uniquement	N/C	N/C	Nouvelle convention entrée en vigueur le 7 janvier 2019, en remplacement de la convention antérieure. Déclaration explicite figurant dans le préambule et la règle de COP uniquement (texte équivalent au paragraphe 9 de l'article 29 du Modèle de Convention fiscale de l'OCDE de 2017).

Haïti

A. Progrès dans la mise en œuvre du standard minimum

Haïti ne compte aucune convention fiscale en vigueur, comme l'indique sa réponse au questionnaire d'examen par les pairs.

B. Difficultés de mise en œuvre

Aucune juridiction n'a soulevé de préoccupation concernant Haïti.

Honduras

A. Progrès dans la mise en œuvre du standard minimum

Le Honduras n'a aucune convention fiscale en vigueur, comme l'indique sa réponse au questionnaire d'examen par les pairs.

B. Difficultés de mise en œuvre

Aucune juridiction n'a soulevé de préoccupation concernant le Honduras.

Hong Kong (Chine)

A. Progrès dans la mise en œuvre du standard minimum

Hong Kong (Chine) compte 41 conventions fiscales en vigueur, ainsi que l'indique sa réponse au questionnaire d'examen par les pairs. Trois de ces conventions, celles avec le Bélarus*, l'Estonie et la Finlande, sont conformes au standard minimum.

Hong Kong (Chine) a rejoint l'IM en 2017 et n'a pas notifié ses conventions avec l'Arabie saoudite et l'Inde. Elle a fait savoir dans sa réponse au questionnaire d'examen par les pairs qu'elle comptait notifier ces conventions aux fins de l'IM. L'Arabie saoudite et l'Inde ont notifié leurs conventions avec Hong Kong (Chine) aux fins de l'IM.

Hong Kong (Chine) met en œuvre le standard minimum par l'inclusion de la déclaration du préambule et de la règle COP[61].

Les conventions qui seront modifiées par l'IM deviendront conformes au standard minimum une fois que les dispositions de l'IM auront pris effet.

B. Difficultés de mise en œuvre

Les conventions notifiées par Hong Kong (Chine) aux fins de l'IM deviendront conformes une fois que l'IM aura été ratifié. Hong Kong est invitée à ratifier l'IM le plus rapidement possible.

Synthèse de la réponse de la juridiction - Hong Kong (Chine)

	Partenaires de convention	Conformité avec le standard	Si conforme, méthode choisie	Signature d'un instrument de mise en conformité	Méthode choisie dans l'instrument de mise en conformité (si différent de l'IM)	Commentaires
1	Autriche	Non	N/C	Oui	N/C	
2	Bélarus*	Oui	COP uniquement	N/C	N/C	
3	Belgique	Non	N/C	Oui	N/C	
4	Brunei Darussalam	Non	N/C	Oui	N/C	
5	Cambodge*	Non	N/C	Non	N/C	À ajouter à la liste des conventions que Hong Kong souhaite soumettre à l'IM ou aux négociations bilatérales d'un protocole d'amendement
6	Canada	Non	N/C	Oui	N/C	
7	République tchèque	Non	N/C	Oui	N/C	

[61] Pour 35 de ses conventions notifiées aux fins de l'IM, Hong Kong choisit d'appliquer la disposition de la déclaration du préambule (article 6 de l'IM). Pour 34 de ses conventions notifiées aux fins de l'IM, Hong Kong choisit d'appliquer la règle COP (article 7 de l'IM). Hong Kong a formulé une réserve conformément à l'article 6(4) de l'IM afin de ne pas appliquer l'article 6(1) de l'IM concernant les conventions qui contiennent déjà la version adéquate du préambule. L'une des conventions de Hong Kong entre dans le champ de cette réserve. Hong Kong a également formulé une réserve conformément à l'article 7(15)(b) de l'IM afin de ne pas appliquer l'article 7(1) concernant les conventions qui contiennent déjà une règle COP. Deux des conventions de Hong Kong entrent dans le champ de cette réserve.

8	Estonie	Oui	COP uniquement	N/C	N/C	
9	Finlande	Oui	COP uniquement	N/C	N/C	
10	France	Non	N/C	Oui	N/C	
11	Guernesey	Non	N/C	Oui	N/C	
12	Hongrie	Non	N/C	Oui	N/C	
13	Inde	Non	N/C	Non	N/C	À ajouter à la liste des conventions que Hong Kong souhaite soumettre à l'IM ou aux négociations bilatérales d'un protocole d'amendement
14	Indonésie	Non	N/C	Oui	N/C	
15	Irlande	Non	N/C	Oui	N/C	
16	Italie	Non	N/C	Oui	N/C	
17	Japon	Non	N/C	Oui	N/C	
18	Jersey	Non	N/C	Oui	N/C	
19	Corée	Non	N/C	Oui	N/C	
20	Koweït*	Non	N/C	Oui	N/C	
21	Lettonie	Non	N/C	Oui	N/C	
22	Liechtenstein	Non	N/C	Oui	N/C	
23	Luxembourg	Non	N/C	Oui	N/C	
24	Malaisie	Non	N/C	Oui	N/C	
25	Malte	Non	N/C	Oui	N/C	
26	Mexique	Non	N/C	Oui	N/C	
27	Pays-Bas	Non	N/C	Oui	N/C	
28	Nouvelle-Zélande	Non	N/C	Oui	N/C	
29	Pakistan	Non	N/C	Oui	N/C	Partiellement conforme (à l'exception du nouveau préambule).
30	Portugal	Non	N/C	Oui	N/C	
31	Qatar	Non	N/C	Oui	N/C	
32	Roumanie	Non	N/C	Oui	N/C	
33	Russie	Non	N/C	Oui	N/C	
34	Arabie saoudite	Non	N/C	Non	N/C	À ajouter à la liste des conventions que Hong Kong souhaite soumettre à l'IM ou aux négociations bilatérales d'un protocole d'amendement
35	Afrique du Sud	Non	N/C	Oui	N/C	
36	Espagne	Non	N/C	Oui	N/C	
37	Suisse	Non	N/C	Oui	N/C	La Suisse n'a pas notifié cette convention dans sa position sur l'IM et a proposé d'engager des négociations bilatérales d'un protocole d'amendement à la place
38	Thaïlande	Non	N/C	Oui	N/C	
39	Émirats arabes unis	Non	N/C	Oui	N/C	
40	Royaume-Uni	Non	N/C	Oui	N/C	
41	Viet Nam	Non	N/C	Oui	N/C	

Hongrie

A. Progrès dans la mise en œuvre du standard minimum

La Hongrie compte 81 conventions fiscales, comme l'indique sa réponse au questionnaire d'examen par les pairs.

La Hongrie a signé l'IM en 2017 et n'a pas notifié ses conventions avec l'Albanie, l'Arménie, le Bahreïn, la Bosnie-Herzégovine, les Émirats arabes unis, le Monténégro, la Macédoine du Nord et Oman. Aussi, à ce stade, ces conventions ne seront pas modifiées par l'IM. L'Albanie, l'Arménie, la Bosnie-Herzégovine, les Émirats arabes unis, la Macédoine du Nord et Oman ont notifié leurs conventions avec la Hongrie aux fins de l'IM.

La Hongrie a indiqué dans sa réponse au questionnaire d'examen par les pairs que les conventions qui n'ont pas été notifiées aux fins de l'IM ont été conclues avec des partenaires qui n'étaient pas membres du Groupe ad hoc au moment où la Hongrie a signé l'IM. En outre, la Hongrie a précisé qu'elle ne nourrissait pas d'inquiétude en matière de chalandage fiscal concernant ces conventions.

La Hongrie met en œuvre le standard minimum par l'inclusion de la déclaration du préambule et de la règle COP[62].

Les conventions qui seront modifiées par l'IM deviendront conformes au standard minimum une fois que les dispositions de l'IM auront pris effet.

B. Difficultés de mise en œuvre

Les conventions notifiées par la Hongrie aux fins de l'IM deviendront conformes une fois qu'elle aura ratifié l'IM. La Hongrie a indiqué qu'elle comptait déposer son instrument de ratification de l'IM début 2021.

Comme indiqué plus haut, la Hongrie n'a pas notifié ses conventions avec l'Albanie, l'Arménie, le Bahreïn, la Bosnie-Herzégovine, les Émirats arabes unis, le Monténégro, la Macédoine du Nord et Oman aux fins de l'IM. Notifier ces conventions aux fins de l'IM ou engager des renégociations bilatérales dans le but de mettre en œuvre le standard minimum permettrait de transposer le standard minimum dans ces conventions non couvertes.

Synthèse de la réponse de la juridiction – Hongrie

	Partenaires de convention	Conformité avec le standard	Si conforme, méthode choisie	Signature d'un instrument de mise en conformité	Méthode choisie dans l'instrument de mise en conformité (si différent de l'IM)	Commentaires
1	Albanie	Non	N/C	Non	N/C	
2	Arménie	Non	N/C	Non	N/C	
3	Australie	Non	N/C	Oui	N/C	
4	Autriche	Non	N/C	Oui	N/C	
5	Azerbaïdjan*	Non	N/C	Oui	N/C	
6	Bahreïn	Non	N/C	Non	N/C	

[62] Pour ses conventions notifiées aux fins de l'IM, la Hongrie choisit d'appliquer la disposition de la déclaration du préambule (article 6 de l'IM) et la règle COP (article 7 de l'IM).

7	Bélarus*	Non	N/C	Non	N/C	
8	Belgique	Non	N/C	Oui	N/C	
9	Bosnie-Herzégovine	Non	N/C	Non	N/C	
10	Brésil	Non	N/C	Oui	N/C	
11	Bulgarie	Non	N/C	Oui	N/C	
12	Canada	Non	N/C	Oui	N/C	
13	Chine (République populaire de)	Non	N/C	Oui	N/C	
14	Taipei chinois*	Non	N/C	Non	N/C	
15	Croatie	Non	N/C	Oui	N/C	
16	Chypre*	Non	N/C	Oui	N/C	
17	République tchèque	Non	N/C	Oui	N/C	
18	Danemark	Non	N/C	Oui	N/C	
19	Égypte	Non	N/C	Oui	N/C	
20	Estonie	Non	N/C	Oui	N/C	
21	Finlande	Non	N/C	Oui	N/C	
22	France	Non	N/C	Oui	N/C	
23	Géorgie	Non	N/C	Oui	N/C	
24	Allemagne	Non	N/C	Oui	N/C	
25	Grèce	Non	N/C	Oui	N/C	
26	Hong Kong	Non	N/C	Oui	N/C	
27	Islande	Non	N/C	Oui	N/C	
28	Inde	Non	N/C	Oui	N/C	
29	Indonésie	Non	N/C	Oui	N/C	
30	Iran*	Non	N/C	Non	N/C	
31	Irlande	Non	N/C	Oui	N/C	
32	Israël	Non	N/C	Oui	N/C	
33	Italie	Non	N/C	Oui	N/C	
34	Japon	Non	N/C	Oui	N/C	
35	Kazakhstan	Non	N/C	Oui	N/C	
36	Corée	Non	N/C	Oui	N/C	
37	Kosovo*	Non	N/C	Non	N/C	
38	Koweït*	Non	N/C	Non	N/C	
39	Lettonie	Non	N/C	Oui	N/C	
40	Liechtenstein	Non	N/C	Oui	N/C	
41	Lituanie	Non	N/C	Oui	N/C	
42	Luxembourg	Non	N/C	Oui	N/C	
43	Malaisie	Non	N/C	Oui	N/C	
44	Malte	Non	N/C	Oui	N/C	
45	Mexique	Non	N/C	Oui	N/C	
46	Moldova*	Non	N/C	Oui	N/C	
47	Mongolie	Non	N/C	Oui	N/C	
48	Monténégro	Non	N/C	Non	N/C	
49	Maroc	Non	N/C	Oui	N/C	
50	Pays-Bas	Non	N/C	Oui	N/C	
51	Macédoine du Nord	Non	N/C	Non	N/C	
52	Norvège	Non	N/C	Oui	N/C	
53	Oman	Non	N/C	Non	N/C	
54	Pakistan	Non	N/C	Oui	N/C	
55	Philippines*	Non	N/C	Oui	N/C	
56	Pologne	Non	N/C	Oui	N/C	
57	Portugal	Non	N/C	Oui	N/C	
58	Qatar	Non	N/C	Oui	N/C	
59	Roumanie	Non	N/C	Oui	N/C	

60	Russie	Non	N/C	Oui	N/C	
61	Saint-Marin	Non	N/C	Oui	N/C	
62	Arabie saoudite	Non	N/C	Oui	N/C	
63	Serbie	Non	N/C	Oui	N/C	
64	Singapour	Non	N/C	Oui	N/C	
65	République slovaque	Non	N/C	Oui	N/C	
66	Slovénie	Non	N/C	Oui	N/C	
67	Afrique du Sud	Non	N/C	Oui	N/C	
68	Espagne	Non	N/C	Oui	N/C	
69	Suède	Non	N/C	Oui	N/C	
70	Suisse	Non	N/C	Oui	N/C	
71	Thaïlande	Non	N/C	Oui	N/C	
72	Tunisie	Non	N/C	Oui	N/C	
73	Turquie	Non	N/C	Oui	N/C	
74	Turkménistan*	Non	N/C	Non	N/C	
75	Ukraine	Non	N/C	Oui	N/C	
76	Émirats arabes unis	Non	N/C	Non	N/C	
77	Royaume-Uni	Non	N/C	Oui	N/C	
78	États-Unis	Non	N/C	Oui	N/C	
79	Uruguay	Non	N/C	Oui	N/C	
80	Ouzbékistan*	Non	N/C	Non	N/C	
81	Viet Nam	Non	N/C	Oui	N/C	

Islande

A. Progrès dans la mise en œuvre du standard minimum

L'Islande compte 41 conventions fiscales en vigueur, comme l'indique sa réponse au questionnaire d'examen par les pairs, y compris la Convention nordique multilatérale conclue avec le Danemark, les Îles Féroé, la Finlande, la Norvège et la Suède (la « Convention nordique »)[63]. Dix-neuf de ces conventions, celles conclues avec la Belgique, le Canada, la France, la Géorgie, l'Inde, l'Irlande, le Japon, le Liechtenstein, la Lituanie, le Luxembourg, Malte, les Pays-Bas, la Pologne, la République slovaque, le Royaume-Uni, la Slovénie, la Suisse et l'Ukraine, ainsi que la Convention nordique, sont conformes au standard minimum.

L'Islande a signé l'IM en 2017, et déposé son instrument de ratification le 26 septembre 2019. L'IM est entré en vigueur pour l'Islande le 1er janvier 2020. L'Islande n'a pas notifié ses conventions aux fins de l'IM avec l'Allemagne, l'Autriche et le Groenland, mais a indiqué dans sa réponse au questionnaire d'examen par les pairs que des négociations bilatérales seraient engagées concernant ces conventions.

Les Parties à la Convention nordique ont signé un instrument de mise en conformité en 2018. Le protocole est entré en vigueur le jeudi 28 novembre 2019 et ses dispositions ont pris effet le 1er janvier 2020.

L'Islande met généralement en œuvre le standard minimum par l'inclusion de la déclaration du préambule et de la règle COP[64].

Les conventions qui seront modifiées par l'IM deviendront conformes au standard minimum une fois que les dispositions de l'IM auront pris effet.

B. Difficultés de mise en œuvre

Aucune juridiction n'a signalé de préoccupation relative à ses conventions conclues avec l'Islande.

Synthèse de la réponse de la juridiction – Islande

	Partenaires de convention	Conformité avec le standard	Si conforme, méthode choisie	Signature d'un instrument de mise en conformité	Méthode choisie dans l'instrument de mise en conformité (si différent de l'IM)	Commentaires
1	Albanie	Non	N/C	Oui	N/C	
2	Autriche	Non	N/C	Non	N/C	Négociations bilatérales
3	Barbade	Non	N/C	Oui	N/C	
4	Belgique	Oui	COP uniquement	N/C	N/C	

[63] Voir la convention multilatérale conclue par le Danemark, la Finlande, les Îles Féroé, l'Islande, la Norvège et la Suède : tendant à éviter la double imposition concernant les impôts sur le revenu et la fortune (1996, 1997, 2008 et 2018). Au total, l'Islande a identifié 45 « accords » dans sa liste des conventions fiscales : 40 conventions bilatérales et la Convention nordique conclue avec cinq de ses partenaires.

[64] Pour ses conventions notifiées aux fins de l'IM, l'Islande choisit d'appliquer la disposition de la déclaration du préambule (article 6 de l'IM) et la règle COP (article 7 de l'IM). L'Islande a également accepté d'appliquer une règle LOB simplifiée dans ses conventions conclues avec des partenaires qui ont opté pour la règle LOB simplifiée conformément à l'article 7(7)(a) de l'IM.

5	Canada	Oui	COP uniquement	N/C	N/C	
6	Chine (République populaire de)	Non	N/C	Oui	N/C	
7	Croatie	Non	N/C	Oui	N/C	
8	Chypre*	Non	N/C	Oui	N/C	L'IM est entré en vigueur le 1er mai 2020 – Ses dispositions n'ont pas encore pris effet
9	République tchèque	Non	N/C	Oui	N/C	
10	Danemark	Oui	COP uniquement	N/C	N/C	Convention nordique
11	Estonie	Non	N/C	Oui	N/C	
12	Îles Féroé	Oui	COP uniquement	N/C	N/C	Convention nordique
13	Finlande	Oui	COP uniquement	N/C	N/C	Convention nordique
14	France	Oui	COP uniquement	N/C	N/C	
15	Géorgie	Oui	COP uniquement	N/C	N/C	
16	Allemagne	Non	N/C	Non	N/C	Négociations bilatérales
17	Grèce	Non	N/C	Oui	N/C	
18	Groenland	Non	N/C	Non	N/C	Négociations bilatérales
19	Hongrie	Non	N/C	Oui	N/C	
20	Inde	Oui	COP et LOB	N/C	N/C	
21	Irlande	Oui	COP uniquement	N/C	N/C	
22	Italie	Non	N/C	Oui	N/C	
23	Japon	Oui	COP et LOB	N/C	N/C	Négociations bilatérales
24	Corée	Non	N/C	Oui	N/C	
25	Lettonie	Non	N/C	Oui	N/C	L'IM est entré en vigueur le 1er février 2020 –Ses dispositions n'ont pas encore pris effet
26	Liechtenstein	Oui	COP uniquement	N/C	N/C	Négociations bilatérales
27	Lituanie	Oui	COP uniquement	N/C	N/C	
28	Luxembourg	Oui	COP uniquement	N/C	N/C	
29	Malte	Oui	COP uniquement	N/C	N/C	
30	Mexique	Non	N/C	Oui	N/C	
31	Pays-Bas	Oui	COP uniquement	N/C	N/C	
32	Norvège	Oui	COP uniquement	N/C	N/C	Convention nordique
33	Pologne	Oui	COP uniquement	N/C	N/C	
34	Portugal	Non	N/C	Oui	N/C	L'IM est entré en vigueur le 1er juin 2020 – Ses dispositions n'ont pas encore pris effet
35	Roumanie	Non	N/C	Oui	N/C	
36	Russie	Non	N/C	Oui	N/C	L'IM est entré en vigueur le 1er octobre 2019, mais une notification en vertu de l'article 35(7)(b) de l'IM a été effectuée le 30 avril 2020. Ses dispositions n'ont pas encore pris effet.
37	République slovaque	Oui	COP uniquement	N/C	N/C	
38	Slovénie	Oui	COP uniquement	N/C	N/C	
39	Espagne	Non	N/C	Oui	N/C	
40	Suède	Oui	COP uniquement	N/C	N/C	Convention nordique
41	Suisse	Oui	COP uniquement	N/C	N/C	
42	Ukraine	Oui	COP uniquement	N/C	N/C	
43	Royaume-Uni	Oui	COP et LOB	N/C	N/C	
44	États-Unis	Non	N/C	Oui	N/C	Le préambule a été intégré, mais la version détaillée de la règle LOB doit être mise en œuvre bilatéralement
45	Viet Nam	Non	N/C	Oui	N/C	

Inde

A. Progrès dans la mise en œuvre du standard minimum

L'Inde compte 95 conventions fiscales en vigueur, comme l'indique sa réponse au questionnaire d'examen par les pairs. 36 de ces conventions, celles conclues avec l'Arabie saoudite, l'Australie, l'Autriche, la Belgique, le Canada, la Chine*, Chypre, le Danemark, les Émirats arabes unis, la Finlande, la France, la Géorgie, l'Islande, l'Iran[65], l'Irlande, Israël, le Japon, la Lettonie, Lituanie, le Luxembourg, Malte, la Norvège, la Nouvelle-Zélande, les Pays-Bas, la Pologne, le Portugal, la République slovaque, le Royaume-Uni, la Russie, la Serbie, Singapour, la Slovénie, l'Ukraine et l'Uruguay, sont conformes au standard minimum.

L'Inde a signé l'IM en 2017 et a déposé son instrument de ratification le 25 juin 2019. L'IM est entré en vigueur pour l'Inde le 1er octobre 2019.

L'Inde met en œuvre le standard minimum par l'inclusion de la disposition de la déclaration du préambule et de la règle COP associée à la règle LOB [66]. L'Inde a également fait une déclaration d'acceptation de la règle COP en tant que mesure provisoire.

Les conventions qui seront modifiées par l'IM deviendront conformes au standard minimum une fois que les dispositions de l'IM auront pris effet.

B. Difficultés de mise en œuvre

Aucune juridiction n'a signalé de préoccupation relative à ses conventions conclues avec l'Inde.

Synthèse de la réponse de la juridiction – Inde

	Partenaires de convention	Conformité avec le standard	Si conforme, méthode choisie	Signature d'un instrument de mise en conformité	Méthode choisie dans l'instrument de mise en conformité (si différent de l'IM)	Commentaires
1	Albanie	Non	N/C	Oui	N/C	
2	Arménie	Non	N/C	Oui	N/C	
3	Australie	Oui	COP uniquement	N/C	N/C	
4	Autriche	Oui	COP uniquement	N/C	N/C	
5	Bangladesh*	Non	N/C	Oui	N/C	Non signataire de l'IM
6	Bélarus*	Non	N/C	Oui	N/C	Non signataire de l'IM
7	Belgique	Oui	COP uniquement	N/C	N/C	
8	Bhoutan*	Non	N/C	Oui	N/C	Non signataire de l'IM
9	Botswana	Non	N/C	Oui	N/C	Non signataire de l'IM
10	Brésil	Non	N/C	Oui	N/C	Non signataire de l'IM

[65]Les procédures internes ont été accomplies pour l'Inde, et celles en vue de la ratification de la convention sont en cours pour l'Iran*.

[66] Pour ses conventions notifiées aux fins de l'IM, l'Inde choisit d'appliquer la disposition de la déclaration du préambule (article 6 de l'IM), la règle COP (article 7 de l'IM) et la règle LOB simplifiée (article 7(6) de l'IM).

11	Bulgarie	Non	N/C	Oui	N/C	
12	Canada	Oui	COP uniquement	N/C	N/C	
13	Chine (République populaire de)	Oui	COP uniquement	N/C	N/C	
14	Colombie	Non	N/C	Oui	N/C	
15	Croatie	Non	N/C	Oui	N/C	
16	Chypre*	Oui	COP uniquement	N/C	N/C	
17	République tchèque	Non	N/C	Oui	N/C	
18	Danemark	Oui	COP et LOB	N/C	N/C	
19	Égypte	Non	N/C	Oui	N/C	
20	Estonie	Non	N/C	Oui	N/C	
21	Éthiopie*	Non	N/C	Oui	N/C	Non signataire de l'IM
22	Fidji*	Non	N/C	Oui	N/C	
23	Finlande	Oui	COP uniquement	N/C	N/C	
24	France	Oui	COP uniquement	N/C	N/C	
25	Géorgie	Oui	COP uniquement	N/C	N/C	
26	Allemagne	Non	N/C	Oui	N/C	L'Inde ne figure dans les conventions fiscales couvertes
27	Grèce	Non	N/C	Oui	N/C	
28	Hong Kong (Chine)	Non	N/C	Oui	N/C	L'Inde ne figure dans les conventions fiscales couvertes
29	Hongrie	Non	N/C	Oui	N/C	
30	Islande	Oui	COP uniquement	N/C	N/C	
31	Indonésie	Non	N/C	Oui	N/C	
32	Iran*	Oui	COP uniquement	N/C	N/C	
33	Irlande	Oui	COP uniquement	N/C	N/C	
34	Israël	Oui	COP uniquement	N/C	N/C	
35	Italie	Non	N/C	Oui	N/C	
36	Japon	Oui	COP uniquement	N/C	N/C	
37	Jordanie	Non	N/C	Oui	N/C	
38	Kazakhstan	Non	N/C	Oui	N/C	
39	Kenya	Non	N/C	Oui	N/C	
40	Corée	Non	N/C	Oui	N/C	
41	Koweït*	Non	N/C	Oui	N/C	
42	Kirghizistan*	Non	N/C	Oui	N/C	Non signataire de l'IM
43	Lettonie	Oui	COP uniquement	N/C	N/C	
44	Libye*	Non	N/C	Oui	N/C	Non signataire de l'IM
45	Lituanie	Oui	COP uniquement	N/C	N/C	
46	Luxembourg	Oui	COP uniquement	N/C	N/C	
47	Malaisie	Non	N/C	Oui	N/C	
48	Malte	Oui	COP uniquement	N/C	N/C	
49	Maurice	Non	N/C	Oui	N/C	L'Inde ne figure dans les conventions fiscales couvertes
50	Mexique	Non	N/C	Oui	N/C	
51	Mongolie	Non	N/C	Oui	N/C	Non signataire de l'IM
52	Monténégro	Non	N/C	Oui	N/C	Non signataire de l'IM
53	Maroc	Non	N/C	Oui	N/C	
54	Mozambique*	Non	N/C	Oui	N/C	Non signataire de l'IM
55	Myanmar*	Non	N/C	Oui	N/C	Non signataire de l'IM
56	Namibie	Non	N/C	Oui	N/C	Non signataire de l'IM
57	Népal*	Non	N/C	Oui	N/C	Non signataire de l'IM
58	Pays-Bas	Oui	COP uniquement	Oui	N/C	
59	Nouvelle-Zélande	Oui	COP uniquement	Oui	N/C	

60	Macédoine du Nord	Non	N/C	Oui	N/C	
61	Norvège	Oui	COP et LOB	Oui	N/C	
62	Oman	Non	N/C	Oui	N/C	L'Inde ne figure pas dans les conventions fiscales couvertes
63	Philippines*	Non	N/C	Oui	N/C	Non signataire de l'IM
64	Pologne	Oui	COP uniquement	N/C	N/C	
65	Portugal	Oui	COP uniquement	N/C	N/C	
66	Qatar	Oui	COP uniquement	N/C	N/C	
67	Roumanie	Non	N/C	Oui	N/C	
68	Russie	Oui	COP et LOB	N/C	N/C	
69	Arabie saoudite	Oui	COP uniquement	N/C	N/C	
70	Serbie	Oui	COP uniquement	N/C	N/C	
71	Singapour	Oui	COP uniquement	N/C	N/C	
72	République slovaque	Oui	COP et LOB	N/C	N/C	
73	Slovénie	Oui	COP uniquement	N/C	N/C	
74	Afrique du Sud	Non	N/C	Oui	N/C	
75	Espagne	Non	N/C	Oui	N/C	
76	Sri Lanka	Non	N/C	Oui	N/C	Non signataire de l'IM
77	Soudan*	Non	N/C	Oui	N/C	Non signataire de l'IM
78	Suède	Non	N/C	Oui	N/C	
79	Suisse	Non	N/C	Oui	N/C	L'Inde ne figure pas dans les conventions fiscales couvertes
80	République arabe syrienne*	Non	N/C	Oui	N/C	Non signataire de l'IM
81	Tadjikistan*	Non	N/C	Oui	N/C	Non signataire de l'IM
82	Tanzanie*	Non	N/C	Oui	N/C	Non signataire de l'IM
83	Thaïlande	Non	N/C	Oui	N/C	Non signataire de l'IM
84	Trinité-et-Tobago	Non	N/C	Oui	N/C	Non signataire de l'IM
85	Turquie	Non	N/C	Oui	N/C	
86	Turkménistan*	Non	N/C	Oui	N/C	Non signataire de l'IM
87	Ouganda*	Non	N/C	Oui	N/C	Non signataire de l'IM
88	Ukraine	Oui	COP uniquement	N/C	N/C	
89	Émirats arabes unis	Oui	COP uniquement	N/C	N/C	
90	Royaume-Uni	Oui	COP uniquement	N/C	N/C	
91	États-Unis	Non	N/C	Oui	N/C	Non signataire de l'IM
92	Uruguay	Oui	COP et LOB	N/C	N/C	
93	Ouzbékistan*	Non	N/C	Oui	N/C	Non signataire de l'IM
94	Viet Nam	Non	N/C	Oui	N/C	
95	Zambie	Non	N/C	Oui	N/C	Non signataire de l'IM

Indonésie

A. Progrès dans la mise en œuvre du standard minimum

L'Indonésie compte 69 conventions fiscales en vigueur, comme l'indique sa réponse au questionnaire d'examen par les pairs.

L'Indonésie a signé l'IM en 2017, et déposé son instrument de ratification le 28 avril 2020. L'IM entrera en vigueur pour l'Indonésie le 1er août 2020. L'Indonésie n'a pas notifié ses conventions avec l'Allemagne, l'Autriche, la Jordanie, la Mongolie, le Maroc, la Papouasie-Nouvelle-Guinée, le Sri Lanka, la Tunisie et l'Ukraine. Aussi, à ce stade, ces conventions ne seront pas modifiées par l'IM. La Jordanie, le Maroc, la Papouasie-Nouvelle-Guinée, le la Tunisie et l'Ukraine ont notifié leurs conventions avec l'Indonésie aux fins de l'IM.

L'Indonésie a formulé une réserve en vertu de l'IM qui retarde son entrée en vigueur après l'accomplissement des procédures internes prévues à cet effet pour chacune de ses conventions notifiées[67]. L'Indonésie a fait savoir qu'elle avait accompli les procédures internes prévues aux fins de l'entrée en vigueur de l'IM concernant ses conventions avec l'Australie, la Belgique, la Canada, la Corée, le Danemark, les Émirats arabes unis, la Finlande, la France, l'Inde, le Japon, le Luxembourg, la Nouvelle-Zélande, les Pays-Bas, la Pologne, le Portugal, le Qatar, la République slovaque, le Royaume-Uni, la Fédération de Russie, la Serbie et Singapour le 26 novembre 2020.

L'Indonésie met en œuvre le standard minimum par l'inclusion de la déclaration du préambule et de la règle COP[68].

Les conventions qui seront modifiées par l'IM deviendront conformes au standard minimum une fois que les dispositions de l'IM auront pris effet.

B. Difficultés de mise en œuvre

Comme indiqué plus haut, l'Indonésie n'a pas notifié ses conventions avec l'Allemagne, l'Autriche, la Jordanie, la Mongolie, le Maroc, la Papouasie-Nouvelle-Guinée, le Sri Lanka, la Tunisie et l'Ukraine aux fins de l'IM. Notifier ces conventions aux fins de l'IM ou engager des renégociations bilatérales dans le but de mettre en œuvre le standard minimum permettrait de transposer le standard minimum dans ces conventions non couvertes.

---

[67] Les réserves ont été formulées en vertu de l'article 35(7)(a) de l'IM.

[68] Pour ses conventions notifiées aux fins de l'IM, l'Indonésie choisit d'appliquer la disposition de la déclaration du préambule (article 6 de l'IM) et la règle COP (article 7 de l'IM).

Synthèse de la réponse de la juridiction – Indonésie

	Partenaires de convention	Conformité avec le standard	Si conforme, méthode choisie	Signature d'un instrument de mise en conformité	Méthode choisie dans l'instrument de mise en conformité (si différent de l'IM)	Commentaires
1	Algérie*	Non	N/C	Non	N/C	
2	Arménie	Non	N/C	Oui	N/C	
3	Australie	Non	N/C	Oui	N/C	
4	Autriche	Non	N/C	Non	N/C	
5	Bangladesh*	Non	N/C	Non	N/C	
6	Bélarus*	Non	N/C	Non	N/C	
7	Belgique	Non	N/C	Oui	N/C	
8	Brunei Darussalam	Non	N/C	Oui	N/C	Le Brunei Darussalam n'est pas signataire de l'IM
9	Bulgarie	Non	N/C	Oui	N/C	
10	Canada	Non	N/C	Oui	N/C	
11	Chine (République populaire de)	Non	N/C	Oui	N/C	
12	Taipei chinois*	Non	N/C	Non	N/C	
13	Croatie	Non	N/C	Oui	N/C	
14	République tchèque	Non	N/C	Oui	N/C	La République tchèque n'a pas notifié sa convention avec l'Indonésie
15	Corée*	Non	N/C	Non	N/C	
16	Danemark	Non	N/C	Oui	N/C	
17	Égypte	Non	N/C	Oui	N/C	
18	Finlande	Non	N/C	Oui	N/C	
19	France	Non	N/C	Oui	N/C	
20	Allemagne	Non	N/C	Non	N/C	
21	Hong Kong (Chine)	Non	N/C	Oui	N/C	
22	Hongrie	Non	N/C	Oui	N/C	
23	Inde	Non	N/C	Oui	N/C	
24	Iran*	Non	N/C	Non	N/C	
25	Italie	Non	N/C	Oui	N/C	
26	Japon	Non	N/C	Oui	N/C	
27	Jordanie	Non	N/C	Non	N/C	
28	Corée	Non	N/C	Oui	N/C	
29	Koweït*	Non	N/C	Non	N/C	
30	République démocratique populaire lao*	Non	N/C	Oui	N/C	La République démocratique populaire n'est pas signataire de l'IM
31	Luxembourg	Non	N/C	Oui	N/C	
32	Malaisie	Non	N/C	Oui	N/C	
33	Mexique	Non	N/C	Oui	N/C	
34	Mongolie	Non	N/C	Non	N/C	
35	Maroc	Non	N/C	Non	N/C	
36	Pays-Bas	Non	N/C	Oui	N/C	
37	Nouvelle-Zélande	Non	N/C	Oui	N/C	
38	Norvège	Non	N/C	Oui	N/C	La Norvège n'a pas notifié sa convention avec l'Indonésie
39	Pakistan	Non	N/C	Oui	N/C	

40	Papouasie-Nouvelle-Guinée	Non	N/C	Non	N/C	
41	Philippines*	Non	N/C	Oui	N/C	Les Philippines* ne sont pas signataires de l'IM
42	Pologne	Non	N/C	Oui	N/C	
43	Portugal	Non	N/C	Oui	N/C	
44	Qatar	Non	N/C	Oui	N/C	
45	Roumanie	Non	N/C	Oui	N/C	
46	Russie	Non	N/C	Oui	N/C	
47	Serbie	Non	N/C	Oui	N/C	
48	Seychelles	Non	N/C	Oui	N/C	
49	Singapour	Non	N/C	Oui	N/C	
50	République slovaque	Non	N/C	Oui	N/C	
51	Afrique du Sud	Non	N/C	Oui	N/C	
52	Espagne	Non	N/C	Oui	N/C	
53	Sri Lanka	Non	N/C	Non	N/C	
54	Soudan*	Non	N/C	Non	N/C	
55	Suriname*	Non	N/C	Non	N/C	
56	Suède	Non	N/C	Oui	N/C	
57	Suisse	Non	N/C	Oui	N/C	La Suisse n'a pas notifié sa convention avec l'Indonésie
58	République arabe syrienne*	Non	N/C	Non	N/C	
59	Tadjikistan*	Non	N/C	Non	N/C	
60	Thaïlande	Non	N/C	Oui	N/C	La Thaïlande n'est pas signataire de l'IM
61	Tunisie	Non	N/C	Non	N/C	
62	Turquie	Non	N/C	Oui	N/C	
63	Ukraine	Non	N/C	Non	N/C	
64	Émirats arabes unis	Non	N/C	Oui	N/C	
65	Royaume-Uni	Non	N/C	Oui	N/C	
66	États-Unis	Non	N/C	Oui	N/C	Les États-Unis ne sont pas signataires de l'IM
67	Ouzbékistan*	Non	N/C	Non	N/C	
68	Venezuela*	Non	N/C	Non	N/C	
69	Viet Nam	Non	N/C	Oui	N/C	Le Viet Nam n'est pas signataire de l'IM

Irlande

A. Progrès dans la mise en œuvre du standard minimum

L'Irlande compte 73 conventions fiscales en vigueur, comme l'indique sa réponse au questionnaire d'examen par les pairs. Vingt-six de ces conventions, celles conclues avec l'Australie, l'Autriche, la Belgique, le Canada, le Danemark, les Émirats arabes unis, la Finlande, la France, la Géorgie, l'Inde, l'Islande, Israël, le Japon, la Lituanie, le Luxembourg, Malte, la Nouvelle-Zélande, la Norvège, les Pays-Bas, la Pologne, la République slovaque, le Royaume-Uni, la Serbie, Singapour, la Slovénie et l'Ukraine, sont conformes au standard minimum.

L'Irlande a signé l'IM en 2017, et déposé son instrument de ratification le mardi 29 janvier 2019. L'IM est entré en vigueur pour l'Irlande le 1er mai 2019. L'Irlande n'a pas notifié ses conventions aux fins de l'IM avec l'Allemagne, les Pays-Bas et la Suisse, mais a indiqué dans sa réponse au questionnaire d'examen par les pairs que des négociations bilatérales seraient engagées concernant ces conventions.

L'Irlande met en œuvre le standard minimum par l'inclusion de la déclaration du préambule et de la règle COP[69].

Les conventions qui seront modifiées par l'IM deviendront conformes au standard minimum une fois que les dispositions de l'IM auront pris effet.

B. Difficultés de mise en œuvre

Aucune juridiction n'a signalé de préoccupation relative à ses conventions conclues avec l'Irlande.

Synthèse de la réponse de la juridiction - Irlande

	Partenaires de convention	Conformité avec le standard	Si conforme, méthode choisie	Signature d'un instrument de mise en conformité	Méthode choisie dans l'instrument de mise en conformité (si différent de l'IM)	Commentaires
1	Albanie	Non	N/C	Oui	N/C	
2	Arménie	Non	N/C	Oui	N/C	
3	Australie	Oui	COP uniquement	N/C	N/C	
4	Autriche	Oui	COP uniquement	N/C	N/C	
5	Bahreïn	Non	N/C	Oui	N/C	
6	Bélarus*	Non	N/C	Oui	N/C	
7	Belgique	Oui	COP uniquement	N/C	N/C	
8	Bosnie-Herzégovine	Non	N/C	Oui	N/C	
9	Botswana	Non	N/C	Oui	N/C	
10	Bulgarie	Non	N/C	Oui	N/C	
11	Canada	Oui	COP uniquement	N/C	N/C	Applicable à tous les autres impôts à compter du 1er juin

[69] Pour ses conventions notifiées aux fins de l'IM, l'Irlande choisit d'appliquer la disposition de la déclaration du préambule (article 6 de l'IM) et la règle COP (article 7 de l'IM).

						2020.
12	Chili	Non	N/C	Oui	N/C	
13	Chine (République populaire de)	Non	N/C	Oui	N/C	
14	Croatie	Non	N/C	Oui	N/C	
15	Chypre*	Non	N/C	Oui	N/C	
16	République tchèque	Non	N/C	Oui	N/C	
17	Danemark	Oui	COP uniquement	N/C	N/C	Applicable à tous les autres impôts à compter du 1er juillet 2020.
18	Égypte	Non	N/C	Oui	N/C	
19	Estonie	Non	N/C	Oui	N/C	
20	Éthiopie*	Non	N/C	Oui	N/C	
21	Finlande	Oui	COP uniquement	N/C	N/C	
22	France	Oui	COP uniquement	N/C	N/C	
23	Géorgie	Oui	COP uniquement	N/C	N/C	
24	Allemagne	Non	N/C	Non	N/C	Le protocole de mise en œuvre du standard minimum est prêt et les procédures d'autorisation de signature sont en cours.
25	Grèce	Non	N/C	Oui	N/C	
26	Hong Kong (Chine)	Non	N/C	Oui	N/C	
27	Hongrie	Non	N/C	Oui	N/C	
28	Islande	Oui	COP uniquement	N/C	N/C	Applicable à tous les autres impôts à compter du 1er juillet 2020.
29	Inde	Oui	COP uniquement	N/C	N/C	
30	Israël	Oui	COP uniquement	N/C	N/C	
31	Italie	Non	N/C	Oui	N/C	
32	Japon	Oui	COP uniquement	N/C	N/C	
33	Kazakhstan	Non	N/C	Oui	N/C	Partiellement conforme au standard minimum. Règle COP incluse ; pas de préambule.
34	Corée	Non	N/C	Oui	N/C	
35	Koweït*	Non	N/C	Oui	N/C	
36	Lettonie	Non	N/C	Oui	N/C	
37	Lituanie	Oui	COP uniquement	N/C	N/C	
38	Luxembourg	Oui	COP uniquement	N/C	N/C	
39	Malaisie	Non	N/C	Oui	N/C	
40	Malte	Oui	COP uniquement	N/C	N/C	
41	Mexique	Non	N/C	Oui	N/C	
42	Moldova*	Non	N/C	Oui	N/C	
43	Monténégro	Non	N/C	Oui	N/C	
44	Maroc	Non	N/C	Oui	N/C	
45	Pays-Bas	Oui	COP uniquement	N/C	COP uniquement	La nouvelle convention a été signée le jeudi 13 juin 2019 et est entrée en vigueur le 29 février 2020. Ses dispositions prendront effet à compter de 2021.
46	Nouvelle-Zélande	Oui	COP uniquement	N/C	N/C	
47	Macédoine du Nord	Non	N/C	Oui	N/C	
48	Norvège	Oui	COP uniquement	N/C	N/C	
49	Pakistan	Non	N/C	Oui	N/C	
50	Panama	Non	N/C	Oui	N/C	

51	Pologne	Oui	COP uniquement	N/C	N/C	
52	Portugal	Non	N/C	Oui	N/C	
53	Qatar	Non	N/C	Oui	N/C	
54	Roumanie	Non	N/C	Oui	N/C	
55	Russie	Non	N/C	Oui	N/C	
56	Arabie saoudite	Non	N/C	Oui	N/C	
57	Serbie	Oui	COP uniquement	N/C	N/C	
58	Singapour	Oui	COP uniquement	N/C	N/C	
59	République slovaque	Oui	COP uniquement	N/C	N/C	
60	Slovénie	Oui	COP uniquement	N/C	N/C	
61	Afrique du Sud	Non	N/C	Oui	N/C	
62	Espagne	Non	N/C	Oui	N/C	
63	Suède	Non	N/C	Oui	N/C	
64	Suisse	Non	N/C	Oui	COP uniquement	Le protocole intégrant le standard minimum a été signé le 13 juin 2019, et a été ratifié par l'Irlande dans le cadre de la Loi de finances 2019, mais il n'est pas encore entré en vigueur.
65	Thaïlande	Non	N/C	Oui	N/C	
66	Turquie	Non	N/C	Oui	N/C	
67	Ukraine	Oui	COP uniquement	N/C	N/C	
68	Émirats arabes unis	Oui	COP uniquement	N/C	N/C	
69	Royaume-Uni	Oui	COP uniquement	N/C	N/C	
70	États-Unis	Non	N/C	Oui	N/C	
71	Ouzbékistan*	Non	N/C	Oui	N/C	
72	Viet Nam	Non	N/C	Oui	N/C	
73	Zambie	Non	N/C	Oui	N/C	

Île de Man

A. Progrès dans la mise en œuvre du standard minimum

L'Île de Man compte dix conventions fiscales en vigueur, comme l'indique sa réponse au questionnaire d'examen par les pairs. Cinq de ces conventions, celles conclues avec le Guernesey, le Luxembourg, Malte, le Royaume-Uni et Singapour, sont conformes au standard minimum.

L'Île de Man a signé l'IM en 2017 et a déposé son instrument de ratification le mercredi 25 octobre 2017. L'IM est entré en vigueur pour l'Île de Man le 1er juillet 2018.

L'Île de Man a indiqué dans sa réponse au questionnaire d'examen par les pairs que des négociations bilatérales seraient engagées pour ses conventions avec d'autres dépendances de la Couronne.

L'Île de Man met en œuvre le standard minimum par l'inclusion de la déclaration du préambule et de la règle COP[70].

Les conventions qui seront modifiées par l'IM deviendront conformes au standard minimum une fois que les dispositions de l'IM auront pris effet.

B. Difficultés de mise en œuvre

Aucune juridiction n'a signalé de préoccupation relative à ses conventions conclues avec l'Île de Man.

Synthèse de la réponse de la juridiction - Île de Man

	Partenaires de convention	Conformité avec le standard	Si conforme, méthode choisie	Signature d'un instrument de mise en conformité	Méthode choisie dans l'instrument de mise en conformité (si différent de l'IM)	Commentaires
1	Bahreïn	Non	N/C	Oui	N/C	
2	Estonie	Non	N/C	Oui	N/C	
3	Guernesey	Oui	N/C	N/C	COP uniquement	
4	Jersey	Non	N/C	Non	N/C	Négociations bilatérales en cours
5	Luxembourg	Oui	COP uniquement	N/C	N/C	Documents de synthèse validés et publiés
6	Malte	Oui	COP uniquement	N/C	N/C	Documents de synthèse validés et publiés
7	Qatar	Non	N/C	Oui	N/C	Documents de synthèse validés et publiés
8	Seychelles	Non	N/C	Oui	N/C	
9	Singapour	Oui	COP uniquement	N/C	N/C	Documents de synthèse validés et publiés
10	Royaume-Uni	Oui	COP uniquement	N/C	N/C	

[70] Pour ses conventions notifiées aux fins de l'IM, l'Île de Man choisit d'appliquer la disposition de la déclaration du préambule (article 6 de l'IM) et la règle COP (article 7 de l'IM).

Israël

A. Progrès dans la mise en œuvre du standard minimum

Israël compte 58 conventions fiscales en vigueur, comme l'indique sa réponse au questionnaire d'examen par les pairs. Vingt-cinq de ces conventions, celles conclues avec l'Australie, l'Autriche, la Belgique, le Canada, le Danemark, la Finlande, la France, la Géorgie, l'Inde, l'Irlande, le Japon, la Lettonie, la Lituanie, le Luxembourg, Malte, les Pays-Bas, la Pologne, le Portugal, la République slovaque, le Royaume-Uni, la Russie, la Serbie, Singapour, la Slovénie et l'Ukraine, sont conformes au standard minimum.

Israël a signé l'IM en 2017, et déposé son instrument de ratification le jeudi 13 septembre 2018. L'IM est entré en vigueur pour Israël le 1er janvier 2019. Israël n'a pas notifié ses conventions aux fins de l'IM avec l'Allemagne et la Suisse, mais a indiqué dans sa réponse au questionnaire d'examen par les pairs que des négociations bilatérales seraient engagées concernant ces conventions.

Israël met en œuvre le standard minimum par l'inclusion de la déclaration du préambule et de la règle COP[71].

Les conventions qui seront modifiées par l'IM deviendront conformes au standard minimum une fois que les dispositions de l'IM auront pris effet.

B. Difficultés de mise en œuvre

Aucune juridiction n'a signalé de préoccupation relative à ses conventions conclues avec Israël.

Synthèse de la réponse de la juridiction – Israël

	Partenaires de convention	Conformité avec le standard	Si conforme, méthode choisie	Signature d'un instrument de mise en conformité	Méthode choisie dans l'instrument de mise en conformité (si différent de l'IM)	Commentaires
1	Arménie	Non	N/C	Oui	N/C	
2	Australie	Oui	COP uniquement	N/C	N/C	
3	Autriche	Oui	COP uniquement	N/C	N/C	
4	Azerbaïdjan*	Non	N/C	Oui	N/C	
5	Bélarus*	Non	N/C	Oui	N/C	
6	Belgique	Oui	COP uniquement	N/C	N/C	
7	Brésil	Non	N/C	Oui	N/C	
8	Bulgarie	Non	N/C	Oui	N/C	
9	Canada	Oui	COP uniquement	N/C	N/C	
10	Chine (République populaire de)	Non	N/C	Oui	N/C	
11	Taipei chinois*	Non	N/C	Oui	N/C	
12	Croatie	Non	N/C	Oui	N/C	
13	République tchèque	Non	N/C	Oui	N/C	

71 Pour ses conventions notifiées aux fins de l'IM, Israël choisit d'appliquer la disposition de la déclaration du préambule (article 6 de l'IM) et la règle COP (article 7 de l'IM).

14	Danemark	Oui	COP uniquement	N/C	N/C	
15	Estonie	Non	N/C	Oui	N/C	
16	Éthiopie*	Non	N/C	Oui	N/C	
17	Finlande	Oui	COP uniquement	N/C	N/C	
18	France	Oui	COP uniquement	N/C	N/C	
19	Géorgie	Oui	COP uniquement	N/C	N/C	
20	Allemagne	Non	N/C	Non	N/C	L'élaboration d'un protocole portant modification est en cours. Ce protocole est conforme avec le standard minimum de l'Action 6.
21	Grèce	Non	N/C	Oui	N/C	
22	Hongrie	Non	N/C	Oui	N/C	
23	Inde	Oui	COP uniquement	N/C	N/C	
24	Irlande	Oui	COP uniquement	N/C	N/C	
25	Italie	Non	N/C	Oui	N/C	
26	Jamaïque	Non	N/C	Oui	N/C	
27	Japon	Oui	COP uniquement	N/C	N/C	
28	Corée	Non	N/C	Oui	N/C	
29	Lettonie	Oui	COP uniquement	N/C	N/C	
30	Lituanie	Oui	COP uniquement	N/C	N/C	
31	Luxembourg	Oui	COP uniquement	N/C	N/C	
32	Malte	Oui	COP uniquement	N/C	N/C	
33	Mexique	Non	N/C	Oui	N/C	
34	Moldova*	Non	N/C	Oui	N/C	
35	Pays-Bas	Oui	COP uniquement	N/C	N/C	
36	Macédoine du Nord	Non	N/C	Oui	N/C	
37	Norvège	Non	N/C	Oui	N/C	
38	Panama	Non	N/C	Oui	N/C	
39	Philippines*	Non	N/C	Oui	N/C	
40	Pologne	Oui	COP uniquement	N/C	N/C	
41	Portugal	Oui	COP uniquement	N/C	N/C	
42	Roumanie	Non	N/C	Oui	N/C	
43	Russie	Oui	COP uniquement	N/C	N/C	
44	Serbie	Oui	COP uniquement	N/C	N/C	
45	Singapour	Oui	COP uniquement	N/C	N/C	
46	République slovaque	Oui	COP uniquement	N/C	N/C	
47	Slovénie	Oui	COP uniquement	N/C	N/C	
48	Afrique du Sud	Non	N/C	Oui	N/C	
49	Espagne	Non	N/C	Oui	N/C	
50	Suède	Non	N/C	Oui	N/C	
51	Suisse	Non	N/C	Non	N/C	L'élaboration d'un protocole portant modification est en cours. Ce protocole est conforme au standard minimum établi par l'Action 6.
52	Thaïlande	Non	N/C	Oui	N/C	
53	Turquie	Non	N/C	Oui	N/C	
54	Ukraine	Oui	COP uniquement	N/C	N/C	
55	Royaume-Uni	Oui	COP uniquement	N/C	N/C	
56	États-Unis	Non	N/C	Oui	N/C	
57	Ouzbékistan*	Non	N/C	Oui	N/C	
58	Viet Nam	Non	N/C	Oui	N/C	

Italie

A. Progrès dans la mise en œuvre du standard minimum

L'Italie compte 99 conventions fiscales en vigueur, comme l'indique sa réponse au questionnaire d'examen par les pairs. L'une de ces conventions, celle conclue avec le Chili, est conforme au standard minimum.

L'Italie a signé l'IM en 2017 et n'a pas notifié ses conventions avec l'Albanie, le Congo, la Macédoine du Nord, le Monténégro, Oman, le Panama et Trinité-et-Tobago. Aussi, à ce stade, ces conventions ne seront pas modifiées par l'IM. L'Albanie, la Macédoine du Nord, Oman et le Panama ont notifié leurs conventions avec l'Italie aux fins de l'IM.

L'Italie a indiqué dans sa réponse au questionnaire d'examen par les pairs que les conventions qui n'avaient pas été notifiées aux fins de l'IM étaient conclues avec des partenaires qui n'étaient pas membres du Groupe ad hoc au moment où l'Italie a signé l'IM.

L'Italie met en œuvre le standard minimum par l'inclusion de la déclaration du préambule et de la règle COP[72].

Les conventions qui seront modifiées par l'IM deviendront conformes au standard minimum une fois que les dispositions de l'IM auront pris effet.

B. Difficultés de mise en œuvre

Les conventions notifiées par l'Italie aux fins de l'IM deviendront conformes une fois que celle-ci aura ratifié l'IM. L'Italie est invitée à ratifier l'IM le plus rapidement possible.

Comme indiqué plus haut, l'Italie n'a pas notifié ses conventions avec l'Albanie, le Congo, la Macédoine du Nord, le Monténégro, Oman, le Panama et Trinité-et-Tobago aux fins de l'IM. Notifier ces conventions aux fins de l'IM ou engager des renégociations bilatérales dans le but de mettre en œuvre le standard minimum permettrait de transposer le standard minimum dans ces conventions non couvertes.

Synthèse de la réponse de la juridiction – Italie

	Partenaires de convention	Conformité avec le standard	Si conforme, méthode choisie	Signature d'un instrument de mise en conformité	Méthode choisie dans l'instrument de mise en conformité (si différent de l'IM)	Commentaires
1	Albanie	Non	N/C	Non	N/C	Cette convention devrait être incluse dans la liste révisée des

[72]Pour ses 80 conventions notifiées aux fins de l'IM, l'Italie choisit d'appliquer la disposition de la déclaration du préambule (article 6 de l'IM). Pour 67 de ses conventions notifiées aux fins de l'IM, l'Italie choisit d'appliquer la règle COP (article 7 de l'IM). 13 des conventions de l'Italie, celles avec l'Azerbaïdjan*, l'Estonie, Hong Kong, l'Islande, le Kazakhstan, le Koweït*, la Lettonie, le Liban*, la Lituanie, la Mongolie, le Qatar, Saint-Marin et l'Arabie saoudite, entrent dans le champ d'une réserve formulée par l'Italie en vertu de l'article 7(15)(b) de l'IM. L'Italie a formulé une réserve conformément à l'article 7(15)(b) de l'IM afin de ne pas appliquer l'article 7(1) concernant les conventions qui contiennent déjà une règle COP.

						conventions fiscales couvertes de l'Italie qui n'a pas été actualisée à la date du présent rapport.
2	Algérie*	Non	N/C	Non	N/C	Cette convention devrait être incluse dans la liste révisée des conventions fiscales couvertes de l'Italie qui n'a pas été actualisée à la date du présent rapport.
3	Argentine	Non	N/C	Oui	N/C	
4	Arménie	Non	N/C	Oui	N/C	
5	Australie	Non	N/C	Oui	N/C	
6	Autriche	Non	N/C	Oui	N/C	
7	Azerbaïdjan*	Non	N/C	Oui	N/C	
8	Bangladesh*	Non	N/C	Oui	N/C	
9	Barbade	Non	N/C	Oui	N/C	
10	Bélarus*	Non	N/C	Non	N/C	Pour le moment, l'Italie a inclus dans la liste des conventions fiscales couvertes uniquement les juridictions qui étaient membres du Groupe ad hoc sur l'IM à la date à laquelle l'Italie a signé l'IM.
11	Belgique	Non	N/C	Oui	N/C	
12	Bosnie-Herzégovine	Non	N/C	Oui	N/C	
13	Brésil	Non	N/C	Oui	N/C	
14	Bulgarie	Non	N/C	Oui	N/C	
15	Canada	Non	N/C	Oui	N/C	
16	Chili	Oui	COP uniquement	N/C	N/C	
17	Chine (République populaire de)	Non	N/C	Oui	COP uniquement	
18	Congo	Non	N/C	Non	N/C	Pour le moment, l'Italie a inclus dans la liste des conventions fiscales couvertes uniquement les juridictions qui étaient membres du Groupe ad hoc sur l'IM à la date à laquelle l'Italie a signé l'IM.
19	Côte d'Ivoire	Non	N/C	Oui	N/C	
20	Croatie	Non	N/C	Oui	N/C	
21	Chypre*	Non	N/C	Oui	N/C	
22	République tchèque	Non	N/C	Oui	N/C	
23	Danemark	Non	N/C	Oui	N/C	
24	Équateur*	Non	N/C	Non	N/C	Pour le moment, l'Italie a inclus dans la liste des conventions fiscales couvertes uniquement les juridictions qui étaient membres du Groupe ad hoc sur l'IM à la date à laquelle l'Italie a signé l'IM.
25	Égypte	Non	N/C	Oui	N/C	
26	Estonie	Non	N/C	Oui	N/C	
27	Éthiopie*	Non	N/C	Non	N/C	Pour le moment, l'Italie a inclus dans la liste des conventions fiscales couvertes uniquement les juridictions qui étaient membres du Groupe ad hoc sur l'IM à la date à laquelle l'Italie a signé l'IM.
28	Finlande	Non	N/C	Oui	N/C	
29	France	Non	N/C	Oui	N/C	
30	Géorgie	Non	N/C	Oui	N/C	
31	Allemagne	Non	N/C	Oui	N/C	

32	Ghana*	Non	N/C	Non	N/C	Pour le moment, l'Italie a inclus dans la liste des conventions fiscales couvertes uniquement les juridictions qui étaient membres du Groupe ad hoc sur l'IM à la date à laquelle l'Italie a signé l'IM.
33	Grèce	Non	N/C	Oui	N/C	
34	Hong Kong (Chine)	Non	N/C	Oui	N/C	
35	Hongrie	Non	N/C	Oui	N/C	
36	Islande	Non	N/C	Oui	N/C	
37	Inde	Non	N/C	Oui	N/C	
38	Indonésie	Non	N/C	Oui	N/C	
39	Irlande	Non	N/C	Oui	N/C	
40	Israël	Non	N/C	Oui	N/C	
41	Japon	Non	N/C	Oui	N/C	
42	Jordanie	Non	N/C	Oui	N/C	
43	Kazakhstan	Non	N/C	Oui	N/C	
44	Corée	Non	N/C	Oui	N/C	
45	Koweït*	Non	N/C	Oui	N/C	L'autre juridiction n'a pas notifié cette convention en tant que convention fiscale couverte aux fins de l'IM.
46	Kirghizistan*	Non	N/C	Non	N/C	Pour le moment, l'Italie a inclus dans la liste des conventions fiscales couvertes uniquement les juridictions qui étaient membres du Groupe ad hoc sur l'IM à la date à laquelle l'Italie a signé l'IM.
47	Lettonie	Non	N/C	Oui	N/C	
48	Liban*	Non	N/C	Oui	N/C	
49	Lituanie	Non	N/C	Oui	N/C	
50	Luxembourg	Non	N/C	Oui	N/C	
51	Malaisie	Non	N/C	Oui	N/C	
52	Malte	Non	N/C	Oui	N/C	
53	Maurice	Non	N/C	Oui	N/C	
54	Mexique	Non	N/C	Oui	N/C	
55	Moldova*	Non	N/C	Oui	N/C	
56	Monténégro	Non	N/C	Non	N/C	Pour le moment, l'Italie a inclus dans la liste des conventions fiscales couvertes uniquement les juridictions qui étaient membres du Groupe ad hoc sur l'IM à la date à laquelle l'Italie a signé l'IM.
57	Maroc	Non	N/C	Oui	N/C	
58	Mozambique*	Non	N/C	Non	N/C	Pour le moment, l'Italie a inclus dans la liste des conventions fiscales couvertes uniquement les juridictions qui étaient membres du Groupe ad hoc sur l'IM à la date à laquelle l'Italie a signé l'IM.
59	Pays-Bas	Non	N/C	Oui	N/C	
60	Nouvelle-Zélande	Non	N/C	Oui	N/C	
62	Macédoine du Nord	Non	N/C	Non	N/C	Cette convention devrait être incluse dans la liste révisée des conventions fiscales couvertes de l'Italie qui n'a pas été actualisée à la date du présent rapport.
63	Norvège	Non	N/C	Oui	N/C	L'autre juridiction n'a pas notifié cette convention en tant que

						convention fiscale couverte aux fins de l'IM.
63	Oman	Non	N/C	Non	N/C	Cette convention devrait être incluse dans la liste révisée des conventions fiscales couvertes de l'Italie qui n'a pas été actualisée à la date du présent rapport.
64	Pakistan	Non	N/C	Oui	N/C	
65	Panama	Non	N/C	Non	N/C	Cette convention devrait être incluse dans la liste révisée des conventions fiscales couvertes de l'Italie qui n'a pas été actualisée à la date du présent rapport.
66	Philippines*	Non	N/C	Oui	N/C	
67	Pologne	Non	N/C	Oui	N/C	
68	Portugal	Non	N/C	Oui	N/C	
69	Qatar	Non	N/C	Oui	N/C	
70	Roumanie	Non	N/C	Oui	N/C	
71	Russie	Non	N/C	Oui	N/C	
72	Saint-Marin	Non	N/C	Oui	N/C	
73	Arabie saoudite	Non	N/C	Oui	N/C	
74	Sénégal	Non	N/C	Oui	N/C	
75	Serbie	Non	N/C	Oui	N/C	
76	Singapour	Non	N/C	Oui	N/C	
77	République slovaque	Non	N/C	Oui	N/C	
78	Slovénie	Non	N/C	Oui	N/C	
79	Afrique du Sud	Non	N/C	Oui	N/C	
80	Espagne	Non	N/C	Oui	N/C	
81	Sri Lanka	Non	N/C	Oui	N/C	
82	Suède	Non	N/C	Oui	N/C	
83	Suisse	Non	N/C	Oui	N/C	
84	République arabe syrienne*	Non	N/C	Non	N/C	Pour le moment, l'Italie a inclus dans la liste des conventions fiscales couvertes uniquement les juridictions qui étaient membres du Groupe ad hoc sur l'IM à la date à laquelle l'Italie a signé l'IM.
85	Tadjikistan*	Non	N/C	Non	N/C	Pour le moment, l'Italie a inclus dans la liste des conventions fiscales couvertes uniquement les juridictions qui étaient membres du Groupe ad hoc sur l'IM à la date à laquelle l'Italie a signé l'IM.
86	Tanzanie*	Non	N/C	Oui	N/C	
87	Thaïlande	Non	N/C	Oui	N/C	
88	Trinité-et-Tobago	Non	N/C	Non	N/C	Pour le moment, l'Italie a inclus dans la liste des conventions fiscales couvertes uniquement les juridictions qui étaient membres du Groupe ad hoc sur l'IM à la date à laquelle l'Italie a signé l'IM.
89	Tunisie	Non	N/C	Oui	N/C	
90	Turquie	Non	N/C	Oui	N/C	
91	Ouganda*	Non	N/C	Oui	N/C	
92	Ukraine	Non	N/C	Oui	N/C	
93	Émirats arabes unis	Non	N/C	Oui	N/C	
94	Royaume-Uni	Non	N/C	Oui	N/C	
95	États-Unis	Non	N/C	Oui	N/C	La convention contient déjà une

						règle LOB. Toutefois, le préambule n'y figure pas, mais pourrait être ajouté sous réserve que l'IM soit signé par l'autre juridiction.
96	Ouzbékistan*	Non	N/C	Non	N/C	Pour le moment, l'Italie a inclus dans la liste des conventions fiscales couvertes uniquement les juridictions qui étaient membres du Groupe ad hoc sur l'IM à la date à laquelle l'Italie a signé l'IM.
97	Venezuela*	Non	N/C	Non	N/C	Pour le moment, l'Italie a inclus dans la liste des conventions fiscales couvertes uniquement les juridictions qui étaient membres du Groupe ad hoc sur l'IM à la date à laquelle l'Italie a signé l'IM.
98	Viet Nam	Non	N/C	Oui	N/C	
99	Zambie	Non	N/C	Oui	N/C	

Jamaïque

A. Progrès dans la mise en œuvre du standard minimum

La Jamaïque compte 14 conventions fiscales en vigueur, comme l'indique sa réponse au questionnaire d'examen par les pairs, y compris la convention multilatérale entre les membres de la CARICOM conclue avec dix de ses partenaires (la convention de la CARICOM)[73].

La Jamaïque a signé l'IM en 2018 et a notifié ses conventions bilatérales non conformes.

La Jamaïque met en œuvre le standard minimum par l'inclusion de la disposition de la déclaration du préambule et de la règle COP associée à la règle LOB[74].

Les conventions qui seront modifiées par l'IM deviendront conformes au standard minimum une fois que les dispositions de l'IM auront pris effet.

B. Difficultés de mise en œuvre

Les conventions notifiées par la Jamaïque aux fins de l'IM deviendront conformes une fois que celle-ci aura ratifié l'IM. La Jamaïque est invitée à ratifier l'IM le plus rapidement possible. La Jamaïque a indiqué avoir engagé la procédure législative prévue aux fins de la ratification de l'IM, qu'elle prévoit de ratifier au premier semestre 2021.

La Jamaïque est invitée à actualiser la convention de la CARICOM en engageant des négociations avec l'ensemble de ses partenaires[75].

Synthèse de la réponse de la juridiction – Jamaïque

	Partenaires de convention	Conformité avec le standard	Si conforme, méthode choisie	Signature d'un instrument de mise en conformité	Méthode choisie dans l'instrument de mise en conformité (si différent de l'IM)	Commentaires
1	Antigua-et-Barbuda	Non	N/C	Oui	N/C	CARICOM
2	Barbade	Non	N/C	Oui	N/C	CARICOM
3	Belize	Non	N/C	Oui	N/C	CARICOM
4	Canada	Non	N/C	Oui	N/C	
5	Chine (République populaire de)	Non	N/C	Oui	N/C	
6	Danemark	Non	N/C	Oui	N/C	
7	Dominique	Non	N/C	Oui	N/C	CARICOM
8	France	Non	N/C	Oui	N/C	
9	Allemagne	Non	N/C	Oui	N/C	
10	Grenade	Non	N/C	Oui	N/C	CARICOM

[73]Au total, la Jamaïque a identifié 23 « accords » dans sa liste des conventions fiscales : 13 conventions bilatérales et la convention de la CARICOM.

[74] Pour ses conventions notifiées aux fins de l'IM, la Jamaïque choisit d'appliquer la disposition de la déclaration du préambule (article 6 de l'IM) et la règle COP (article 7 de l'IM). La Jamaïque a opté pour la règle LOB simplifiée conformément à l'article 7(7)(a) de l'IM.

[75] Les révisions de la convention de la CARICOM nécessitent l'accord de ses onze partenaires.

11	Guyana*	Non	N/C	Oui	N/C	CARICOM
12	Israël	Non	N/C	Oui	N/C	
13	Mexique	Non	N/C	Oui	N/C	
14	Norvège	Non	N/C	Oui	N/C	
15	Saint-Kitts-et-Nevis	Non	N/C	Oui	N/C	CARICOM
16	Sainte-Lucie	Non	N/C	Oui	N/C	CARICOM
17	Saint-Vincent-et-les-Grenadines	Non	N/C	Oui	N/C	CARICOM
18	Espagne	Non	N/C	Oui	N/C	
19	Suède	Non	N/C	Oui	N/C	
20	Suisse	Non	N/C	Oui	N/C	
21	Trinité-et-Tobago	Non	N/C	Oui	N/C	CARICOM
22	Royaume-Uni	Non	N/C	Oui	N/C	
23	États-Unis	Non	N/C	Oui	N/C	

Japon

A. Progrès dans la mise en œuvre du standard minimum

Le Japon compte 73 conventions fiscales en vigueur, comme l'indique sa réponse au questionnaire d'examen par les pairs. Trente de ces conventions, celles conclues avec l'Allemagne, l'Australie, l'Autriche, la Belgique, le Canada, le Chili, la Croatie, le Danemark, les Émirats arabes unis, l'Équateur, l'Estonie; la Finlande, la France, l'Islande, l'Inde, l'Irlande, Israël, la Lettonie, la Lituanie, le Luxembourg, la Norvège, la Nouvelle-Zélande, les Pays-Bas, la Pologne, la République slovaque, le Royaume-Uni, la Russie, Singapour, la Slovénie et l'Ukraine, sont conformes au standard minimum.

Le Japon a signé l'IM en 2017, et déposé son instrument de ratification le 26 septembre 2018. L'IM est entré en vigueur pour le Japon le 1er janvier 2019. Le Japon n'a pas notifié ses conventions avec l'Arménie, le Brésil, le Brunei Darussalam, l'Espagne, les États-Unis, la Géorgie, le Sri Lanka, la Suisse, la Thaïlande, le Viet Nam et la Zambie. Aussi, à ce stade, ces conventions avec les membres du Cadre inclusif ne seront pas modifiées par l'IM.

Le Japon a également signé un instrument bilatéral de mise en conformité pour une de ses conventions, celle avec l'Espagne.

Le Japon a indiqué dans sa réponse au questionnaire d'examen par les pairs que les conventions qui ne sont pas notifiées aux fins de l'IM ont été conclues avec des partenaires qui n'avaient pas adhéré à l'IM ou qui avaient adhéré à l'IM mais n'avaient pas notifié les conventions conclues avec le Japon. Le Japon a indiqué qu'il notifierait ces conventions une fois que ces partenaires auront ratifié l'IM ou notifié leurs conventions avec le Japon. À titre d'exemple, le Japon a notifié ses conventions avec Oman et avec le Qatar dès qu'ils ont eu ratifié l'IM.

Le Japon met en œuvre le standard minimum par l'inclusion de la déclaration du préambule et de la règle COP pour ses conventions conformes avec le Canada, le Chili, les Émirats arabes unis, l'Équateur, la Finlande, l'Inde; l'Irlande, Israël, le Luxembourg, la Norvège, la Pologne, la République slovaque, Singapour, la Slovénie et l'Ukraine. Le Japon met en œuvre le standard minimum par l'inclusion de la déclaration du préambule et de la règle COP associée à la règle LOB pour ses conventions conformes avec l'Allemagne, l'Australie, l'Autriche, la Belgique, la Croatie, le Danemark, l'Estonie, la France, l'Islande, la Lettonie, la Lituanie, la Nouvelle-Zélande, les Pays-Bas, la Russie et le Royaume-Uni[76].

Les conventions qui seront modifiées par l'IM deviendront conformes au standard minimum une fois que les dispositions de l'IM auront pris effet.

B. Difficultés de mise en œuvre

Aucune juridiction n'a signalé de préoccupation relative à ses conventions conclues avec le Japon.

[76] Pour 39 de ses conventions notifiées aux fins de l'IM, le Japon choisit d'appliquer la disposition de la déclaration du préambule (article 6 de l'IM). Pour 39 de ses conventions notifiées aux fins de l'IM, le Japon choisit d'appliquer la règle COP (article 7 de l'IM). Le Japon a formulé une réserve conformément à l'article 6(4) de l'IM afin de ne pas appliquer l'article 6(1) de l'IM concernant les conventions qui contiennent déjà la version adéquate du préambule. L'une des conventions du Japon entre dans le champ de cette réserve.

Synthèse de la réponse de la juridiction – Japon

	Partenaires de convention	Conformité avec le standard	Si conforme, méthode choisie	Signature d'un instrument de mise en conformité	Méthode choisie dans l'instrument de mise en conformité (si différent de l'IM)	Commentaires
1	Arménie	Non	N/C	Non	N/C	
2	Australie	Oui	COP et LOB	N/C	N/C	
3	Autriche	Oui	COP et LOB	N/C	N/C	
4	Azerbaïdjan*	Non	N/C	Non	N/C	
5	Bangladesh*	Non	N/C	Non	N/C	
6	Bélarus*	Non	N/C	Non	N/C	
7	Belgique	Oui	COP et LOB	N/C	N/C	
8	Brésil	Non	N/C	Non	N/C	
9	Brunei Darussalam	Non	N/C	Non	N/C	
10	Bulgarie	Non	N/C	Oui	N/C	
11	Canada	Oui	COP uniquement	N/C	N/C	
12	Chili	Oui	COP uniquement	N/C	N/C	
13	Chine (République populaire de)	Non	N/C	Oui	N/C	
14	Croatie	Oui	COP et LOB	N/C	N/C	
15	République tchèque	Non	N/C	Oui	N/C	
16	Danemark	Oui	COP et LOB	N/C	N/C	
17	Équateur*	Oui	COP uniquement	N/C	N/C	
18	Égypte	Non	N/C	Oui	N/C	
19	Estonie	Oui	COP et LOB	N/C	N/C	
20	Fidji*	Non	N/C	Oui	N/C	
21	Finlande	Oui	COP uniquement	N/C	N/C	
22	France	Oui	COP et LOB	N/C	N/C	
23	Géorgie	Non	N/C	Non	N/C	
24	Allemagne	Oui	COP et LOB	N/C	N/C	
25	Hong Kong (Chine)	Non	N/C	Oui	N/C	
26	Hongrie	Non	N/C	Oui	N/C	
27	Islande	Oui	COP et LOB	N/C	N/C	
28	Inde	Oui	COP uniquement	N/C	N/C	
29	Indonésie	Non	N/C	Oui	N/C	
30	Irlande	Oui	COP uniquement	N/C	N/C	
31	Israël	Oui	COP uniquement	N/C	N/C	
32	Italie	Non	N/C	Oui	N/C	
33	Kazakhstan	Non	N/C	Oui	N/C	
34	Corée	Non	N/C	Oui	N/C	
35	Koweït*	Non	N/C	Oui	N/C	
36	Kirghizistan*	Non	N/C	Non	N/C	
37	Lettonie	Oui	COP et LOB	N/C	N/C	
38	Lituanie	Oui	COP et LOB	N/C	N/C	
39	Luxembourg	Oui	COP uniquement	N/C	N/C	
40	Malaisie	Non	N/C	Oui	N/C	
41	Mexique	Non	N/C	Oui	N/C	
42	Moldova*	Non	N/C	Non	N/C	
43	Pays-Bas	Oui	COP et LOB	N/C	N/C	
44	Nouvelle-Zélande	Oui	COP et LOB	N/C	N/C	
45	Norvège	Oui	COP uniquement	N/C	N/C	
46	Oman	Non	N/C	Oui	N/C	

47	Pakistan	Non	N/C	Oui	N/C	
48	Philippines*	Non	N/C	Non	N/C	
49	Pologne	Oui	COP uniquement	N/C	N/C	
50	Portugal	Non	N/C	Oui	N/C	
51	Qatar	Non	N/C	Oui	N/C	
52	Roumanie	Non	N/C	Oui	N/C	
53	Russie	Oui	COP et LOB	N/C	N/C	
54	Arabie saoudite	Non	N/C	Oui	N/C	
55	Singapour	Oui	COP uniquement	N/C	N/C	
56	République slovaque	Oui	COP uniquement	N/C	N/C	
57	Slovénie	Oui	COP uniquement	N/C	N/C	
58	Afrique du Sud	Non	N/C	Oui	N/C	
59	Espagne	Non	N/C	Oui	COP et LOB	
60	Sri Lanka	Non	N/C	Non	N/C	
61	Suède	Non	N/C	Oui	N/C	
62	Suisse	Non	N/C	Non	N/C	
63	Tadjikistan*	Non	N/C	Non	N/C	
64	Thaïlande	Non	N/C	Non	N/C	
65	Turquie	Non	N/C	Oui	N/C	
66	Turkménistan*	Non	N/C	Non	N/C	
67	Ukraine	Oui	COP uniquement	N/C	N/C	
68	Émirats arabes unis	Oui	COP uniquement	N/C	N/C	
69	Royaume-Uni	Oui	COP et LOB	N/C	N/C	
70	États-Unis	Non	N/C	Non	N/C	
71	Ouzbékistan*	Non	N/C	Oui	COP et LOB	
72	Viet Nam	Non	N/C	Non	N/C	
73	Zambie	Non	N/C	Non	N/C	

Jersey

A. Progrès dans la mise en œuvre du standard minimum

Jersey compte 15 conventions fiscales en vigueur, comme l'indique sa réponse au questionnaire d'examen par les pairs. Six de ces conventions, celles conclues avec les Émirats arabes unis, le Liechtenstein, le Luxembourg, Malte, Singapour et le Royaume-Uni sont conformes au standard minimum.

Jersey a signé l'IM en 2017, et déposé son instrument de ratification le 15 décembre 2018. L'IM est entré en vigueur pour Jersey le 1er juillet 2018. Jersey n'a pas notifié sa convention avec Maurice. Aussi, à ce stade, cette convention ne sera pas modifiée par l'IM. Maurice a notifié sa convention avec Jersey aux fins de l'IM.

Jersey met en œuvre le standard minimum par l'inclusion de la déclaration du préambule et de la règle COP[77].

Les conventions qui seront modifiées par l'IM deviendront conformes au standard minimum une fois que les dispositions de l'IM auront pris effet.

B. Difficultés de mise en œuvre

Comme mentionné précédemment, Jersey n'a pas notifié sa convention avec Maurice aux fins de l'IM. Notifier cette convention aux fins de l'IM ou engager des renégociations bilatérales dans le but de mettre en œuvre le standard minimum permettrait de transposer le standard minimum dans cette convention non couverte.

Synthèse de la réponse de la juridiction – Jersey

	Partenaires de convention	Conformité avec le standard	Si conforme, méthode choisie	Signature d'un instrument de mise en conformité	Méthode choisie dans l'instrument de mise en conformité (si différent de l'IM)	Commentaires
1	Chypre*	Non	N/C	Oui	N/C	
2	Estonie	Non	N/C	Oui	N/C	
3	Guernesey	Non	N/C	Non	N/C	
4	Hong Kong (Chine)	Non	N/C	Oui	N/C	
5	Île de Man	Non	N/C	Non	N/C	
6	Liechtenstein	Oui	COP uniquement	N/C	N/C	
7	Luxembourg	Oui	COP uniquement	N/C	N/C	
8	Malte	Oui	COP uniquement	N/C	N/C	
9	Maurice	Non	N/C	Non	N/C	
10	Qatar	Non	N/C	Oui	N/C	
11	Rwanda*	Non	N/C	Oui	N/C	
12	Seychelles	Non	N/C	Oui	N/C	
13	Singapour	Oui	COP uniquement	N/C	N/C	
14	Émirats arabes unis	Oui	COP uniquement	N/C	N/C	
15	Royaume-Uni	Oui	COP uniquement	N/C	N/C	

77 Pour ses conventions notifiées aux fins de l'IM, Jersey choisit d'appliquer la disposition de la déclaration du préambule (article 6 de l'IM) et la règle COP (article 7 de l'IM).

Jordanie

A. Progrès dans la mise en œuvre du standard minimum

La Jordanie compte 36 conventions fiscales en vigueur, comme l'indique sa réponse au questionnaire d'examen par les pairs.

La Jordanie a signé l'IM en 2019 et a déposé son instrument de ratification le 22 septembre 2020. L'IM entrera en vigueur pour la Jordanie le 1er janvier 2021.

La Jordanie met en œuvre le standard minimum par l'inclusion de la déclaration du préambule et de la règle COP[78].

Les conventions qui seront modifiées par l'IM deviendront conformes au standard minimum une fois que les dispositions de l'IM auront pris effet.

B. Difficultés de mise en œuvre

Aucune juridiction n'a signalé de préoccupation relative à ses conventions conclues avec la Jordanie

Synthèse de la réponse de la juridiction – Jordanie

	Partenaires de convention	Conformité avec le standard	Si conforme, méthode choisie	Signature d'un instrument de mise en conformité	Méthode choisie dans l'instrument de mise en conformité (si différent de l'IM)	Commentaires
1	Algérie*	Non	N/C	Oui	N/C	
2	Azerbaïdjan*	Non	N/C	Oui	N/C	
3	Bahreïn	Non	N/C	Oui	N/C	
4	Bosnie-Herzégovine	Non	N/C	Oui	N/C	
5	Bulgarie	Non	N/C	Oui	N/C	
6	Canada	Non	N/C	Oui	N/C	
7	Croatie	Non	N/C	Oui	N/C	
8	République tchèque	Non	N/C	Oui	N/C	
9	Égypte	Non	N/C	Oui	N/C	
10	France	Non	N/C	Oui	N/C	
11	Inde	Non	N/C	Oui	N/C	
12	Indonésie	Non	N/C	Oui	N/C	
13	Iran*	Non	N/C	Oui	N/C	
14	Italie	Non	N/C	Oui	N/C	
15	Corée	Non	N/C	Oui	N/C	
16	Koweït*	Non	N/C	Oui	N/C	
17	Liban*	Non	N/C	Oui	N/C	
18	Malaisie	Non	N/C	Oui	N/C	
19	Malte	Non	N/C	Oui	N/C	
20	Maroc	Non	N/C	Oui	N/C	
21	Pays-Bas	Non	N/C	Oui	N/C	

[78] Pour ses conventions notifiées aux fins de l'IM, Jersey choisit d'appliquer la disposition de la déclaration du préambule (article 6 de l'IM) et la règle COP (article 7 de l'IM).

22	Palestine*	Non	N/C	Oui	N/C	
23	Pakistan	Non	N/C	Oui	N/C	
24	Pologne	Non	N/C	Oui	N/C	
25	Qatar	Non	N/C	Oui	N/C	
26	Roumanie	Non	N/C	Oui	N/C	
27	Arabie saoudite	Non	N/C	Oui	N/C	
28	Soudan*	Non	N/C	Oui	N/C	
29	Syrie*	Non	N/C	Oui	N/C	
30	Tunisie	Non	N/C	Oui	N/C	
31	Turquie	Non	N/C	Oui	N/C	
32	Ukraine	Non	N/C	Oui	N/C	
33	Émirats arabes unis	Non	N/C	Oui	N/C	
34	Royaume-Uni	Non	N/C	Oui	N/C	
35	Ouzbékistan*	Non	N/C	Oui	N/C	
36	Yémen*	Non	N/C	Oui	N/C	

Kazakhstan

A. Progrès dans la mise en œuvre du standard minimum

Le Kazakhstan compte 55 conventions fiscales en vigueur, ainsi que l'indique sa réponse au questionnaire d'examen par les pairs.

Le Kazakhstan signé l'IM en 2018 et a déposé son instrument de ratification le 24 juin 2020. L'IM entrera en vigueur pour le Kazakhstan le 1er octobre 2020.

Le Kazakhstan met en œuvre le standard minimum par l'inclusion de la disposition de la déclaration du préambule et de la règle COP associée à la règle LOB[79].

Les conventions qui seront modifiées par l'IM deviendront conformes au standard minimum une fois que les dispositions de l'IM auront pris effet.

B. Difficultés de mise en œuvre

Aucune juridiction n'a signalé de préoccupation relative à ses conventions conclues avec le Kazakhstan.

Synthèse de la réponse de la juridiction – Kazakhstan

	Partenaires de convention	Conformité avec le standard	Si conforme, méthode choisie	Signature d'un instrument de mise en conformité	Méthode choisie dans l'instrument de mise en conformité (si différent de l'IM)	Commentaires
1	Arménie	Non	N/C	Oui	N/C	
2	Autriche	Non	N/C	Oui	N/C	
3	Azerbaïdjan*	Non	N/C	Oui	N/C	
4	Bélarus*	Non	N/C	Oui	N/C	
5	Belgique	Non	N/C	Oui	N/C	
6	Bulgarie	Non	N/C	Oui	N/C	
7	Canada	Non	N/C	Oui	N/C	
8	Chine (République populaire de)	Non	N/C	Oui	N/C	
9	Croatie	Non	N/C	Oui	N/C	
10	Chypre*	Non	N/C	Non	N/C	Partiellement conforme. La convention contient une règle COP, mais pas de préambule conforme.
11	République tchèque	Non	N/C	Oui	N/C	
12	Estonie	Non	N/C	Oui	N/C	
13	Finlande	Non	N/C	Oui	N/C	
14	France	Non	N/C	Oui	N/C	
15	Géorgie	Non	N/C	Oui	N/C	

[79] Pour ses conventions notifiées aux fins de l'IM, le Kazakhstan choisit d'appliquer la disposition de la déclaration du préambule (article 6 de l'IM) et la règle COP (article 7 de l'IM). Le Kazakhstan a également opté pour la règle LOB simplifiée conformément à l'article 7(6) de l'IM.

16	Allemagne	Non	N/C	Oui	N/C	
17	Hongrie	Non	N/C	Oui	N/C	
18	Inde	Non	N/C	Oui	N/C	
19	Iran*	Non	N/C	Oui	N/C	
20	Irlande	Non	N/C	Oui	N/C	
21	Italie	Non	N/C	Oui	N/C	
22	Japon	Non	N/C	Oui	N/C	
23	Corée	Non	N/C	Oui	N/C	
24	Kirghizistan*	Non	N/C	Oui	N/C	
25	Lettonie	Non	N/C	Oui	N/C	
26	Lituanie	Non	N/C	Oui	N/C	
27	Luxembourg	Non	N/C	Oui	N/C	
28	Malaisie	Non	N/C	Oui	N/C	
29	Moldova*	Non	N/C	Oui	N/C	
30	Mongolie	Non	N/C	Oui	N/C	
31	Pays-Bas	Non	N/C	Oui	N/C	
32	Macédoine du Nord	Non	N/C	Oui	N/C	
33	Norvège	Non	N/C	Oui	N/C	
34	Pakistan	Non	N/C	Oui	N/C	
35	Pologne	Non	N/C	Oui	N/C	
36	Qatar	Non	N/C	Oui	N/C	
37	Roumanie	Non	N/C	Oui	N/C	
38	Russie	Non	N/C	Oui	N/C	
39	Arabie saoudite	Non	N/C	Oui	N/C	
40	Serbie	Non	N/C	Oui	N/C	
41	Singapour	Non	N/C	Oui	N/C	
42	République slovaque	Non	N/C	Oui	N/C	
43	Slovénie	Non	N/C	Oui	N/C	
44	Espagne	Non	N/C	Oui	N/C	
45	Suède	Non	N/C	Oui	N/C	
46	Suisse	Non	N/C	Oui	N/C	
47	Tadjikistan*	Non	N/C	Oui	N/C	
48	Turquie	Non	N/C	Oui	N/C	
49	Turkménistan*	Non	N/C	Oui	N/C	
50	Ukraine	Non	N/C	Oui	N/C	
51	Émirats arabes unis	Non	N/C	Oui	N/C	
52	Royaume-Uni	Non	N/C	Oui	N/C	
53	États-Unis	Non	N/C	Oui	N/C	
54	Ouzbékistan*	Non	N/C	Oui	N/C	
55	Viet Nam	Non	N/C	Oui	N/C	

Kenya

A. Progrès dans la mise en œuvre du standard minimum

Le Kenya compte 15 conventions fiscales en vigueur, comme l'indique sa réponse au questionnaire d'examen par les pairs.

Le Kenya a signé l'IM en 2019 et n'a pas notifié ses conventions avec l'Allemagne, la Corée et la Zambie. Aussi, à ce stade, ces conventions ne seront pas modifiées par l'IM.

Le Kenya met en œuvre le standard minimum par l'inclusion de la déclaration du préambule et de la règle COP[80].

Les conventions qui seront modifiées par l'IM deviendront conformes au standard minimum une fois que les dispositions de l'IM auront pris effet.

B. Difficultés de mise en œuvre

Les conventions notifiées par le Kenya aux fins de l'IM deviendront conformes une fois que le pays aura ratifié l'IM. Le Kenya est invité à ratifier l'IM le plus rapidement possible.

Comme mentionné précédemment, le Kenya n'a pas notifié ses conventions avec l'Allemagne, la Corée et la Zambie aux fins de l'IM. Notifier ces conventions aux fins de l'IM ou engager des renégociations bilatérales dans le but de mettre en œuvre le standard minimum permettrait de transposer le standard minimum dans ces conventions non couvertes.

Synthèse de la réponse de la juridiction – Kenya

	Partenaires de convention	Conformité avec le standard	Si conforme, méthode choisie	Signature d'un instrument de mise en conformité	Méthode choisie dans l'instrument de mise en conformité (si différent de l'IM)	Commentaires
1	Canada	Non	N/C	Oui	N/C	
2	Danemark	Non	N/C	Oui	N/C	
3	France	Non	N/C	Oui	N/C	
4	Allemagne	Non	N/C	Non	N/C	
5	Inde	Non	N/C	Oui	N/C	
6	Iran*	Non	N/C	Non	N/C	
7	Corée	Non	N/C	Non	N/C	
8	Norvège	Non	N/C	Oui	N/C	
9	Qatar	Non	N/C	Oui	N/C	
10	Seychelles	Non	N/C	Oui	N/C	
11	Afrique du Sud	Non	N/C	Oui	N/C	
12	Suède	Non	N/C	Oui	N/C	
13	Émirats arabes unis	Non	N/C	Oui	N/C	
14	Royaume-Uni	Non	N/C	Oui	N/C	
15	Zambie	Non	N/C	Non	N/C	

80 Pour ses conventions notifiées aux fins de l'IM, le Kenya choisit d'appliquer la disposition de la déclaration du préambule (article 6 de l'IM) et la règle COP (article 7 de l'IM).

Corée

A. Progrès dans la mise en œuvre du standard minimum

La Corée compte 93 conventions fiscales en vigueur, comme l'indique sa réponse au questionnaire d'examen par les pairs. Quatre de ces conventions, celles conclues avec les Émirats arabes unis, la République tchèque, Singapour et le Turkménistan*, sont conformes au standard minimum.

La Corée a signé l'IM en 2017, et déposé son instrument de ratification le mercredi 13 mai 2020. L'IM entrera en vigueur pour la Corée le 1e [er] septembre 2020. La Corée n'a pas notifié ses conventions avec l'Albanie, l'Allemagne, l'Autriche, le Brésil et la Turquie. Aussi, à ce stade, ces conventions ne seront pas modifiées par l'IM.

La Corée a également signé un instrument bilatéral de mise en conformité avec la Suisse et l'Ouzbékistan*.

La Corée a indiqué dans sa réponse au questionnaire d'examen par les pairs que des négociations bilatérales seraient engagées pour ses conventions avec l'Albanie*, l'Allemagne, l'Autriche, le Bélarus*, le Brésil, l'Équateur, l'Éthiopie*, l'Iran*, le Kirghizistan*, le Myanmar*, le Népal*, la Norvège, la République démocratique populaire lao*, le Tadjikistan*, la Turquie et le Venezuela*.

La Corée met en œuvre le standard minimum par l'inclusion de la déclaration du préambule et de la règle CO[81].

Les conventions qui seront modifiées par l'IM deviendront conformes au standard minimum une fois que les dispositions de l'IM auront pris effet.

B. Difficultés de mise en œuvre

Aucune juridiction n'a signalé de préoccupation relative à ses conventions conclues avec la Corée.

Synthèse de la réponse de la juridiction – Corée

	Partenaires de convention	Conformité avec le standard	Si conforme, méthode choisie	Signature d'un instrument de mise en conformité	Méthode choisie dans l'instrument de mise en conformité (si différent de l'IM)	Commentaires
1	Albanie	Non	N/C	Non	N/C	
2	Algérie*	Non	N/C	Oui	N/C	
3	Australie	Non	N/C	Oui	N/C	
4	Autriche	Non	N/C	Non	N/C	
5	Azerbaïdjan*	Non	N/C	Oui	N/C	
6	Bahreïn	Non	N/C	Oui	N/C	
7	Bangladesh*	Non	N/C	Oui	N/C	
8	Bélarus*	Non	N/C	Non	N/C	
9	Belgique	Non	N/C	Oui	N/C	
10	Brésil	Non	N/C	Non	N/C	

[81] Pour ses conventions notifiées aux fins de l'IM, la Corée choisit d'appliquer la disposition de la déclaration du préambule (article 6 de l'IM) et la règle COP (article 7 de l'IM).

11	Brunei Darussalam	Non	N/C	Oui	N/C	
12	Bulgarie	Non	N/C	Oui	N/C	
13	Canada	Non	N/C	Oui	N/C	
14	Chili	Non	N/C	Oui	N/C	
15	Chine (République populaire de)	Non	N/C	Oui	N/C	
16	Colombie	Non	N/C	Oui	N/C	
17	Croatie	Non	N/C	Oui	N/C	
18	République tchèque	Oui	COP uniquement	N/C	N/C	
19	Danemark	Non	N/C	Oui	N/C	
20	Équateur*	Non	N/C	Non	N/C	
21	Égypte	Non	N/C	Oui	N/C	
22	Estonie	Non	N/C	Oui	N/C	
23	Éthiopie*	Non	N/C	Non	N/C	
24	Fidji*	Non	N/C	Oui	N/C	
25	Finlande	Non	N/C	Oui	N/C	
26	France	Non	N/C	Oui	N/C	
27	Gabon	Non	N/C	Oui	N/C	
28	Géorgie	Non	N/C	Oui	N/C	
29	Allemagne	Non	N/C	Non	N/C	
30	Grèce	Non	N/C	Oui	N/C	
31	Hong Kong (Chine)	Non	N/C	Oui	N/C	
32	Hongrie	Non	N/C	Oui	N/C	
33	Islande	Non	N/C	Oui	N/C	
34	Inde	Non	N/C	Oui	N/C	
35	Indonésie	Non	N/C	Oui	N/C	
36	Iran*	Non	N/C	Non	N/C	
37	Irlande	Non	N/C	Oui	N/C	
38	Israël	Non	N/C	Oui	N/C	
39	Italie	Non	N/C	Oui	N/C	
40	Japon	Non	N/C	Oui	N/C	
41	Jordanie	Non	N/C	Oui	N/C	
42	Kazakhstan	Non	N/C	Oui	N/C	
43	Kenya	Non	N/C	Oui	N/C	
44	Koweït*	Non	N/C	Oui	N/C	
45	Kirghizistan*	Non	N/C	Non	N/C	
46	République démocratique populaire lao*	Non	N/C	Non	N/C	
47	Lettonie	Non	N/C	Oui	N/C	
48	Lituanie	Non	N/C	Oui	N/C	
49	Luxembourg	Non	N/C	Oui	N/C	
50	Malaisie	Non	N/C	Oui	N/C	
51	Malte	Non	N/C	Oui	N/C	
52	Mexique	Non	N/C	Oui	N/C	
53	Mongolie	Non	N/C	Oui	N/C	
54	Maroc	Non	N/C	Oui	N/C	
55	Myanmar*	Non	N/C	Non	N/C	
56	Népal*	Non	N/C	Non	N/C	
57	Pays-Bas	Non	N/C	Oui	N/C	
58	Nouvelle-Zélande	Non	N/C	Oui	N/C	
59	Norvège	Non	N/C	Oui	N/C	
60	Oman	Non	N/C	Oui	N/C	
61	Pakistan	Non	N/C	Oui	N/C	
62	Panama	Non	N/C	Oui	N/C	
63	Papouasie-Nouvelle-Guinée	Non	N/C	Oui	N/C	

64	Pérou	Non	N/C	Oui	N/C	
65	Philippines*	Non	N/C	Oui	N/C	
66	Pologne	Non	N/C	Oui	N/C	
67	Portugal	Non	N/C	Oui	N/C	
68	Qatar	Non	N/C	Oui	N/C	
69	Roumanie	Non	N/C	Oui	N/C	
70	Russie	Non	N/C	Oui	N/C	
71	Arabie saoudite	Non	N/C	Oui	N/C	
72	Serbie	Non	N/C	Oui	N/C	
73	Singapour	Oui	COP uniquement	N/C	N/C	
74	République slovaque	Non	N/C	Oui	N/C	
75	Slovénie	Non	N/C	Oui	N/C	
76	Afrique du Sud	Non	N/C	Oui	N/C	
77	Espagne	Non	N/C	Oui	N/C	
78	Sri Lanka	Non	N/C	Oui	N/C	
79	Suède	Non	N/C	Oui	N/C	
80	Suisse	Non	N/C	Oui	COP uniquement	
81	Tadjikistan*	Non	N/C	Non	N/C	
82	Thaïlande	Non	N/C	Oui	N/C	
83	Tunisie	Non	N/C	Oui	N/C	
84	Turquie	Non	N/C	Non	N/C	
85	Turkménistan*	Oui	COP uniquement	N/C	N/C	
86	Ukraine	Non	N/C	Oui	N/C	
87	Émirats arabes unis	Oui	COP uniquement	N/C	N/C	
88	Royaume-Uni	Non	N/C	Oui	N/C	
89	États-Unis	Non	N/C	Oui	N/C	
90	Uruguay	Non	N/C	Oui	N/C	
91	Ouzbékistan*	Non	N/C	Oui	COP uniquement	
92	Venezuela*	Non	N/C	Non	N/C	
93	Viet Nam	Non	N/C	Oui	N/C	

Lettonie

A. Progrès dans la mise en œuvre du standard minimum

La Lettonie compte 62 conventions fiscales en vigueur, comme l'indique sa réponse au questionnaire d'examen par les pairs. Deux de ces conventions, celles avec le Japon et la Suisse, sont conformes au standard minimum.

La Lettonie e a signé l'IM en 2017, et déposé son instrument de ratification le 29 octobre 2019. L'IM est entré en vigueur pour la Lettonie le 1er février 2020. La Lettonie n'a pas notifié ses conventions avec l'Allemagne et la Macédoine du Nord, mais a indiqué dans sa réponse au questionnaire d'examen par les pairs que des négociations bilatérales seraient engagées concernant sa convention avec l'Allemagne. Aussi, à ce stade, ces conventions ne seront pas modifiées par l'IM. La Macédoine du Nord a notifié sa convention avec la Lettonie aux fins de l'IM.

La Lettonie met généralement en œuvre le standard minimum par l'inclusion de la déclaration du préambule et de la règle COP[82].

Les conventions qui seront modifiées par l'IM deviendront conformes au standard minimum une fois que les dispositions de l'IM auront pris effet.

B. Difficultés de mise en œuvre

Comme mentionné précédemment, la Lettonie n'a pas notifié sa convention avec la Macédoine du Nord aux fins de l'IM. Notifier cette convention aux fins de l'IM ou engager des renégociations bilatérales dans le but de mettre en œuvre le standard minimum permettrait de transposer le standard minimum dans cette convention non couverte.

Synthèse de la réponse de la juridiction – Lettonie

	Partenaires de convention	Conformité avec le standard	Si conforme, méthode choisie	Signature d'un instrument de mise en conformité	Méthode choisie dans l'instrument de mise en conformité (si différent de l'IM)	Commentaires
1	Albanie	Non	N/C	Oui	N/C	
2	Arménie	Non	N/C	Oui	N/C	
3	Autriche	Non	N/C	Oui	N/C	
4	Azerbaïdjan*	Non	N/C	Oui	N/C	
5	Bélarus*	Non	N/C	Oui	N/C	
6	Belgique	Non	N/C	Oui	N/C	
7	Bulgarie	Non	N/C	Oui	N/C	
8	Canada	Non	N/C	Oui	N/C	
9	Chine (République populaire de)	Non	N/C	Oui	N/C	
10	Croatie	Non	N/C	Oui	N/C	
11	Chypre*	Non	N/C	Oui	N/C	
12	République tchèque	Non	N/C	Oui	N/C	

82 Pour ses conventions notifiées aux fins de l'IM, la Lettonie choisit d'appliquer la disposition de la déclaration du préambule (article 6 de l'IM) et la règle COP (article 7 de l'IM).

13	Danemark	Non	N/C	Oui	N/C	
14	Estonie	Non	N/C	Oui	N/C	
15	Finlande	Non	N/C	Oui	N/C	
16	France	Non	N/C	Oui	N/C	
17	Géorgie	Non	N/C	Oui	N/C	
18	Allemagne	Non	N/C	Non	N/C	
19	Grèce	Non	N/C	Oui	N/C	
20	Hong Kong (Chine)	Non	N/C	Oui	N/C	
21	Hongrie	Non	N/C	Oui	N/C	
22	Islande	Non	N/C	Oui	N/C	
23	Inde	Non	N/C	Oui	N/C	
24	Irlande	Non	N/C	Oui	N/C	
25	Israël	Non	N/C	Oui	N/C	
26	Italie	Non	N/C	Oui	N/C	
27	Japon	Oui	COP et LOB	N/C	N/C	
28	Kazakhstan	Non	N/C	Oui	N/C	
29	Corée	Non	N/C	Oui	N/C	
30	Koweït*	Non	N/C	Oui	N/C	
31	Kirghizistan*	Non	N/C	Oui	N/C	
32	Lituanie	Non	N/C	Oui	N/C	
33	Luxembourg	Non	N/C	Oui	N/C	
34	Malte	Non	N/C	Oui	N/C	
35	Mexique	Non	N/C	Oui	N/C	
36	Moldova*	Non	N/C	Oui	N/C	
37	Monténégro	Non	N/C	Oui	N/C	
38	Maroc	Non	N/C	Oui	N/C	
39	Pays-Bas	Non	N/C	Oui	N/C	
40	Macédoine du Nord	Non	N/C	Non	N/C	
41	Norvège	Non	N/C	Oui	N/C	
42	Pologne	Non	N/C	Oui	N/C	
43	Portugal	Non	N/C	Oui	N/C	
44	Qatar	Non	N/C	Oui	N/C	
45	Roumanie	Non	N/C	Oui	N/C	
46	Russie	Non	N/C	Oui	N/C	
47	Serbie	Non	N/C	Oui	N/C	
48	Singapour	Non	N/C	Oui	N/C	
49	République slovaque	Non	N/C	Oui	N/C	
50	Slovénie	Non	N/C	Oui	N/C	
51	Espagne	Non	N/C	Oui	N/C	
52	Suède	Non	N/C	Oui	N/C	
53	Suisse	Oui	COP uniquement	N/C	N/C	
54	Tadjikistan*	Non	N/C	Oui	N/C	
55	Turquie	Non	N/C	Oui	N/C	
56	Turkménistan*	Non	N/C	Oui	N/C	
57	Ukraine	Non	N/C	Oui	N/C	
58	Émirats arabes unis	Non	N/C	Oui	N/C	
59	Royaume-Uni	Non	N/C	Oui	N/C	
60	États-Unis	Non	N/C	Oui	N/C	
61	Ouzbékistan*	Non	N/C	Oui	N/C	
62	Viet Nam	Non	N/C	Oui	N/C	

Libéria

A. Progrès dans la mise en œuvre du standard minimum

Le Libéria compte une convention fiscale en vigueur avec l'Allemagne, comme l'indique sa réponse au questionnaire d'examen par les pairs.

La convention conclue par le Libéria n'est pas conforme au standard minimum et ne fait pas l'objet d'un instrument de mise en conformité.

Le Libéria n'a pas signé l'IM.

Le Libéria a indiqué dans sa réponse au questionnaire d'examen par les pairs que des négociations bilatérales seraient engagées en vue de mettre la convention avec l'Allemagne en conformité avec le standard minimum.

B. Difficultés de mise en œuvre

Étant donné que le Libéria n'a pas adhéré à l'IM ni appliqué de mesures de lutte contre le chalandage fiscal dans sa convention, le Secrétariat lui proposera son aide pour élaborer un plan de mise en œuvre du standard minimum en vue de renforcer son réseau de conventions.

Synthèse de la réponse de la juridiction - Libéria

	Partenaires de convention	Conformité avec le standard	Si conforme, méthode choisie	Signature d'un instrument de mise en conformité	Méthode choisie dans l'instrument de mise en conformité (si différent de l'IM)	Commentaires
1	Allemagne	Non	N/C	Non	N/C	

Liechtenstein

A. Progrès dans la mise en œuvre du standard minimum

Le Liechtenstein compte 20 conventions fiscales en vigueur, comme l'indique sa réponse au questionnaire d'examen par les pairs. Cinq de ces conventions, celles conclues avec l'Autriche, l'Islande Jersey, la Lituanie et Monaco, sont conformes au standard minimum.

Le Liechtenstein a signé l'IM en 2017, et déposé son instrument de ratification le 19 décembre 2019. L'IM est entré en vigueur pour le Liechtenstein le 1er avril 2020. Les conventions avec l'Allemagne et avec la Suisse font l'objet d'un instrument de mise en conformité.

Le Liechtenstein met en œuvre le standard minimum par l'inclusion de la déclaration du préambule et de la règle COP[83].

Les conventions qui seront modifiées par l'IM deviendront conformes au standard minimum une fois que les dispositions de l'IM auront pris effet.

B. Difficultés de mise en œuvre

Aucune juridiction n'a signalé de préoccupation relative à ses conventions conclues avec le Liechtenstein.

Synthèse de la réponse de la juridiction – Liechtenstein

	Partenaires de convention	Conformité avec le standard	Si conforme, méthode choisie	Signature d'un instrument de mise en conformité	Méthode choisie dans l'instrument de mise en conformité (si différent de l'IM)	Commentaires
1	Andorre	Non	N/C	Oui	N/C	
2	Autriche	Oui	COP uniquement	N/C	N/C	
3	République tchèque	Non	N/C	Oui	N/C	
4	Géorgie	Non	N/C	Oui	N/C	
5	Allemagne	Non	N/C	Oui	N/C	La convention a été notifiée aux fins de l'IM ; le protocole, néanmoins, a été signé en octobre 2020.
6	Guernesey	Non	N/C	Oui	N/C	
7	Hong Kong (Chine)	Non	N/C	Oui	N/C	
8	Hongrie	Non	N/C	Oui	N/C	
9	Islande	Oui	COP uniquement	N/C	N/C	
10	Jersey	Oui	COP uniquement	N/C	N/C	
11	Lituanie	Oui	COP uniquement	N/C	N/C	
12	Luxembourg	Non	N/C	Oui	N/C	
13	Malte	Non	N/C	Oui	N/C	
14	Monaco	Oui	COP uniquement	N/C	N/C	
15	Saint-Marin	Non	N/C	Oui	N/C	

83 Pour ses conventions notifiées aux fins de l'IM, le Liechtenstein choisit d'appliquer la disposition de la déclaration du préambule (article 6 de l'IM) et la règle COP (article 7 de l'IM).

16	Singapour	Non	N/C	Oui	N/C	
17	Suisse	Non	N/C	Oui	COP uniquement	
18	Émirats arabes unis	Non	N/C	Oui	N/C	
19	Royaume-Uni	Non	N/C	Oui	N/C	
20	Uruguay	Non	N/C	Oui	N/C	

Lituanie

A. Progrès dans la mise en œuvre du standard minimum

La Lituanie compte 57 conventions fiscales en vigueur, comme l'indique sa réponse au questionnaire d'examen par les pairs. Vingt-cinq de ces conventions, celles conclues avec l'Autriche, la Belgique, le Canada, le Danemark, les Émirats arabes unis, la Finlande, la France, la Géorgie, l'Inde, l'Irlande, l'Islande, Israël, le Japon, le Liechtenstein, le Luxembourg, Malte, la Norvège, les Pays-Bas, la Pologne, la République slovaque, le Royaume-Uni, la Serbie, Singapour, la Slovénie et l'Ukraine, sont conformes au standard minimum.

La Lituanie a signé l'IM en 2017, et déposé son instrument de ratification le 11 septembre 2018. L'IM est entré en vigueur pour la Lituanie le 1er janvier 2019.

La Lituanie met généralement en œuvre le standard minimum par l'inclusion de la déclaration du préambule et de la règle COP[84].

Les conventions qui seront modifiées par l'IM deviendront conformes au standard minimum une fois que les dispositions de l'IM auront pris effet.

B. Difficultés de mise en œuvre

Aucune juridiction n'a signalé de préoccupation relative à ses conventions conclues avec la Lituanie.

Synthèse de la réponse de la juridiction – Lituanie

	Partenaires de convention	Conformité avec le standard	Si conforme, méthode choisie	Signature d'un instrument de mise en conformité	Méthode choisie dans l'instrument de mise en conformité (si différent de l'IM)	Commentaires
1	Arménie	Non	N/C	Oui	N/C	
2	Autriche	Oui	COP uniquement	N/C	N/C	
3	Azerbaïdjan*	Non	N/C	Oui	N/C	
4	Bélarus*	Non	N/C	Oui	N/C	
5	Belgique	Oui	COP uniquement	N/C	N/C	
6	Bulgarie	Non	N/C	Oui	N/C	
7	Canada	Oui	COP uniquement	N/C	N/C	
8	Chine (République populaire de)	Non	N/C	Oui	N/C	
9	Croatie	Non	N/C	Oui	N/C	
10	Chypre*	Non	N/C	Oui	N/C	
11	République tchèque	Non	N/C	Oui	N/C	
12	Danemark	Oui	COP uniquement	N/C	N/C	
13	Estonie	Non	N/C	Oui	N/C	Préambule manquant, partiellement conforme à la règle COP.
14	Finlande	Oui	COP uniquement	N/C	N/C	

84 Pour ses conventions notifiées aux fins de l'IM, la Lituanie choisit d'appliquer la disposition de la déclaration du préambule (article 6 de l'IM) et la règle COP (article 7 de l'IM).

15	France	Oui	COP uniquement	N/C	N/C	
16	Géorgie	Oui	COP uniquement	N/C	N/C	
17	Allemagne	Non	N/C	Oui	N/C	
18	Grèce	Non	N/C	Oui	N/C	
19	Hongrie	Non	N/C	Oui	N/C	
20	Islande	Oui	COP uniquement	N/C	N/C	
21	Inde	Oui	COP uniquement	N/C	N/C	
22	Irlande	Oui	COP uniquement	N/C	N/C	
23	Israël	Oui	COP uniquement	N/C	N/C	
24	Italie	Non	N/C	Oui	N/C	Préambule manquant, partiellement conforme à la règle COP.
25	Japon	Oui	COP et LOB	N/C	N/C	La convention a été signée le 13 juillet 2017 et est entrée en vigueur le 1er janvier 2019.
26	Kazakhstan	Non	N/C	Oui	N/C	Préambule manquant, partiellement conforme à la règle COP.
27	Corée	Non	N/C	Oui	N/C	
28	Koweït*	Non	N/C	Oui	N/C	
29	Kirghizistan*	Non	N/C	Oui	N/C	
30	Lettonie	Non	N/C	Oui	N/C	Préambule manquant, partiellement conforme à la règle COP.
31.	Liechtenstein	Oui	COP uniquement	N/C	N/C	La convention a été signée le 15 février 2019 et est entrée en vigueur le 19 février 2019. Ses dispositions prendront effet le 1er janvier 2021.
32	Luxembourg	Oui	COP uniquement	N/C	N/C	
33	Malte	Oui	COP uniquement	N/C	N/C	
34	Mexique	Non	N/C	Oui	N/C	Préambule manquant, partiellement conforme à la règle COP.
35	Moldova*	Non	N/C	Oui	N/C	
36	Maroc	Non	N/C	Oui	N/C	
37	Pays-Bas	Oui	COP uniquement	N/C	N/C	
38	Macédoine du Nord	Non	N/C	Oui	N/C	Préambule manquant, partiellement conforme à la règle COP.
39	Norvège	Oui	COP uniquement	N/C	N/C	
40	Pologne	Oui	COP uniquement	N/C	N/C	
41	Portugal	Non	N/C	Oui	N/C	
42	Roumanie	Non	N/C	Oui	N/C	
43	Russie	Non	N/C	Oui	N/C	Préambule manquant, partiellement conforme à la règle COP.
44	Serbie	Oui	COP uniquement	N/C	N/C	
45	Singapour	Oui	COP uniquement	N/C	N/C	
46	République slovaque	Oui	COP uniquement	N/C	N/C	
47	Slovénie	Oui	COP uniquement	N/C	N/C	
48	Espagne	Non	N/C	Oui	N/C	
49	Suède	Non	N/C	Oui	N/C	
50	Suisse	Non	N/C	Oui	N/C	
51	Turquie	Non	N/C	Oui	N/C	

52	Turkménistan*	Non	N/C	Oui	N/C	
53	Ukraine	Oui	COP uniquement	N/C	N/C	
54	Émirats arabes unis	Oui	COP uniquement	N/C	N/C	
55	Royaume-Uni	Oui	COP uniquement	N/C	N/C	
56	États-Unis	Non	N/C	Oui	N/C	Préambule manquant, partiellement conforme à la règle LOB.
57	Ouzbékistan*	Non	N/C	Oui	N/C	Préambule manquant, partiellement conforme à la règle COP.

Luxembourg

A. Progrès dans la mise en œuvre du standard minimum

Le Luxembourg compte 83 conventions fiscales en vigueur, comme l'indique sa réponse au questionnaire d'examen par les pairs. Trente-deux de ces conventions, celles conclues avec l'Autriche, la Belgique, le Canada, Chypre*, le Danemark, les Émirats arabes unis, la Finlande, la France, la Géorgie, Guernesey, l'Île de Man, l'Inde, l'Irlande, l'Islande, Israël, le Japon, Jersey, le Kosovo, la Lituanie, Malte, Monaco, la Norvège, l'Ouzbékistan*, les Pays-Bas, la Pologne, la République slovaque, le Royaume-Uni, le Sénégal, la Serbie, Singapour, la Slovénie et l'Ukraine, sont conformes au standard minimum.

Le Luxembourg a signé l'IM en 2017, et déposé son instrument de ratification le 9 avril 2019. L'IM est entré en vigueur pour le Luxembourg le 1er août 2019.

Le Luxembourg met en œuvre le standard minimum par l'inclusion de la déclaration du préambule et de la règle COP[85].

Les conventions qui seront modifiées par l'IM deviendront conformes au standard minimum une fois que les dispositions de l'IM auront pris effet.

B. Difficultés de mise en œuvre

Aucune juridiction n'a signalé de préoccupation relative à ses conventions conclues avec le Luxembourg.

Synthèse de la réponse de la juridiction – Luxembourg

	Partenaires de convention	Conformité avec le standard	Si conforme, méthode choisie	Signature d'un instrument de mise en conformité	Méthode choisie dans l'instrument de mise en conformité (si différent de l'IM)	Commentaires
1	Andorre	Non	N/C	Oui	N/C	
2	Arménie	Non	N/C	Oui	N/C	
3	Autriche	Oui	COP uniquement	N/C	N/C	
4	Azerbaïdjan*	Non	N/C	Oui	N/C	
5	Bahreïn	Non	N/C	Oui	N/C	
6	Barbade	Non	N/C	Oui	N/C	
7	Belgique	Oui	COP uniquement	N/C	N/C	
8	Brésil	Non	N/C	Oui	N/C	
9	Brunei Darussalam	Non	N/C	Oui	N/C	
10	Bulgarie	Non	N/C	Oui	N/C	
11	Canada	Oui	COP uniquement	N/C	N/C	

85 Pour ses conventions notifiées aux fins de l'IM, le Luxembourg choisit d'appliquer la disposition de la déclaration du préambule (article 6 de l'IM) et la règle COP (article 7 de l'IM).

12	Chine (République populaire de)	Non	N/C	Oui	N/C	
13	Taipei chinois*	Non	N/C	Oui	N/C	
14	Croatie	Non	N/C	Oui	N/C	
15	Chypre*	Oui	COP uniquement	N/C	N/C	
16	République tchèque	Non	N/C	Oui	N/C	
17	Danemark	Oui	COP uniquement	N/C	N/C	
18	Estonie	Non	N/C	Oui	N/C	
19	Finlande	Oui	COP uniquement	N/C	N/C	
20	France	Oui	COP uniquement	N/C	N/C	
21	Géorgie	Oui	COP uniquement	N/C	N/C	
22	Allemagne	Non	N/C	Oui	N/C	
23	Grèce	Non	N/C	Oui	N/C	
24	Guernesey	Oui	COP uniquement	N/C	N/C	
25	Hong Kong (Chine)	Non	N/C	Oui	N/C	
26	Hongrie	Non	N/C	Oui	N/C	
27	Islande	Oui	COP uniquement	N/C	N/C	
28	Inde	Oui	COP uniquement	N/C	N/C	
29	Indonésie	Non	N/C	Oui	N/C	
30	Irlande	Oui	COP uniquement	N/C	N/C	
31	Île de Man	Oui	COP uniquement	N/C	N/C	
32	Israël	Oui	COP uniquement	N/C	N/C	
33	Italie	Non	N/C	Oui	N/C	
34	Japon	Oui	COP uniquement	N/C	N/C	
35	Jersey	Oui	COP uniquement	N/C	N/C	
36	Kazakhstan	Non	N/C	Oui	N/C	
37	Corée	Non	N/C	Oui	N/C	
38	Kosovo*	Oui	COP uniquement	N/C	N/C	
39	République démocratique populaire lao*	Non	N/C	Oui	N/C	
40	Lettonie	Non	N/C	Oui	N/C	
41	Liechtenstein	Non	N/C	Oui	N/C	
42	Lituanie	Oui	COP uniquement	N/C	N/C	
43	Malaisie	Non	N/C	Oui	N/C	
44	Malte	Oui	COP uniquement	N/C	N/C	
45	Maurice	Non	N/C	Oui	N/C	
46	Mexique	Non	N/C	Oui	N/C	
47	Moldova*	Non	N/C	Oui	N/C	
48	Monaco	Oui	COP uniquement	N/C	N/C	
49	Maroc	Non	N/C	Oui	N/C	
50	Pays-Bas	Oui	COP	N/C	N/C	

			uniquement			
51	Macédoine du Nord	Non	N/C	Oui	N/C	
52	Norvège	Oui	COP uniquement	N/C	N/C	
53	Panama	Non	N/C	Oui	N/C	
54	Pologne	Oui	COP uniquement	N/C	N/C	
55	Portugal	Non	N/C	Oui	N/C	
56	Qatar	Non	N/C	Oui	N/C	
57	Roumanie	Non	N/C	Oui	N/C	
58	Russie	Non	N/C	Oui	N/C	
59	Saint-Marin	Non	N/C	Oui	N/C	
60	Arabie saoudite	Non	N/C	Oui	N/C	
61	Sénégal	Oui	COP uniquement	N/C	N/C	
62	Serbie	Oui	COP uniquement	N/C	N/C	
63	Seychelles	Non	N/C	Oui	N/C	
64	Singapour	Oui	COP uniquement	N/C	N/C	
65	République slovaque	Oui	COP uniquement	N/C	N/C	
66	Slovénie	Oui	COP uniquement	N/C	N/C	
67	Afrique du Sud	Non	N/C	Oui	N/C	
68	Espagne	Non	N/C	Oui	N/C	
69	Sri Lanka	Non	N/C	Oui	N/C	
70	Suède	Non	N/C	Oui	N/C	
71	Suisse	Non	N/C	Oui	N/C	
72	Tadjikistan*	Non	N/C	Oui	N/C	
73	Thaïlande	Non	N/C	Oui	N/C	
74	Trinité-et-Tobago	Non	N/C	Oui	N/C	
75	Tunisie	Non	N/C	Oui	N/C	
76	Turquie	Non	N/C	Oui	N/C	
77	Ukraine	Oui	COP uniquement	N/C	N/C	
78	Émirats arabes unis	Oui	COP uniquement	N/C	N/C	
79	Royaume-Uni	Oui	COP uniquement	N/C	N/C	
80	États-Unis	Non	N/C	Oui	N/C	
81	Uruguay	Non	N/C	Oui	N/C	
82	Ouzbékistan*	Oui	COP uniquement	N/C	N/C	
83	Viet Nam	Non	N/C	Oui	N/C	

Macao (Chine)

A. Progrès dans la mise en œuvre du standard minimum

Macao (Chine) compte quatre conventions fiscales en vigueur, comme l'indique sa réponse au questionnaire d'examen par les pairs.

Aucune des conventions conclues par Macao (Chine) n'est conforme au standard minimum ou ne fait l'objet d'un instrument de mise en conformité.

Macao (Chine) n'a pas adhéré à l'IM.

B. Difficultés de mise en œuvre

Étant donné que Macao (Chine) n'a pas adhéré à l'IM ni appliqué de mesures de lutte contre le chalandage fiscal dans ses conventions, le Secrétariat lui proposera son aide pour élaborer un plan de mise en œuvre du standard minimum en vue de renforcer son réseau de conventions.

Synthèse de la réponse de la juridiction - Macao (Chine)

	Partenaires de convention	Conformité avec le standard	Si conforme, méthode choisie	Signature d'un instrument de mise en conformité	Méthode choisie dans l'instrument de mise en conformité (si différent de l'IM)	Commentaires
1	Cabo Verde	Non	N/C	Non	N/C	
2	Mozambique*	Non	N/C	Non	N/C	
3	Portugal	Non	N/C	Non	N/C	
4	Viet Nam	Non	N/C	Non	N/C	

Malaisie

A. Progrès dans la mise en œuvre du standard minimum

La Malaisie compte 72 conventions fiscales en vigueur, comme l'indique sa réponse au questionnaire d'examen par les pairs.

La Malaisie a signé l'IM en 2018 et a notifié ses conventions bilatérales non conformes.

La Malaisie a indiqué dans sa réponse au questionnaire d'examen par les pairs que des négociations bilatérales seraient engagées concernant ses conventions avec l'Allemagne, l'Autriche, la Norvège et la Suisse.

La Malaisie met en œuvre le standard minimum par l'inclusion de la déclaration du préambule et de la règle COP[86].

Les conventions qui seront modifiées par l'IM deviendront conformes au standard minimum une fois que les dispositions de l'IM auront pris effet.

B. Difficultés de mise en œuvre

Les conventions notifiées par la Malaisie aux fins de l'IM deviendront conformes une fois que le pays aura ratifié l'IM. La Malaisie a indiqué qu'elle comptait déposer son instrument de ratification de l'IM début 2021.

Synthèse de la réponse de la juridiction – Malaisie

	Partenaires de convention	Conformité avec le standard	Si conforme, méthode choisie	Signature d'un instrument de mise en conformité	Méthode choisie dans l'instrument de mise en conformité (si différent de l'IM)	Commentaires
1	Albanie	Non	N/C	Oui	N/C	
2	Australie	Non	N/C	Oui	N/C	
3	Autriche	Non	N/C	Oui	N/C	
4	Bahreïn	Non	N/C	Oui	N/C	
5	Bangladesh*	Non	N/C	Oui	N/C	
6	Belgique	Non	N/C	Oui	N/C	
7	Bosnie-Herzégovine	Non	N/C	Oui	N/C	
8	Brunei Darussalam	Non	N/C	Oui	N/C	
9	Canada	Non	N/C	Oui	N/C	
10	Chili	Non	N/C	Oui	N/C	
11	Chine (République populaire de)	Non	N/C	Oui	N/C	
12	Croatie	Non	N/C	Oui	N/C	
13	République tchèque	Non	N/C	Oui	N/C	
14	Danemark	Non	N/C	Oui	N/C	
15	Égypte	Non	N/C	Oui	N/C	
16	Fidji*	Non	N/C	Oui	N/C	

86 Pour ses conventions notifiées aux fins de l'IM, la Malaisie choisit d'appliquer la disposition de la déclaration du préambule (article 6 de l'IM) et la règle COP (article 7 de l'IM).

17	Finlande	Non	N/C	Oui	N/C	
18	France	Non	N/C	Oui	N/C	
19	Allemagne	Non	N/C	Oui	N/C	
20	Hong Kong (Chine)	Non	N/C	Oui	N/C	
21	Hongrie	Non	N/C	Oui	N/C	
22	Inde	Non	N/C	Oui	N/C	
23	Indonésie	Non	N/C	Oui	N/C	
24	Iran*	Non	N/C	Oui	N/C	
25	Irlande	Non	N/C	Oui	N/C	
26	Italie	Non	N/C	Oui	N/C	
27	Japon	Non	N/C	Oui	N/C	
28	Jordanie	Non	N/C	Oui	N/C	
29	Kazakhstan	Non	N/C	Oui	N/C	
30	Corée	Non	N/C	Oui	N/C	
31	Koweït*	Non	N/C	Oui	N/C	
32	Kirghizistan*	Non	N/C	Oui	N/C	
33	République démocratique populaire lao*	Non	N/C	Oui	N/C	
34	Liban*	Non	N/C	Oui	N/C	
35	Luxembourg	Non	N/C	Oui	N/C	
36	Malte	Non	N/C	Oui	N/C	
37	Maurice	Non	N/C	Oui	N/C	
38	Mongolie	Non	N/C	Oui	N/C	
39	Maroc	Non	N/C	Oui	N/C	
40	Myanmar*	Non	N/C	Oui	N/C	
41	Namibie	Non	N/C	Oui	N/C	
42	Pays-Bas	Non	N/C	Oui	N/C	
43	Nouvelle-Zélande	Non	N/C	Oui	N/C	
44	Norvège	Non	N/C	Oui	N/C	
45	Pakistan	Non	N/C	Oui	N/C	
46	Papouasie-Nouvelle-Guinée	Non	N/C	Oui	N/C	
47	Philippines*	Non	N/C	Oui	N/C	
48	Pologne	Non	N/C	Oui	N/C	La Malaisie et la Pologne ont conclu une nouvelle convention fiscale, laquelle n'est pas encore entrée en vigueur. Cette nouvelle convention est notifiée dans la position de Malaisie sur l'IM.
49	Qatar	Non	N/C	Oui	N/C	
50	Roumanie	Non	N/C	Oui	N/C	
51	Russie	Non	N/C	Oui	N/C	
52	Saint-Marin	Non	N/C	Oui	N/C	
53	Arabie saoudite	Non	N/C	Oui	N/C	
54	Seychelles	Non	N/C	Oui	N/C	
55	Singapour	Non	N/C	Oui	N/C	
56	République slovaque	Non	N/C	Oui	N/C	
57	Afrique du Sud	Non	N/C	Oui	N/C	
58	Espagne	Non	N/C	Oui	N/C	
59	Sri Lanka	Non	N/C	Oui	N/C	
60	Soudan*	Non	N/C	Oui	N/C	
61	Suède	Non	N/C	Oui	N/C	
62	Suisse	Non	N/C	Oui	N/C	

63	République arabe syrienne*	Non	N/C	Oui	N/C	
64	Thaïlande	Non	N/C	Oui	N/C	
65	Turquie	Non	N/C	Oui	N/C	
66	Turkménistan*	Non	N/C	Oui	N/C	
67	Émirats arabes unis	Non	N/C	Oui	N/C	
68	Royaume-Uni	Non	N/C	Oui	N/C	
69	Ouzbékistan*	Non	N/C	Oui	N/C	
70	Venezuela*	Non	N/C	Oui	N/C	
71	Viet Nam	Non	N/C	Oui	N/C	
72	Zimbabwe*	Non	N/C	Oui	N/C	

Maldives

A. Progrès dans la mise en œuvre du standard minimum

Les Maldives comptent une convention fiscale en vigueur, comme l'indique leur réponse au questionnaire d'examen par les pairs.

La convention conclue par les Maldives n'est pas conforme au standard minimum et ne fait pas l'objet d'un instrument de mise en conformité.

Les Maldives n'ont pas signé l'IM.

B. Difficultés de mise en œuvre

Étant donné que les Maldives n'ont pas adhéré à l'IM ni appliqué de mesures de lutte contre le chalandage fiscal dans ses conventions, le Secrétariat leur proposera son aide pour élaborer un plan de mise en œuvre du standard minimum en vue de renforcer leur réseau de conventions.

Synthèse de la réponse de la juridiction – Maldives

	Partenaires de convention	Conformité avec le standard	Si conforme, méthode choisie	Signature d'un instrument de mise en conformité	Méthode choisie dans l'instrument de mise en conformité (si différent de l'IM)	Commentaires
1	Émirats arabes unis	Non	N/C	Non	N/C	

Malte

A. Progrès dans la mise en œuvre du standard minimum

Malte compte 77 conventions fiscales en vigueur, comme l'indique sa réponse au questionnaire d'examen par les pairs. Vingt-sept de ces conventions, celles conclues avec l'Australie, l'Autriche, la Belgique, le Canada, le Danemark, les Émirats arabes unis, la Finlande, la France, Guernesey, l'île de Man, l'Inde, l'Irlande, l'Islande, Israël, Jersey, le Kosovo*, la Lituanie, le Luxembourg, la Norvège, les Pays-Bas, la Pologne, la République slovaque, le Royaume-Uni, la Serbie, Singapour, la Slovénie et l'Ukraine, sont conformes au standard minimum.

Malte a signé l'IM en 2017, et déposé son instrument de ratification le 18 décembre 2018. L'IM est entré en vigueur pour Malte le 1er avril 2019. Malte n'a pas notifié ses conventions avec le Botswana, la Bulgarie et Monaco. Aussi, à ce stade, ces conventions ne seront pas modifiées par l'IM.

Malte met en œuvre le standard minimum par l'inclusion de la déclaration du préambule et de la règle COP[87].

Les conventions modifiées par l'IM deviendront conformes au standard minimum une fois que les dispositions de l'IM auront pris effet[88].

B. Difficultés de mise en œuvre

Comme mentionné précédemment, Malte n'a pas notifié ses conventions avec le Botswana, la Bulgarie et Monaco aux fins de l'IM. Notifier ces conventions aux fins de l'IM ou engager des renégociations bilatérales dans le but de mettre en œuvre le standard minimum permettrait de transposer le standard minimum dans ces conventions non couvertes.

Synthèse de la réponse de la juridiction – Malte

	Partenaires de convention	Conformité avec le standard	Si conforme, méthode choisie	Signature d'un instrument de mise en conformité	Méthode choisie dans l'instrument de mise en conformité (si différent de l'IM)	Commentaires
1	Albanie	Non	N/C	Oui	N/C	
2	Andorre	Non	N/C	Oui	N/C	
3	Australie	Oui	COP uniquement	N/C	N/C	
4	Autriche	Oui	COP uniquement	N/C	N/C	
5	Azerbaïdjan*	Non	N/C	Oui	N/C	
6	Bahreïn	Non	N/C	Oui	N/C	
7	Barbade	Non	N/C	Oui	N/C	
8	Belgique	Oui	COP uniquement	N/C	N/C	

87 Pour ses conventions notifiées aux fins de l'IM, Malte choisit d'appliquer la disposition de la déclaration du préambule (article 6 de l'IM) et la règle COP (article 7 de l'IM).

88 Malte a choisi de remplacer, en vertu de l'article 35(3) de l'IM, l'expression « périodes d'imposition commençant à l'expiration ou après l'expiration d'une période » par « périodes d'imposition commençant à compter du 1er janvier de l'année qui commence à compter de l'expiration d'une période », pour une application unilatérale de l'article 35(1)(b) et (5)(b).

9	Botswana	Non	N/C	Non	N/C	
10	Bulgarie	Non	N/C	Non	N/C	
11	Canada	Oui	COP uniquement	N/C	N/C	
12	Chine (République populaire de)	Non	N/C	Oui	N/C	
13	Croatie	Non	N/C	Oui	N/C	
14	Chypre*	Non	N/C	Oui	N/C	
15	République tchèque	Non	N/C	Oui	N/C	
16	Danemark	Oui	COP uniquement	N/C	N/C	
17	Égypte	Non	N/C	Oui	N/C	
18	Estonie	Non	N/C	Oui	N/C	
19	Finlande	Oui	COP uniquement	N/C	N/C	
20	France	Oui	COP uniquement	N/C	N/C	
21	Géorgie	Non	N/C	Oui	N/C	
22	Allemagne	Non	N/C	Oui	N/C	
23	Grèce	Non	N/C	Oui	N/C	
24	Guernesey	Oui	COP uniquement	N/C	N/C	
25	Hong Kong (Chine)	Non	N/C	Oui	N/C	
26	Hongrie	Non	N/C	Oui	N/C	
27	Islande	Oui	COP uniquement	N/C	N/C	
28	Inde	Oui	COP uniquement	N/C	N/C	
29	Irlande	Oui	COP uniquement	N/C	N/C	
30	Île de Man	Oui	COP uniquement	N/C	N/C	
31	Israël	Oui	COP uniquement	N/C	N/C	
32	Italie	Non	N/C	Oui	N/C	
33	Jersey	Oui	COP uniquement	N/C	N/C	
34	Jordanie	Non	N/C	Oui	N/C	
35	Corée	Non	N/C	Oui	N/C	
36	Kosovo*	Oui	COP uniquement	N/C	N/C	
37	Koweït*	Non	N/C	Oui	N/C	
38	Lettonie	Non	N/C	Oui	N/C	
39	Liban*	Non	N/C	Oui	N/C	
40	Libye*	Non	N/C	Oui	N/C	
41	Liechtenstein	Non	N/C	Oui	N/C	
42	Lituanie	Oui	COP uniquement	N/C	N/C	
43	Luxembourg	Oui	COP uniquement	N/C	N/C	
44	Malaisie	Non	N/C	Oui	N/C	
45	Maurice	Non	N/C	Oui	N/C	
46	Mexique	Non	N/C	Oui	N/C	
47	Moldova*	Non	N/C	Oui	N/C	
48	Monaco	Non	N/C	Non	N/C	
49	Monténégro	Non	N/C	Oui	N/C	
50	Maroc	Non	N/C	Oui	N/C	
51	Pays-Bas	Oui	COP uniquement	N/C	N/C	
52	Norvège	Oui	COP uniquement	N/C	N/C	
53	Pakistan	Non	N/C	Oui	N/C	
54	Pologne	Oui	COP uniquement	N/C	N/C	
55	Portugal	Non	N/C	Oui	N/C	
56	Qatar	Non	N/C	Oui	N/C	
57	Roumanie	Non	N/C	Oui	N/C	
58	Russie	Non	N/C	Oui	N/C	
59	Saint-Marin	Non	N/C	Oui	N/C	
60	Arabie saoudite	Non	N/C	Oui	N/C	
61	Serbie	Oui	COP uniquement	N/C	N/C	

62	Singapour	Oui	COP uniquement	N/C	N/C	
63	République slovaque	Oui	COP uniquement	N/C	N/C	
64	Slovénie	Oui	COP uniquement	N/C	N/C	
65	Afrique du Sud	Non	N/C	Oui	N/C	
66	Espagne	Non	N/C	Oui	N/C	
67	Suède	Non	N/C	Oui	N/C	
68	Suisse	Non	N/C	Oui	N/C	
69	République arabe syrienne*	Non	N/C	Oui	N/C	
70	Tunisie	Non	N/C	Oui	N/C	
71	Turquie	Non	N/C	Oui	N/C	
72	Ukraine	Oui	COP uniquement	N/C	N/C	
73	Émirats arabes unis	Oui	COP uniquement	N/C	N/C	
74	Royaume-Uni	Oui	COP uniquement	N/C	N/C	
75	États-Unis	Non	N/C	Non	N/C	
76	Uruguay	Non	N/C	Oui	N/C	
77	Viet Nam	Non	N/C	Oui	N/C	

Maurice

A. Progrès dans la mise en œuvre du standard minimum

Maurice compte 44 conventions fiscales en vigueur, comme l'indique sa réponse au questionnaire d'examen par les pairs.

Maurice a signé l'IM en 2017, et déposé son instrument de ratification le 18 octobre 2019. L'IM est entré en vigueur pour Maurice le 1er février 2020. Maurice n'a pas notifié sa convention avec l'Inde, mais a indiqué dans sa réponse au questionnaire d'examen par les pairs que des négociations bilatérales seraient engagées concernant cette convention. Aussi, à ce stade, cette convention ne sera pas modifiée par l'IM. L'Inde a notifié sa convention avec Maurice aux fins de l'IM.

Maurice met en œuvre le standard minimum par l'inclusion de la disposition de la déclaration du préambule et de la règle COP[89].

Les conventions qui seront modifiées par l'IM deviendront conformes au standard minimum une fois que les dispositions de l'IM auront pris effet.

B. Difficultés de mise en œuvre

Aucune juridiction n'a signalé de préoccupation relative à ses conventions conclues avec Maurice.

Synthèse de la réponse de la juridiction – Maurice

	Partenaires de convention	Conformité avec le standard	Si conforme, méthode choisie	Signature d'un instrument de mise en conformité	Méthode choisie dans l'instrument de mise en conformité (si différent de l'IM)	Commentaires
1	Bangladesh*	Non	N/C	Oui	N/C	
2	Barbade	Non	N/C	Oui	N/C	
3	Belgique	Non	N/C	Oui	N/C	
4	Botswana	Non	N/C	Oui	N/C	
5	Cabo Verde	Non	N/C	Oui	N/C	
6	Chine (République populaire de)	Non	N/C	Oui	N/C	
7	Congo	Non	N/C	Oui	N/C	
8	Croatie	Non	N/C	Oui	N/C	
9	Chypre*	Non	N/C	Oui	N/C	
10	Égypte	Non	N/C	Oui	N/C	
11	Eswatini	Non	N/C	Oui	N/C	
12	France	Non	N/C	Oui	N/C	
13	Allemagne	Non	N/C	Oui	N/C	
14	Ghana*	Non	N/C	Oui	N/C	
15	Guernesey	Non	N/C	Oui	N/C	
16	Inde	Non	N/C	Non	N/C	

[89] Pour ses conventions notifiées aux fins de l'IM, Maurice choisit d'appliquer la disposition de la déclaration du préambule (article 6 de l'IM) et la règle COP (article 7 de l'IM). Maurice a indiqué que même s'il accepte l'application de la règle COP aux fins de l'IM, il a l'intention d'adopter dans la mesure du possible une règle LOB au moyen de négociations bilatérales.

17	Italie	Non	N/C	Oui	N/C	
18	Jersey	Non	N/C	Oui	N/C	
19	Koweït*	Non	N/C	Oui	N/C	
20	Lesotho*	Non	N/C	Oui	N/C	
21	Luxembourg	Non	N/C	Oui	N/C	
22	Madagascar*	Non	N/C	Oui	N/C	
23	Malaisie	Non	N/C	Oui	N/C	
24	Malte	Non	N/C	Oui	N/C	
25	Monaco	Non	N/C	Oui	N/C	
26	Mozambique*	Non	N/C	Oui	N/C	
27	Namibie	Non	N/C	Oui	N/C	
28	Népal*	Non	N/C	Oui	N/C	
29	Oman	Non	N/C	Oui	N/C	
30	Pakistan	Non	N/C	Oui	N/C	
31	Qatar	Non	N/C	Oui	N/C	
32	Rwanda*	Non	N/C	Oui	N/C	
33	Seychelles	Non	N/C	Oui	N/C	
34	Singapour	Non	N/C	Oui	N/C	
35	Afrique du Sud	Non	N/C	Oui	N/C	
36	Sri Lanka	Non	N/C	Oui	N/C	
37	Suède	Non	N/C	Oui	N/C	
38	Thaïlande	Non	N/C	Oui	N/C	
39	Tunisie	Non	N/C	Oui	N/C	
40	Ouganda*	Non	N/C	Oui	N/C	
41	Émirats arabes unis	Non	N/C	Oui	N/C	
42	Royaume-Uni	Non	N/C	Oui	N/C	
43	Zambie	Non	N/C	Oui	N/C	
44	Zimbabwe*	Non	N/C	Oui	N/C	

Mexique

A. Progrès dans la mise en œuvre du standard minimum

Le Mexique compte 60 conventions fiscales en vigueur, comme l'indique sa réponse au questionnaire d'examen par les pairs. Trois de ces conventions, celles conclues avec l'Argentine, l'Espagne et les Philippines*, sont conformes au standard minimum.

Le Mexique a signé l'IM en 2017, et a notifié ses conventions non conformes.

Le Mexique met en œuvre le standard minimum par l'inclusion de la disposition de la déclaration du préambule et de la règle COP associée à la règle LOB[90].

Les conventions qui seront modifiées par l'IM deviendront conformes au standard minimum une fois que les dispositions de l'IM auront pris effet.

B. Difficultés de mise en œuvre

Les conventions notifiées par le Mexique aux fins de l'IM deviendront conformes une fois que le pays aura ratifié l'IM. Le Mexique est invité à ratifier l'IM le plus rapidement possible. Il a indiqué que l'IM avait été présenté au Parlement en novembre 2018.

Synthèse de la réponse de la juridiction – Mexique

	Partenaires de convention	Conformité avec le standard	Si conforme, méthode choisie	Signature d'un instrument de mise en conformité	Méthode choisie dans l'instrument de mise en conformité (si différent de l'IM)	Commentaires
1	Argentine	Oui	COP et LOB	N/C	N/C	
2	Australie	Non	N/C	Oui	N/C	
3	Autriche	Non	N/C	Oui	N/C	
4	Bahreïn	Non	N/C	Oui	N/C	
5	Barbade	Non	N/C	Oui	N/C	
6	Belgique	Non	N/C	Oui	N/C	
7	Brésil	Non	N/C	Oui	N/C	
8	Canada	Non	N/C	Oui	N/C	
9	Chili	Non	N/C	Oui	N/C	
10	Chine (République populaire de)	Non	N/C	Oui	N/C	
11	Colombie	Non	N/C	Oui	N/C	
12	Costa Rica	Non	N/C	Oui	N/C	
13	République tchèque	Non	N/C	Oui	N/C	

[90] Pour 57 de ses conventions notifiées aux fins de l'IM, le Mexique choisit d'appliquer la disposition de la déclaration du préambule (article 6 de l'IM) et la règle COP (article 7 de l'IM). Le Mexique a également opté pour la règle LOB simplifiée au titre de l'article 7(6) de l'IM. Le Mexique a formulé une réserve au titre de l'article 6(4) de l'IM afin de ne pas appliquer l'article 6(1) de l'IM concernant les conventions qui contiennent déjà la version appropriée du préambule, et une réserve au titre de l'article 7(15)(b) de l'IM afin de ne pas appliquer l'article 7(1) de l'IM concernant les conventions qui contiennent déjà une règle COP. Trois des conventions conclues par le Mexique entrent dans le champ de ces réserves.

14	Danemark	Non	N/C	Oui	N/C	
15	Équateur*	Non	N/C	Oui	N/C	
16	Estonie	Non	N/C	Oui	N/C	
17	Finlande	Non	N/C	Oui	N/C	
18	France	Non	N/C	Oui	N/C	
19	Allemagne	Non	N/C	Oui	N/C	
20	Grèce	Non	N/C	Oui	N/C	
21	Hong Kong (Chine)	Non	N/C	Oui	N/C	
22	Hongrie	Non	N/C	Oui	N/C	
23	Islande	Non	N/C	Oui	N/C	
24	Inde	Non	N/C	Oui	N/C	
25	Indonésie	Non	N/C	Oui	N/C	
26	Irlande	Non	N/C	Oui	N/C	
27	Israël	Non	N/C	Oui	N/C	
28	Italie	Non	N/C	Oui	N/C	
29	Jamaïque	Non	N/C	Oui	N/C	
30	Japon	Non	N/C	Oui	N/C	
31	Corée	Non	N/C	Oui	N/C	
32	Koweït*	Non	N/C	Oui	N/C	
33	Lettonie	Non	N/C	Oui	N/C	
34	Lituanie	Non	N/C	Oui	N/C	
35	Luxembourg	Non	N/C	Oui	N/C	
36	Malte	Non	N/C	Oui	N/C	
37	Pays-Bas	Non	N/C	Oui	N/C	
38	Nouvelle-Zélande	Non	N/C	Oui	N/C	
39	Norvège	Non	N/C	Oui	N/C	
40	Panama	Non	N/C	Oui	N/C	
41	Pérou	Non	N/C	Oui	N/C	
42	Philippines*	Oui	COP uniquement	N/C	N/C	
43	Pologne	Non	N/C	Oui	N/C	
44	Portugal	Non	N/C	Oui	N/C	
45	Qatar	Non	N/C	Oui	N/C	
46	Roumanie	Non	N/C	Oui	N/C	
47	Russie	Non	N/C	Oui	N/C	
48	Arabie saoudite	Non	N/C	Oui	N/C	
49	Singapour	Non	N/C	Oui	N/C	
50	République slovaque	Non	N/C	Oui	N/C	
51	Afrique du Sud	Non	N/C	Oui	N/C	
52	Espagne	Oui	COP uniquement	N/C	N/C	
53	Suède	Non	N/C	Oui	N/C	
54	Suisse	Non	N/C	Oui	N/C	
55	Turquie	Non	N/C	Oui	N/C	
56	Ukraine	Non	N/C	Oui	N/C	
57	Émirats arabes unis	Non	N/C	Oui	N/C	
58	Royaume-Uni	Non	N/C	Oui	N/C	
59	États-Unis	Non	N/C	Oui	N/C	
60	Uruguay	Non	N/C	Oui	N/C	

Monaco

A. Progrès dans la mise en œuvre du standard minimum

Monaco compte dix conventions fiscales en vigueur, comme l'indique sa réponse au questionnaire d'examen par les pairs. Quatre de ces conventions, celles conclues avec la France, Guernesey, le Liechtenstein et le Luxembourg, sont conformes au standard minimum.

Monaco a signé l'IM en 2017, et déposé son instrument de ratification le 10 janvier 2019. L'IM est entré en vigueur pour Monaco le 1er mai 2019. Monaco n'a pas notifié sa convention avec Malte. Aussi, à ce stade, ces conventions ne seront pas modifiées par l'IM.

Monaco met en œuvre le standard minimum par l'inclusion de la déclaration du préambule et de la règle COP[91].

Les conventions qui seront modifiées par l'IM deviendront conformes au standard minimum une fois que les dispositions de l'IM auront pris effet.

B. Difficultés de mise en œuvre

Comme mentionné précédemment, Monaco n'a pas notifié sa convention avec Malte aux fins de l'IM. Notifier cette convention aux fins de l'IM ou engager des renégociations bilatérales dans le but de mettre en œuvre le standard minimum permettrait de transposer le standard minimum dans cette convention non couverte.

Synthèse de la réponse de la juridiction - Monaco

	Partenaires de convention	Conformité avec le standard	Si conforme, mthode choisie	Signature dun instrument de mise en conformit	Mthode choisie dans linstrument de mise en conformit (si diffrent de lIM)	Commentaires
1	France	Oui	COP uniquement	N/C	N/C	
2	Guernesey	Oui	COP uniquement	N/C	N/C	
3	Liechtenstein	Oui	COP uniquement	N/C	N/C	
4	Luxembourg	Oui	COP uniquement	N/C	N/C	
5	Mali*	Non	N/C	Oui	N/C	
6	Malte	Non	N/C	Non	N/C	
7	Maurice	Non	N/C	Oui	N/C	
8	Qatar	Non	N/C	Oui	N/C	
9	Saint-Kitts-et-Nevis	Non	N/C	Oui	N/C	
10	Seychelles	Non	N/C	Oui	N/C	

91 Pour ses conventions notifiées aux fins de l'IM, Monaco choisit d'appliquer la disposition de la déclaration du préambule (article 6 de l'IM) et la règle COP (article 7 de l'IM).

Mongolie

A. Progrès dans la mise en œuvre du standard minimum

La Mongolie compte 25 conventions fiscales en vigueur, comme l'indique sa réponse au questionnaire d'examen par les pairs.

Aucune des conventions conclues par la Mongolie n'est conforme au standard minimum ou ne fait l'objet d'un instrument de mise en conformité.

La Mongolie n'a pas signé l'IM.

Elle a indiqué dans sa réponse au questionnaire d'examen par les pairs qu'elle prenait des dispositions en vue de signer l'IM.

B. Difficultés de mise en œuvre

Étant donné que la Mongolie n'a pas adhéré à l'IM ni appliqué de mesures de lutte contre le chalandage fiscal dans ses conventions, le Secrétariat lui proposera son aide pour élaborer un plan de mise en œuvre du standard minimum en vue de renforcer son réseau de conventions.

Synthèse de la réponse de la juridiction – Mongolie

	Partenaires de convention	Conformité avec le standard	Si conforme, méthode choisie	Signature d'un instrument de mise en conformité	Méthode choisie dans l'instrument de mise en conformité (si différent de l'IM)	Commentaires
1	Autriche	Non	N/C	Non	N/C	
2	Bélarus*	Non	N/C	Non	N/C	
3	Belgique	Non	N/C	Non	N/C	
4	Bulgarie	Non	N/C	Non	N/C	
5	Canada	Non	N/C	Non	N/C	
6	Chine (République populaire de)	Non	N/C	Non	N/C	
7	République tchèque	Non	N/C	Non	N/C	
8	Corée*	Non	N/C	Non	N/C	
9	France	Non	N/C	Non	N/C	
10	Allemagne	Non	N/C	Non	N/C	
11	Hongrie	Non	N/C	Non	N/C	
12	Inde	Non	N/C	Non	N/C	
13	Indonésie	Non	N/C	Non	N/C	
14	Kazakhstan	Non	N/C	Non	N/C	
15	Corée	Non	N/C	Non	N/C	
16	Kirghizistan*	Non	N/C	Non	N/C	
17	Malaisie	Non	N/C	Non	N/C	
18	Pologne	Non	N/C	Non	N/C	
19	Russie	Non	N/C	Non	N/C	
20	Singapour	Non	N/C	Non	N/C	
21	Suisse	Non	N/C	Non	N/C	
22	Turquie	Non	N/C	Non	N/C	
23	Ukraine	Non	N/C	Non	N/C	
24	Royaume-Uni	Non	N/C	Non	N/C	
25	Viet Nam	Non	N/C	Non	N/C	

Monténégro

A. Progrès dans la mise en œuvre du standard minimum

Le Monténégro compte 43 conventions fiscales en vigueur, comme l'indique sa réponse au questionnaire d'examen par les pairs.

Aucune des conventions conclues par le Monténégro n'est conforme au standard minimum ou ne fait l'objet d'un instrument de mise en conformité.

Le Monténégro n'a pas signé l'IM.

B. Difficultés de mise en œuvre

Étant donné que le Monténégro n'a pas adhéré à l'IM ni appliqué de mesures de lutte contre le chalandage fiscal dans ses conventions, le Secrétariat lui proposera son aide pour élaborer un plan de mise en œuvre du standard minimum en vue de renforcer son réseau de conventions.

Synthèse de la réponse de la juridiction – Monténégro

	Partenaires de convention	Conformité avec le standard	Si conforme, méthode choisie	Signature d'un instrument de mise en conformité	Méthode choisie dans l'instrument de mise en conformité (si différent de l'IM)	Commentaires
1	Albanie	Non	N/C	Non	N/C	
2	Autriche	Non	N/C	Non	N/C	
3	Azerbaïdjan*	Non	N/C	Non	N/C	
4	Bélarus*	Non	N/C	Non	N/C	
5	Belgique	Non	N/C	Non	N/C	
6	Bosnie-Herzégovine	Non	N/C	Non	N/C	
7	Bulgarie	Non	N/C	Non	N/C	
8	Chine (République populaire de)	Non	N/C	Non	N/C	
9	Croatie	Non	N/C	Non	N/C	
10	Chypre*	Non	N/C	Non	N/C	
11	République tchèque	Non	N/C	Non	N/C	
12	Danemark	Non	N/C	Non	N/C	
13	Égypte	Non	N/C	Non	N/C	
14	Finlande	Non	N/C	Non	N/C	
15	France	Non	N/C	Non	N/C	
16	Allemagne	Non	N/C	Non	N/C	
17	Grèce	Non	N/C	Non	N/C	
18	Hongrie	Non	N/C	Non	N/C	
19	Inde	Non	N/C	Non	N/C	
20	Iran*	Non	N/C	Non	N/C	
21	Irlande	Non	N/C	Non	N/C	
22	Italie	Non	N/C	Non	N/C	
23	Corée*	Non	N/C	Non	N/C	
24	Koweït*	Non	N/C	Non	N/C	
25	Lettonie	Non	N/C	Non	N/C	

26	Malaisie	Non	N/C	Non	N/C	
27	Moldova*	Non	N/C	Non	N/C	
28	Pays-Bas	Non	N/C	Non	N/C	
29	Macédoine du Nord	Non	N/C	Non	N/C	
30	Norvège	Non	N/C	Non	N/C	
31	Pologne	Non	N/C	Non	N/C	
32	Portugal	Non	N/C	Non	N/C	
33	Roumanie	Non	N/C	Non	N/C	
34	Russie	Non	N/C	Non	N/C	
35	République slovaque	Non	N/C	Non	N/C	
36	Slovénie	Non	N/C	Non	N/C	
37	Sri Lanka	Non	N/C	Non	N/C	
38	Suède	Non	N/C	Non	N/C	
39	Suisse	Non	N/C	Non	N/C	
40	Turquie	Non	N/C	Non	N/C	
41	Ukraine	Non	N/C	Non	N/C	
42	Émirats arabes unis	Non	N/C	Non	N/C	
43	Royaume-Uni	Non	N/C	Non	N/C	

Montserrat

A. Progrès dans la mise en œuvre du standard minimum

Montserrat compte deux conventions fiscales en vigueur, comme l'indique sa réponse au questionnaire d'examen par les pairs.

Aucune des conventions conclues par Montserrat n'est conforme au standard minimum ou ne fait l'objet d'un instrument de mise en conformité.

Montserrat n'a pas adhéré à l'IM.

Montserrat a indiqué dans sa réponse au questionnaire d'examen par les pairs que sa convention avec le Royaume-Uni est un accord qui ne peut pas être modifié par l'IM.

B. Difficultés de mise en œuvre

Étant donné que Montserrat n'a pas adhéré à l'IM ni appliqué de mesures de lutte contre le chalandage fiscal dans leurs conventions, le Secrétariat lui proposera son aide pour élaborer un plan de mise en œuvre du standard minimum en vue de renforcer son réseau de conventions.

Synthèse de la réponse de la juridiction - Montserrat

	Partenaires de convention	Conformité avec le standard	Si conforme, méthode choisie	Signature d'un instrument de mise en conformité	Méthode choisie dans l'instrument de mise en conformité (si différent de l'IM)	Commentaires
1	Suisse	Non	N/C	Non	N/C	
2	Royaume-Uni	Non	N/C	Non	N/C	

Maroc

A. Progrès dans la mise en œuvre du standard minimum

Le Maroc compte 53 conventions fiscales en vigueur, comme l'indique sa réponse au questionnaire d'examen par les pairs, y compris la Convention en matière d'impôts sur le revenu de l'Union du Maghreb arabe conclue avec quatre partenaires (la Convention UMA)[92].

Le Maroc a signé l'IM en 2 019 et a notifié ses conventions bilatérales non conformes.

Le Maroc met en œuvre le standard minimum par l'inclusion de la déclaration du préambule et de la règle COP[93].

Les conventions qui seront modifiées par l'IM deviendront conformes au standard minimum une fois que les dispositions de l'IM auront pris effet.

B. Difficultés de mise en œuvre

Les conventions notifiées par le Maroc aux fins de l'IM deviendront conformes une fois que le pays aura ratifié l'IM. Le Maroc est invité à ratifier l'IM le plus rapidement possible. Le Maroc a fait savoir que la ratification de l'IM par la Chambre des représentants (chambre basse du Parlement marocain) était en bonne voie. Le Maroc a réitéré son engagement à déposer l'instrument de ratification de l'IM le plus rapidement possible.

Synthèse de la réponse de la juridiction – Maroc

	Partenaires de convention	Conformité avec le standard	Si conforme, méthode choisie	Signature d'un instrument de mise en conformité	Méthode choisie dans l'instrument de mise en conformité (si différent de l'IM)	Commentaires
1	Algérie*	Non	N/C	Oui	N/C	Convention UMA
2	Autriche	Non	N/C	Oui	N/C	
3	Bahreïn	Non	N/C	Oui	N/C	
4	Belgique	Non	N/C	Oui	N/C	
5	Bulgarie	Non	N/C	Oui	N/C	
6	Canada	Non	N/C	Oui	N/C	
7	Chine (République populaire de)	Non	N/C	Oui	N/C	
8	Côte d'Ivoire	Non	N/C	Oui	N/C	
9	Croatie	Non	N/C	Oui	N/C	
10	République tchèque	Non	N/C	Oui	N/C	
11	Danemark	Non	N/C	Oui	N/C	
12	Égypte	Non	N/C	Oui	N/C	
13	Finlande	Non	N/C	Oui	N/C	

[92] Au total, le Maroc a identifié 56 « accords » dans sa liste des conventions fiscales : 52 conventions bilatérales et la Convention UMA conclue avec quatre de ses partenaires.

[93] Pour ses conventions notifiées aux fins de l'IM, le Maroc choisit d'appliquer la disposition de la déclaration du préambule (article 6 de l'IM) et la règle COP (article 7 de l'IM).

14	France	Non	N/C	Oui	N/C	
15	Gabon	Non	N/C	Oui	N/C	
16	Allemagne	Non	N/C	Oui	N/C	
17	Grèce	Non	N/C	Oui	N/C	
18	Guinée*	Non	N/C	Oui	N/C	
19	Hongrie	Non	N/C	Oui	N/C	
20	Inde	Non	N/C	Oui	N/C	
21	Indonésie	Non	N/C	Oui	N/C	
22	Irlande	Non	N/C	Oui	N/C	
23	Italie	Non	N/C	Oui	N/C	
24	Jordanie	Non	N/C	Oui	N/C	
25	Corée	Non	N/C	Oui	N/C	
26	Koweït*	Non	N/C	Oui	N/C	
27	Lettonie	Non	N/C	Oui	N/C	
28	Liban*	Non	N/C	Oui	N/C	
29	Libye*	Non	N/C	Oui	N/C	Convention UMA
30	Luxembourg	Non	N/C	Oui	N/C	
31	Malaisie	Non	N/C	Oui	N/C	
32	Mali*	Non	N/C	Oui	N/C	
33	Malte	Non	N/C	Oui	N/C	
34	Mauritanie*	Non	N/C	Oui	N/C	Convention UMA
35	Pays-Bas	Non	N/C	Oui	N/C	
36	Macédoine du Nord	Non	N/C	Oui	N/C	
37	Norvège	Non	N/C	Oui	N/C	
38	Oman	Non	N/C	Oui	N/C	
39	Pakistan	Non	N/C	Oui	N/C	
40	Pologne	Non	N/C	Oui	N/C	
41	Portugal	Non	N/C	Oui	N/C	
42	Qatar (nouveau)	Non	N/C	Oui	N/C	
43	Roumanie	Non	N/C	Oui	N/C	
44	Russie	Non	N/C	Oui	N/C	
45	Sénégal	Non	N/C	Oui	N/C	
46	Singapour	Non	N/C	Oui	N/C	
47	Espagne	Non	N/C	Oui	N/C	
48	Suisse	Non	N/C	Oui	N/C	
49	République arabe syrienne*	Non	N/C	Oui	N/C	
50	Tunisie	Non	N/C	Oui	N/C	Convention UMA
51	Turquie	Non	N/C	Oui	N/C	
52	Émirats arabes unis	Non	N/C	Oui	N/C	
53	Royaume-Uni	Non	N/C	Oui	N/C	
54	Ukraine	Non	N/C	Oui	N/C	
55	États-Unis	Non	N/C	Oui	N/C	
56	Viet Nam	Non	N/C	Oui	N/C	

Namibie

A. Progrès dans la mise en œuvre du standard minimum

La Namibie compte onze conventions fiscales en vigueur, comme l'indique sa réponse au questionnaire d'examen par les pairs.

Aucune des conventions conclues par la Namibie n'est conforme au standard minimum ou ne fait l'objet d'un instrument de mise en conformité.

La Namibie n'a pas signé l'IM.

B. Difficultés de mise en œuvre

Étant donné que la Namibie n'a pas adhéré à l'IM ni appliqué de mesures de lutte contre le chalandage fiscal dans ses conventions, le Secrétariat lui proposera son aide pour élaborer un plan de mise en œuvre du standard minimum en vue de renforcer son réseau de conventions.

Synthèse de la réponse de la juridiction – Namibie

	Partenaires de convention	Conformité avec le standard	Si conforme, méthode choisie	Signature d'un instrument de mise en conformité	Méthode choisie dans l'instrument de mise en conformité (si différent de l'IM)	Commentaires
1	Botswana	Non	N/C	Non	N/C	
2	France	Non	N/C	Non	N/C	
3	Allemagne	Non	N/C	Non	N/C	
4	Inde	Non	N/C	Non	N/C	
5	Malaisie	Non	N/C	Non	N/C	
6	Maurice	Non	N/C	Non	N/C	
7	Roumanie	Non	N/C	Non	N/C	
8	Russie	Non	N/C	Non	N/C	
9	Afrique du Sud	Non	N/C	Non	N/C	
10	Suède	Non	N/C	Non	N/C	
11	Royaume-Uni	Non	N/C	Non	N/C	

Pays-Bas

A. Progrès dans la mise en œuvre du standard minimum

Les Pays-Bas comptent 92 conventions fiscales en vigueur, comme l'indique leur réponse au questionnaire d'examen par les pairs. Vingt-cinq de ces conventions, celles conclues avec l'Australie, l'Autriche, le Canada, le Danemark, les Émirats arabes unis, la Finlande, la France, la Géorgie, le Ghana*, l'Inde, l'Irlande, l'Islande, Israël, le Japon, la Lituanie, le Luxembourg, Malte, la Norvège, la Nouvelle-Zélande, l'Ouzbékistan, la République slovaque, le Royaume-Uni, la Serbie, Singapour et la Slovénie, sont conformes au standard minimum.

Les Pays-Bas ont signé l'IM en 2017 et déposé leur instrument d'acceptation en 2019. L'IM est entré en vigueur pour les Pays-Bas le 1er juillet 2019. Les Pays-Bas n'ont pas notifié leurs conventions avec la Belgique, le Brésil, la Bulgarie, l'Espagne, la Pologne, la Suisse et l'Ukraine. Aussi, à ce stade, ces conventions ne seront pas modifiées par l'IM. La Belgique, la Pologne et l'Ukraine ont notifié leurs conventions avec les Pays-Bas aux fins de l'IM.

Les conventions conclues par les Pays-Bas avec Aruba, Curaçao et Sint-Maarten* sont des accords régis par le droit interne du Royaume des Pays-Bas.

Les Pays-Bas ont signé un instrument bilatéral de mise en conformité pour leurs conventions avec l'Algérie*, l'Iraq*[94], le Ghana*, l'Ouzbékistan*, la Suisse et l'Ukraine[95].

Les Pays-Bas ont indiqué dans leur réponse au questionnaire d'examen par les pairs que des négociations bilatérales seraient engagées pour leurs conventions avec la Belgique, le Brésil, la Bulgarie, l'Espagne et la Pologne.

Les Pays-Bas mettent en œuvre le standard minimum par l'inclusion de la déclaration du préambule et de la règle COP[96].

Les conventions qui seront modifiées par l'IM deviendront conformes au standard minimum une fois que les dispositions de l'IM auront pris effet.

B. Difficultés de mise en œuvre

Aucune juridiction n'a signalé de préoccupation relative à ses conventions conclues avec les Pays-Bas.

[94] La convention avec l'Iraq* n'est pas encore entrée en vigueur.

[95] Les conventions avec le Ghana* et l'Ouzbékistan* font l'objet d'un instrument bilatéral de mise en conformité et sont notifiées aux fins de l'IM.

[96] Pour leurs conventions notifiées aux fins de l'IM, les Pays-Bas choisissent d'appliquer la disposition de la déclaration du préambule (article 6 de l'IM) et la règle COP (article 7 de l'IM). Les conventions conclues avec Aruba, Curaçao et Sint-Maarten* ne sont pas notifiées aux fins de l'IM, car ce sont des accords régis par le droit interne du Royaume des Pays-Bas.

Synthèse de la réponse de la juridiction - Pays-Bas

	Partenaires de convention	Conformité avec le standard	Si conforme, méthode choisie	Signature d'un instrument de mise en conformité	Méthode choisie dans l'instrument de mise en conformité (si différent de l'IM)	Commentaires
1	Albanie	Non	N/C	Oui	N/C	
2	Argentine	Non	N/C	Oui	N/C	
3	Arménie	Non	N/C	Oui	N/C	
4	Aruba	Non	N/C	Non	N/C	
5	Australie	Oui	COP uniquement	N/C	N/C	
6	Autriche	Oui	COP uniquement	N/C	N/C	
7	Azerbaïdjan*	Non	N/C	Oui	N/C	
8	Bahreïn	Non	N/C	Oui	N/C	
9	Bangladesh*	Non	N/C	Oui	N/C	
10	Barbade	Non	N/C	Oui	N/C	
11	Bélarus*	Non	N/C	Oui	N/C	
12	Belgique	Non	N/C	Non	N/C	
13	Bosnie-Herzégovine	Non	N/C	Oui	N/C	
14	Brésil	Non	N/C	Non	N/C	
15	Bulgarie	Non	N/C	Non	N/C	
16	Canada	Oui	COP uniquement	N/C	N/C	
17	Chine (République populaire de)	Non	N/C	Oui	N/C	
18	Taipei chinois*	Non	N/C	Non	N/C	
19	Croatie	Non	N/C	Oui	N/C	
20	Curaçao	Non	N/C	Non	N/C	
21	République tchèque	Non	N/C	Oui	N/C	
22	Danemark	Oui	COP uniquement	N/C	N/C	
23	Égypte	Non	N/C	Oui	N/C	
24	Estonie	Non	N/C	Oui	N/C	
25	Éthiopie*	Non	N/C	Oui	N/C	
26	Finlande	Oui	COP uniquement	N/C	N/C	
27	France	Oui	COP uniquement	N/C	N/C	
28	Géorgie	Oui	COP uniquement	N/C	N/C	
29	Allemagne	Non	N/C	Oui	N/C	
30	Ghana*	Oui	COP uniquement	N/C	N/C	
31	Grèce	Non	N/C	Oui	N/C	
32	Hong Kong (Chine)	Non	N/C	Oui	N/C	
33	Hongrie	Non	N/C	Oui	N/C	
34	Islande	Oui	COP uniquement	N/C	N/C	
35	Inde	Oui	COP uniquement	N/C	N/C	
36	Indonésie	Non	N/C	Oui	N/C	
37	Irlande	Oui	COP uniquement	N/C	N/C	
38	Israël	Oui	COP uniquement	N/C	N/C	
39	Italie	Non	N/C	Oui	N/C	
40	Japon	Oui	COP et LOB	N/C	N/C	
41	Jordanie	Non	N/C	Oui	N/C	
42	Kazakhstan	Non	N/C	Oui	N/C	
43	Corée	Non	N/C	Oui	N/C	
44	Koweït*	Non	N/C	Oui	N/C	
45	Lettonie	Non	N/C	Oui	N/C	
46	Lituanie	Oui	COP uniquement	N/C	N/C	
47	Luxembourg	Oui	COP uniquement	N/C	N/C	

48	Malaisie	Non	N/C	Oui	N/C	
49	Malte	Oui	COP uniquement	N/C	N/C	
50	Mexique	Non	N/C	Oui	N/C	
51	Moldova*	Non	N/C	Oui	N/C	
52	Monténégro	Non	N/C	Oui	N/C	
53	Maroc	Non	N/C	Oui	N/C	
54	Nouvelle-Zélande	Oui	COP uniquement	N/C	N/C	
55	Nigéria	Non	N/C	Oui	N/C	
56	Macédoine du Nord	Non	N/C	Oui	N/C	
57	Norvège	Oui	COP uniquement	N/C	N/C	
58	Oman	Non	N/C	Oui	N/C	
59	Pakistan	Non	N/C	Oui	N/C	
60	Panama	Non	N/C	Oui	N/C	
61	Philippines*	Non	N/C	Oui	N/C	
62	Pologne	Non	N/C	Non	N/C	
63	Portugal	Non	N/C	Oui	N/C	
64	Qatar	Non	N/C	Oui	N/C	
65	Roumanie	Non	N/C	Oui	N/C	
66	Russie	Non	N/C	Oui	N/C	
67	Arabie saoudite	Non	N/C	Oui	N/C	
68	Serbie	Oui	COP uniquement	N/C	N/C	
69	Singapour	Oui	COP uniquement	N/C	N/C	
70	Sint Maarten*	Non	N/C	Non	N/C	
71	République slovaque	Oui	COP uniquement	N/C	N/C	
72	Slovénie	Oui	COP uniquement	N/C	N/C	
73	Afrique du Sud	Non	N/C	Oui	N/C	
74	Espagne	Non	N/C	Non	N/C	
75	Sri Lanka	Non	N/C	Oui	N/C	
76	Suriname*	Non	N/C	Oui	N/C	
77	Suède	Non	N/C	Oui	N/C	
78	Suisse	Non	N/C	Oui	COP uniquement	
79	Tadjikistan*	Non	N/C	Oui	N/C	
80	Thaïlande	Non	N/C	Oui	N/C	
81	Tunisie	Non	N/C	Oui	N/C	
82	Turquie	Non	N/C	Oui	N/C	
83	Ouganda*	Non	N/C	Oui	N/C	
84	Ukraine	Non	N/C	Oui	COP uniquement	
85	Émirats arabes unis	Oui	COP uniquement	N/C	N/C	
86	Royaume-Uni	Oui	COP uniquement	N/C	N/C	
87	États-Unis	Non	N/C	Oui	N/C	
88	Ouzbékistan*	Oui	COP uniquement	N/C	N/C	
89	Venezuela*	Non	N/C	Oui	N/C	
90	Viet Nam	Non	N/C	Oui	N/C	
91	Zambie	Non	N/C	Oui	N/C	
92	Zimbabwe*	Non	N/C	Oui	N/C	

Nouvelle-Zélande

A. Progrès dans la mise en œuvre du standard minimum

La Nouvelle-Zélande compte 40 conventions fiscales en vigueur, comme l'indique sa réponse au questionnaire d'examen par les pairs. Seize de ces conventions, celles conclues avec l'Australie, la Belgique, le Canada, la Chine, le Danemark, les Émirats arabes unis, la Finlande, la France, l'Inde, l'Irlande, le Japon, les Pays-Bas, la Pologne, le Royaume-Uni, Samoa et Singapour, sont conformes au standard minimum.

La Nouvelle-Zélande a signé l'IM en 2017 et déposé son instrument de ratification le 27 juin 2018. L'IM est entré en vigueur pour la Nouvelle-Zélande le 1er octobre 2018.

La Nouvelle-Zélande a indiqué dans sa réponse au questionnaire d'examen par les pairs que des négociations bilatérales seraient engagées pour ses conventions avec l'Autriche, la République slovaque et la Suisse.

La Nouvelle-Zélande met en œuvre le standard minimum par l'inclusion de la déclaration du préambule et de la règle COP[97].

Les conventions qui seront modifiées par l'IM deviendront conformes au standard minimum une fois que les dispositions de l'IM auront pris effet.

B. Difficultés de mise en œuvre

Aucune juridiction n'a signalé de préoccupation relative à ses conventions conclues avec la Nouvelle-Zélande.

Synthèse de la réponse de la juridiction - Nouvelle-Zélande

	Partenaires de convention	Conformité avec le standard	Si conforme, méthode choisie	Signature d'un instrument de mise en conformité	Méthode choisie dans l'instrument de mise en conformité (si différent de l'IM)	Commentaires
1	Australie	Oui	COP uniquement	N/C	N/C	
2	Autriche	Non	N/C	Oui	N/C	
3	Belgique	Oui	COP uniquement	N/C	N/C	
4	Canada	Oui	COP uniquement	N/C	N/C	
5	Chili	Non	N/C	Oui	N/C	
6	Chine (République populaire de)	Oui	COP uniquement	N/C	N/C	La convention conclue entre la Chine et la Nouvelle-Zélande contient la disposition du préambule et les dispositions relatives à la règle COP.

97 Pour ses conventions notifiées aux fins de l'IM, la Nouvelle-Zélande choisit d'appliquer la disposition de la déclaration du préambule (article 6 de l'IM) et la règle COP (article 7 de l'IM).

7	Taipei chinois*	Non	N/C	Non	N/C	
8	République tchèque	Non	N/C	Oui	N/C	
9	Danemark	Oui	COP uniquement	N/C	N/C	
10	Fidji*	Non	N/C	Oui	N/C	
11	Finlande	Oui	COP uniquement	N/C	N/C	
12	France	Oui	COP uniquement	N/C	N/C	
13	Allemagne	Non	N/C	Oui	N/C	
14	Hong Kong (Chine)	Non	N/C	Oui	N/C	
15	Inde	Oui	COP uniquement	N/C	N/C	
16	Indonésie	Non	N/C	Oui	N/C	
17	Irlande	Oui	COP uniquement	N/C	N/C	
18	Italie	Non	N/C	Oui	N/C	
19	Japon	Oui	COP et LOB	N/C	N/C	La convention contenait déjà une règle LOB et n'est donc pas modifiée par l'IM.
20	Corée	Non	N/C	Oui	N/C	
21	Malaisie	Non	N/C	Oui	N/C	
22	Mexique	Non	N/C	Oui	N/C	
23	Pays-Bas	Oui	COP uniquement	N/C	N/C	
24	Norvège	Non	N/C	Oui	N/C	
25	Papouasie-Nouvelle-Guinée	Non	N/C	Oui	N/C	
26	Philippines*	Non	N/C	Oui	N/C	
27	Pologne	Oui	COP uniquement	N/C	N/C	
28	Russie	Non	N/C	Oui	N/C	
29	Samoa*	Oui	COP uniquement	N/C	N/C	
30	Singapour	Oui	COP uniquement	N/C	N/C	
31	Afrique du Sud	Non	N/C	Oui	N/C	
32	Espagne	Non	N/C	Oui	N/C	
33	Suède	Non	N/C	Oui	N/C	
34	Suisse	Non	N/C	Oui	N/C	
35	Thaïlande	Non	N/C	Oui	N/C	
36	Turquie	Non	N/C	Oui	N/C	
37	Émirats arabes unis	Oui	COP uniquement	N/C	N/C	
38	Royaume-Uni	Oui	COP uniquement	N/C	N/C	
39	États-Unis	Non	N/C	Non	N/C	Comprend une règle LOB conformément à la pratique des États-Unis en matière de politique conventionnelle.
40	Viet Nam	Non	N/C	Oui	N/C	

Nigéria

A. Progrès dans la mise en œuvre du standard minimum

Le Nigéria compte 15 conventions fiscales en vigueur, comme l'indique sa réponse au questionnaire d'examen par les pairs.

Le Nigéria a signé l'IM en 2017 et a notifié ses conventions non conformes.

Le Nigéria met en œuvre le standard minimum par l'inclusion de la déclaration du préambule et de la règle COP.

Les conventions qui seront modifiées par l'IM deviendront conformes au standard minimum une fois que les dispositions de l'IM auront pris effet[98].

B. Difficultés de mise en œuvre

Les conventions notifiées par le Nigéria aux fins de l'IM deviendront conformes une fois qu'il aura ratifié l'IM. Le Nigéria est invité à ratifier l'IM le plus rapidement possible.

Synthèse de la réponse de la juridiction – Nigéria

	Partenaires de convention	Conformité avec le standard	Si conforme, méthode choisie	Signature d'un instrument de mise en conformité	Méthode choisie dans l'instrument de mise en conformité (si différent de l'IM)	Commentaires
1	Belgique	Non	N/C	Oui	N/C	
2	Canada	Non	N/C	Oui	N/C	
3	Chine (République populaire de)	Non	N/C	Oui	N/C	
4	République tchèque	Non	N/C	Oui	N/C	
5	France	Non	N/C	Oui	N/C	
6	Pays-Bas	Non	N/C	Oui	N/C	
7	Pakistan	Non	N/C	Oui	N/C	
8	Philippines*	Non	N/C	Oui	N/C	
9	Roumanie	Non	N/C	Oui	N/C	
10	République slovaque	Non	N/C	Oui	N/C	
11	Afrique du Sud	Non	N/C	Oui	N/C	
12	Espagne	Non	N/C	Oui	N/C	
13	Singapour	Non	N/C	Oui	N/C	
14	Suède	Non	N/C	Oui	N/C	
15	Royaume-Uni	Non	N/C	Oui	N/C	

[98] Pour ses conventions notifiées aux fins de l'IM, le Nigéria choisit d'appliquer la disposition de la déclaration du préambule (article 6 de l'IM) et la règle COP (article 7 de l'IM).

Macédoine du Nord

A. Progrès dans la mise en œuvre du standard minimum

La République de Macédoine du Nord compte 48 conventions fiscales en vigueur, comme l'indique sa réponse au questionnaire d'examen par les pairs.

La République de Macédoine du Nord a signé l'IM en 2020 et a notifié ses conventions bilatérales non conformes.

La République de Macédoine du Nord met en œuvre le standard minimum par l'inclusion de la déclaration du préambule et de la règle COP[99].

Les conventions qui seront modifiées par l'IM deviendront conformes au standard minimum une fois que les dispositions de l'IM auront pris effet.

B. Difficultés de mise en œuvre

Les conventions notifiées par la République de Macédoine du Nord aux fins de l'IM deviendront conformes une fois qu'elle aura ratifié l'IM. La République de Macédoine du Nord a indiqué qu'elle comptait déposer son instrument de ratification de l'IM début 2021.

Synthèse de la réponse de la juridiction - Macédoine du Nord

	Partenaires de convention	Conformité avec le standard	Si conforme, méthode choisie	Signature d'un instrument de mise en conformité	Méthode choisie dans l'instrument de mise en conformité (si différent de l'IM)	Commentaires
1	Albanie	Non	N/C	Oui	N/C	
2	Autriche	Non	N/C	Oui	N/C	
3	Azerbaïdjan*	Non	N/C	Oui	N/C	
4	Bélarus*	Non	N/C	Oui	N/C	
5	Belgique	Non	N/C	Oui	N/C	Partiellement conforme au regard de la règle COP.
6	Bosnie-Herzégovine	Non	N/C	Oui	N/C	
7	Bulgarie	Non	N/C	Oui	N/C	
8	Chine (République populaire de)	Non	N/C	Oui	N/C	
9	Taipei chinois*	Non	N/C	Oui	N/C	
10	Croatie	Non	N/C	Oui	N/C	
11	République tchèque	Non	N/C	Oui	N/C	
12	Danemark	Non	N/C	Oui	N/C	
13	Estonie	Non	N/C	Oui	N/C	
14	Finlande	Non	N/C	Oui	N/C	
15	France	Non	N/C	Oui	N/C	
16	Allemagne	Non	N/C	Oui	N/C	

[99] Pour ses conventions notifiées aux fins de l'IM, la République de Macédoine du Nord choisit d'appliquer la disposition de la déclaration du préambule (article 6 de l'IM) et la règle COP (article 7 de l'IM).

17	Hongrie	Non	N/C	Oui	N/C	
18	Inde	Non	N/C	Oui	N/C	Partiellement conforme au regard de la règle COP.
19	Iran*	Non	N/C	Oui	N/C	
20	Irlande	Non	N/C	Oui	N/C	
21	Israël	Non	N/C	Oui	N/C	
22	Italie	Non	N/C	Oui	N/C	
23	Kazakhstan	Non	N/C	Oui	N/C	
24	Kosovo*	Non	N/C	Oui	N/C	
25	Koweït*	Non	N/C	Oui	N/C	
26	Lettonie	Non	N/C	Oui	N/C	
27	Lituanie	Non	N/C	Oui	N/C	Partiellement conforme au regard de la règle COP.
28	Luxembourg	Non	N/C	Oui	N/C	
29	Moldova*	Non	N/C	Oui	N/C	
30	Monténégro[100]	Non	N/C	Oui	N/C	
31	Maroc	Non	N/C	Oui	N/C	
32	Pays-Bas	Non	N/C	Oui	N/C	
33	Norvège	Non	N/C	Oui	N/C	
34	Pologne	Non	N/C	Oui	N/C	
35	Qatar	Non	N/C	Oui	N/C	
36	Roumanie	Non	N/C	Oui	N/C	
37	Russie	Non	N/C	Oui	N/C	
38	Arabie saoudite	Non	N/C	Oui	N/C	
39	Serbie[101]	Non	N/C	Oui	N/C	
40	République slovaque	Non	N/C	Oui	N/C	
41	Slovénie	Non	N/C	Oui	N/C	
42	Espagne	Non	N/C	Oui	N/C	
43	Suède	Non	N/C	Oui	N/C	
44	Suisse	Non	N/C	Non	N/C	Protocole conclu en vue de se conformer au standard minimum (préambule et règle COP), en attente de signature.
45	Turquie	Non	N/C	Oui	N/C	
46	Ukraine	Non	N/C	Oui	N/C	Règle COP dans les articles relatifs aux intérêts et redevances.
47	Émirats arabes unis	Non	N/C	Oui	N/C	
48	Royaume-Uni	Non	N/C	Oui	N/C	Règle COP prévue par les articles relatifs aux dividendes, aux intérêts, aux redevances et aux autres revenus.

[100] La Macédoine du Nord a signé un accord avec l'ancienne République fédérale de Yougoslavie.

[100] La Macédoine du Nord a signé un accord avec l'ancienne République fédérale de Yougoslavie.

[101] North Macedonia signed the agreement with the former Federal Republic of Yugoslavia.

Norvège

A. Progrès dans la mise en œuvre du standard minimum

La Norvège compte 84 conventions fiscales en vigueur, comme l'indique sa réponse au questionnaire d'examen par les pairs, y compris la Convention nordique multilatérale conclue avec le Danemark, les Îles Féroé, la Finlande, l'Islande et la Suède (la « Convention nordique »)[102]. Quinze de ces conventions, celles conclues avec l'Australie, l'Estonie, la Géorgie, l'Inde, l'Irlande, le Japon, la Lituanie, le Luxembourg, Malte, les Pays-Bas, la Pologne, le Royaume-Uni, la Serbie, et la Slovénie, ainsi que la Convention nordique, sont conformes au standard minimum.

La Norvège a signé l'IM en 2017 et déposé son instrument de ratification le 17 juillet 2019. L'IM est entré en vigueur pour la Norvège le 1er novembre 2019. La Norvège n'a pas notifié ses conventions avec l'Allemagne, l'Autriche, la Barbade, la Belgique, le Bénin, la Bosnie-Herzégovine, le Brésil, le Canada, la Corée, la Côte d'Ivoire, la Croatie, Curaçao, l'Égypte, l'Espagne, la France, le Groenland, la Hongrie, l'Indonésie, Israël, l'Italie, la Jamaïque, le Kazakhstan, le Kenya, la Macédoine du Nord, la Malaisie, le Maroc, le Monténégro, la Nouvelle-Zélande, le Pakistan, le Qatar, la République slovaque, le Sénégal, la Sierra Leone, Singapour, le Sri Lanka, la Suisse, la Thaïlande, Trinité-et-Tobago, la Tunisie, l'Ukraine, le Viet Nam, et la Zambie. Aussi, à ce stade, ces conventions ne seront pas modifiées par l'IM. L'Albanie, la Barbade, la Bosnie-Herzégovine, le Canada, la Corée, la Côte d'Ivoire, la Croatie, Curaçao, l'Égypte, la France, la Hongrie, l'Indonésie, Israël, l'Italie, la Jamaïque, le Kazakhstan, le Kenya, la Macédoine du Nord, la Malaisie, le Maroc, la Nouvelle-Zélande, le Pakistan, la République slovaque, le Sénégal, Singapour, la Tunisie, et l'Ukraine ont notifié leurs conventions avec la Norvège aux fins de l'IM.

La Norvège a indiqué dans sa réponse au questionnaire d'examen par les pairs que des négociations bilatérales seraient engagées pour ses conventions conclues avec l'Allemagne, l'Autriche, la Belgique, le Brésil, le Canada, la Corée, l'Espagne, la France, Israël, l'Italie, le Kazakhstan, la Malaisie, la Nouvelle-Zélande, le Pakistan, la République slovaque, Singapour, la Thaïlande et la Tunisie.

Les Parties à la Convention nordique ont signé un instrument de mise en conformité en 2018. Le protocole est entré en vigueur le 28 novembre 2019 et ses dispositions ont pris effet le 1er janvier 2020.

La Norvège met en œuvre le standard minimum par l'inclusion de la déclaration du préambule et de la règle COP[103].

Les conventions qui seront modifiées par l'IM deviendront conformes au standard minimum une fois que les dispositions de l'IM auront pris effet.

---

[102] Voir la Convention multilatérale conclue par le Danemark, la Finlande, les Îles Féroé, l'Islande, la Norvège et la Suède tendant à éviter la double imposition concernant les impôts sur le revenu et la fortune (1996, 1997, 2008 et 2018). Au total, la Norvège a identifié 88 « accords » dans sa liste des conventions fiscales : 83 conventions bilatérales et la Convention nordique conclue avec cinq de ses partenaires.

[103] Pour ses conventions notifiées aux fins de l'IM, la Norvège choisit d'appliquer la disposition de la déclaration du préambule (article 6 de l'IM) et la règle COP (article 7 de l'IM). La Norvège a indiqué que même si elle accepte l'application de la règle COP aux fins de l'IM, elle a l'intention d'adopter dans la mesure du possible une règle LOB au moyen de négociations bilatérales. La Norvège a également accepté d'appliquer une règle LOB simplifiée dans ses conventions conclues avec des partenaires qui ont opté pour la règle LOB simplifiée conformément à l'article 7(7)(a) de l'IM.

B. Difficultés de mise en œuvre

Comme indiqué précédemment, la Norvège n'a pas notifié ses conventions avec l'Albanie, la Barbade, le Bénin, la Bosnie-Herzégovine, la Côte d'Ivoire, la Croatie, Curaçao, l'Égypte, le Groenland, la Hongrie, l'Indonésie, la Jamaïque, le Kenya, la Macédoine du Nord, le Monténégro, le Maroc, le Qatar, le Sénégal, la Sierra Leone, le Sri Lanka, Trinité-et-Tobago, l'Ukraine, le Viet Nam et la Zambie aux fins de l'IM. Notifier ces conventions aux fins de l'IM ou engager des renégociations bilatérales dans le but de mettre en œuvre le standard minimum permettrait de transposer le standard minimum dans ces conventions non couvertes.

Synthèse de la réponse de la juridiction - Norvège

	Partenaires de convention	Conformité avec le standard	Si conforme, méthode choisie	Signature d'un instrument de mise en conformité	Méthode choisie dans l'instrument de mise en conformité (si différent de l'IM)	Commentaires
1	Albanie	Non	N/C	Non	N/C	
2	Argentine	Non	N/C	Oui	N/C	
3	Australie	Oui	COP uniquement	N/C	N/C	
4	Autriche	Non	N/C	Non	N/C	Négociations bilatérales
5	Azerbaïdjan*	Non	N/C	Non	N/C	
6	Bangladesh*	Non	N/C	Non	N/C	
7	Barbade	Non	N/C	Non	N/C	
8	Belgique	Non	N/C	Non	N/C	Négociations bilatérales
9	Bénin	Non	N/C	Non	N/C	
10	Bosnie-Herzégovine	Non	N/C	Non	N/C	
11	Brésil	Non	N/C	Non	N/C	Négociations bilatérales
12	Bulgarie	Non	N/C	Oui	N/C	
13	Canada	Non	N/C	Non	N/C	Négociations bilatérales
14	Chili	Non	N/C	Oui	N/C	
15	Chine (République populaire de)	Non	N/C	Oui	N/C	
16	Côte d'Ivoire	Non	N/C	Non	N/C	
17	Croatie	Non	N/C	Non	N/C	
18	Curaçao	Non	N/C	Non	N/C	
19	Chypre*	Non	N/C	Oui	N/C	
20	République tchèque	Non	N/C	Oui	N/C	
21	Danemark	Oui	COP uniquement	N/C	N/C	Convention nordique
22	Égypte	Non	N/C	Non	N/C	
23	Estonie	Oui	COP uniquement	N/C	N/C	
24	Îles Féroé	Oui	COP uniquement	N/C	N/C	Convention nordique
25	Finlande	Oui	COP uniquement	N/C	N/C	Convention nordique
26	France	Non	N/C	Non	N/C	Négociations bilatérales
27	Gambie*	Non	N/C	Non	N/C	
28	Géorgie	Oui	COP uniquement	N/C	N/C	
29	Allemagne	Non	N/C	Non	N/C	Négociations bilatérales
30	Grèce	Non	N/C	Oui	N/C	

31	Groenland	Non	N/C	Non	N/C	
32	Hongrie	Non	N/C	Non	N/C	
33	Islande	Oui	COP uniquement	N/C	N/C	Convention nordique
34	Inde	Oui	COP et LOB	N/C	N/C	
35	Indonésie	Non	N/C	Non	N/C	
36	Irlande	Oui	COP uniquement	N/C	N/C	
37	Israël	Non	N/C	Non	N/C	Négociations bilatérales
38	Italie	Non	N/C	Non	N/C	Négociations bilatérales
39	Jamaïque	Non	N/C	Non	N/C	
40	Japon	Oui	COP uniquement	N/C	N/C	
41	Kazakhstan	Non	N/C	Non	N/C	Négociations bilatérales
42	Kenya	Non	N/C	Non	N/C	
43	Corée	Non	N/C	Non	N/C	Négociations bilatérales
44	Lettonie	Non	N/C	Oui	N/C	
45	Lituanie	Oui	COP uniquement	N/C	N/C	
46	Luxembourg	Oui	COP uniquement	N/C	N/C	
47	Malawi*	Non	N/C	Non	N/C	
48	Malaisie	Non	N/C	Non	N/C	Négociations bilatérales
49	Malte	Oui	COP uniquement	N/C	N/C	
50	Mexique	Non	N/C	Oui	N/C	
51	Monténégro	Non	N/C	Non	N/C	
52	Maroc	Non	N/C	Non	N/C	
53	Népal*	Non	N/C	Non	N/C	
54	Pays-Bas	Oui	COP uniquement	N/C	N/C	
55	Nouvelle-Zélande	Non	N/C	Non	N/C	Négociations bilatérales
56	Macédoine du Nord	Non	N/C	Non	N/C	
57	Pakistan	Non	N/C	Non	N/C	Négociations bilatérales
58	Philippines*	Non	N/C	Non	N/C	
59	Pologne	Oui	COP uniquement	N/C	N/C	
60	Portugal	Non	N/C	Oui	N/C	
61	Qatar	Non	N/C	Non	N/C	
62	Roumanie	Non	N/C	Oui	N/C	
63	Russie	Non	N/C	Oui	N/C	
64	Sénégal	Non	N/C	Non	N/C	
65	Serbie	Oui	COP uniquement	N/C	N/C	
66	Sierra Leone	Non	N/C	Non	N/C	
67	Singapour	Non	N/C	Non	N/C	Négociations bilatérales
68	Sint-Maarten*	Non	N/C	Non	N/C	
69	République slovaque	Non	N/C	Non	N/C	Négociations bilatérales
70	Slovénie	Oui	COP uniquement	N/C	N/C	
71	Afrique du Sud	Non	N/C	Oui	N/C	
72	Espagne	Non	N/C	Non	N/C	Négociations bilatérales
73	Sri Lanka	Non	N/C	Non	N/C	
74	Suède	Oui	COP uniquement	N/C	N/C	Convention nordique

75	Suisse	Non	N/C	Oui	COP uniquement	
76	Tanzanie*	Non	N/C	Non	N/C	
77	Thaïlande	Non	N/C	Non	N/C	Négociations bilatérales
78	Trinité-et-Tobago	Non	N/C	Non	N/C	
79	Tunisie	Non	N/C	Non	N/C	Négociations bilatérales
80	Turquie	Non	N/C	Oui	N/C	
81	Ouganda*	Non	N/C	Non	N/C	
82	Ukraine	Non	N/C	Non	N/C	
83	Royaume-Uni	Oui	COP uniquement	N/C	N/C	
84	États-Unis	Non	N/C	Non	N/C	Négociations bilatérales
85	Venezuela*	Non	N/C	Non	N/C	
86	Viet Nam	Non	N/C	Non	N/C	
87	Zambie	Non	N/C	Non	N/C	
88	Zimbabwe*	Non	N/C	Non	N/C	

Oman

A. Progrès dans la mise en œuvre du standard minimum

Oman compte 34 conventions fiscales en vigueur, comme l'indique sa réponse au questionnaire d'examen par les pairs.

Oman a signé l'IM en 2019 et déposé son instrument de ratification le 7 juillet 2020. L'IM entrera en vigueur pour Oman le 1er novembre 2020. Oman n'a pas notifié sa convention aux fins de l'IM avec l'Inde, mais a indiqué dans sa réponse au questionnaire d'examen par les pairs que des négociations bilatérales seraient lancées concernant cette convention.

Oman met en œuvre le standard minimum par l'inclusion de la déclaration du préambule et de la règle COP[104].

Les conventions qui seront modifiées par l'IM deviendront conformes au standard minimum une fois que les dispositions de l'IM auront pris effet.

B. Difficultés de mise en œuvre

Aucune juridiction n'a signalé de préoccupation relative à ses conventions conclues avec Oman.

Synthèse de la réponse de la juridiction – Oman

	Partenaires de convention	Conformité avec le standard	Si conforme, méthode choisie	Signature d'un instrument de mise en conformité	Méthode choisie dans l'instrument de mise en conformité (si différent de l'IM)	Commentaires
1	Algérie*	Non	N/C	Oui	N/C	
2	Bélarus*	Non	N/C	Oui	N/C	
3	Brunei Darussalam	Non	N/C	Oui	N/C	
4	Canada	Non	N/C	Oui	N/C	
5	Chine (République populaire de)	Non	N/C	Oui	N/C	
6	Croatie	Non	N/C	Oui	N/C	
7	France	Non	N/C	Oui	N/C	
8	Hongrie	Non	N/C	Oui	N/C	
9	Inde	Non	N/C	Non	N/C	
10	Iran*	Non	N/C	Oui	N/C	
11	Italie	Non	N/C	Oui	N/C	
12	Japon	Non	N/C	Oui	N/C	
13	Corée	Non	N/C	Oui	N/C	
14	Liban*	Non	N/C	Oui	N/C	
15	Maurice	Non	N/C	Oui	N/C	
16	Moldova*	Non	N/C	Oui	N/C	
17	Maroc	Non	N/C	Oui	N/C	
18	Pays-Bas	Non	N/C	Oui	N/C	

[104] Pour ses conventions notifiées aux fins de l'IM, Oman choisit d'appliquer la disposition de la déclaration du préambule (article 6 de l'IM) et la règle COP (article 7 de l'IM).

19	Pakistan	Non	N/C	Oui	N/C	
20	Portugal	Non	N/C	Oui	N/C	
21	Seychelles	Non	N/C	Oui	N/C	
22	Singapour	Non	N/C	Oui	N/C	
23	Afrique du Sud	Non	N/C	Oui	N/C	
24	Espagne	Non	N/C	Oui	N/C	
25	Soudan*	Non	N/C	Oui	N/C	
26	Suisse	Non	N/C	Oui	N/C	
27	République arabe syrienne*	Non	N/C	Oui	N/C	
28	Thaïlande	Non	N/C	Oui	N/C	
29	Tunisie	Non	N/C	Oui	N/C	
30	Turquie	Non	N/C	Oui	N/C	
31	Royaume-Uni	Non	N/C	Oui	N/C	
32	Ouzbékistan*	Non	N/C	Oui	N/C	
33	Viet Nam	Non	N/C	Oui	N/C	
34	Yémen*	Non	N/C	Oui	N/C	

Pakistan

A. Progrès dans la mise en œuvre du standard minimum

Le Pakistan compte 66 conventions fiscales en vigueur, comme l'indique sa réponse au questionnaire d'examen par les pairs. L'une de ces conventions, celle conclue avec la Bulgarie, est conforme au standard minimum.

Le Pakistan a signé l'IM en 2017 et déposé son instrument de ratification le 18 décembre 2020. L'IM entrera en vigueur pour le Pakistan le 1er avril 2021.

Le Pakistan met en œuvre le standard minimum par l'inclusion de la déclaration du préambule et de la règle COP[105].

Les conventions qui seront modifiées par l'IM deviendront conformes au standard minimum une fois que les dispositions de l'IM auront pris effet.

B. Difficultés de mise en œuvre

Aucune juridiction n'a signalé de préoccupation relative à ses conventions conclues avec le Pakistan.

Synthèse de la réponse de la juridiction – Pakistan

	Partenaires de convention	Conformité avec le standard	Si conforme, méthode choisie	Signature d'un instrument de mise en conformité	Méthode choisie dans l'instrument de mise en conformité (si différent de l'IM)	Commentaires
1	Autriche	Non	N/C	Oui	N/C	
2	Azerbaïdjan*	Non	N/C	Oui	N/C	
3	Bahreïn	Non	N/C	Oui	N/C	
4	Bangladesh*	Non	N/C	Oui	N/C	
5	Bélarus*	Non	N/C	Oui	N/C	
6	Belgique	Non	N/C	Oui	N/C	
7	Bosnie-Herzégovine	Non	N/C	Oui	N/C	
8	Brunei Darussalam	Non	N/C	Non	N/C	Le Pakistan inclura cette convention dans la liste des conventions fiscales couvertes lors du dépôt de l'Instrument de ratification de l'IM.
9	Bulgarie	Oui	COP uniquement	N/C	N/C	La convention contient le nouveau préambule ainsi que la règle COP.
10	Canada	Non	N/C	Oui	N/C	

105 Pour ses conventions notifiées aux fins de l'IM, le Pakistan choisit d'appliquer la disposition de la déclaration du préambule (article 6 de l'IM) et la règle COP (article 7 de l'IM).

11	Chine (République populaire de)	Non	N/C	Oui	N/C	
12	République tchèque	Non	N/C	Oui	N/C	
13	Danemark	Non	N/C	Oui	N/C	
14	Égypte	Non	N/C	Oui	N/C	
15	Finlande	Non	N/C	Oui	N/C	
16	France	Non	N/C	Oui	N/C	
17	Allemagne	Non	N/C	Oui	N/C	
18	Hong Kong (Chine)	Non	N/C	Oui	N/C	
19	Hongrie	Non	N/C	Oui	N/C	
20	Indonésie	Non	N/C	Oui	N/C	
21	Iran*	Non	N/C	Oui	N/C	
22	Irlande	Non	N/C	Oui	N/C	
23	Italie	Non	N/C	Oui	N/C	
24	Japon	Non	N/C	Oui	N/C	
25	Jordanie	Non	N/C	Oui	N/C	
26	Kazakhstan	Non	N/C	Oui	N/C	
27	Corée	Non	N/C	Oui	N/C	
28	Koweït*	Non	N/C	Oui	N/C	
29	Kirghizistan*	Non	N/C	Oui	N/C	
30	Liban*	Non	N/C	Oui	N/C	
31	Libye*	Non	N/C	Oui	N/C	
32	Malaisie	Non	N/C	Oui	N/C	
33	Malte	Non	N/C	Oui	N/C	
34	Maurice	Non	N/C	Oui	N/C	
35	Maroc	Non	N/C	Oui	N/C	
36	Népal*	Non	N/C	Oui	N/C	
37	Pays-Bas	Non	N/C	Oui	N/C	
38	Nigéria	Non	N/C	Oui	N/C	
39	Norvège	Non	N/C	Oui	N/C	
40	Oman	Non	N/C	Oui	N/C	
41	Philippines*	Non	N/C	Oui	N/C	
42	Pologne	Non	N/C	Oui	N/C	
43	Portugal	Non	N/C	Oui	N/C	
44	Qatar	Non	N/C	Oui	N/C	
45	Roumanie	Non	N/C	Oui	N/C	
46	Arabie saoudite	Non	N/C	Oui	N/C	
47	Serbie	Non	N/C	Oui	N/C	
48	Singapour	Non	N/C	Oui	N/C	
49	Afrique du Sud	Non	N/C	Oui	N/C	
50	Espagne	Non	N/C	Oui	N/C	
51	Sri Lanka	Non	N/C	Oui	N/C	
52	Suède	Non	N/C	Oui	N/C	
53	Suisse	Non	N/C	Oui	N/C	
54	République arabe syrienne*	Non	N/C	Oui	N/C	
55	Tadjikistan*	Non	N/C	Oui	N/C	
56	Thaïlande	Non	N/C	Oui	N/C	
57	Tunisie	Non	N/C	Oui	N/C	
58	Turquie	Non	N/C	Oui	N/C	
59	Turkménistan*	Non	N/C	Oui	N/C	
60	Ukraine	Non	N/C	Oui	N/C	
61	Émirats arabes unis	Non	N/C	Oui	N/C	
62	Royaume-Uni	Non	N/C	Oui	N/C	

63	États-Unis	Non	N/C	Oui	N/C	
64	Ouzbékistan*	Non	N/C	Oui	N/C	
65	Viet Nam	Non	N/C	Oui	N/C	
66	Yémen*	Non	N/C	Oui	N/C	

Panama

A. Progrès dans la mise en œuvre du standard minimum

Le Panama compte 17 conventions fiscales en vigueur, comme l'indique sa réponse au questionnaire d'examen par les pairs.

Le Panama a signé l'IM en 2018 et déposé son instrument de ratification le 5 novembre 2020. L'IM entrera en vigueur pour le Panama le 1er mars 2021.

Le Panama met en œuvre le standard minimum par l'inclusion de la déclaration du préambule et de la règle COP[106].

Les conventions qui seront modifiées par l'IM deviendront conformes au standard minimum une fois que les dispositions de l'IM auront pris effet.

B. Difficultés de mise en œuvre

Aucune juridiction n'a signalé de préoccupation relative à ses conventions conclues avec le Panama.

Synthèse de la réponse de la juridiction – Panama

	Partenaires de convention	Conformité avec le standard	Si conforme, méthode choisie	Signature d'un instrument de mise en conformité	Méthode choisie dans l'instrument de mise en conformité (si différent de l'IM)	Commentaires
1	Barbade	Non	N/C	Oui	N/C	
2	République tchèque	Non	N/C	Oui	N/C	
3	France	Non	N/C	Oui	N/C	
4	Irlande	Non	N/C	Oui	N/C	
5	Israël	Non	N/C	Oui	N/C	
6	Italie	Non	N/C	Oui	N/C	
7	Corée	Non	N/C	Oui	N/C	
8	Luxembourg	Non	N/C	Oui	N/C	
9	Mexique	Non	N/C	Oui	N/C	
10	Pays-Bas	Non	N/C	Oui	N/C	
11	Portugal	Non	N/C	Oui	N/C	
12	Qatar	Non	N/C	Oui	N/C	
13	Singapour	Non	N/C	Oui	N/C	
14	Espagne	Non	N/C	Oui	N/C	
15	Émirats arabes unis	Non	N/C	Oui	N/C	
16	Royaume-Uni	Non	N/C	Oui	N/C	
17	Viet Nam	Non	N/C	Oui	N/C	

106 Pour ses conventions notifiées aux fins de l'IM, le Panama choisit d'appliquer la disposition de la déclaration du préambule (article 6 de l'IM) et la règle COP (article 7 de l'IM).

Papouasie-Nouvelle-Guinée

A. Progrès dans la mise en œuvre du standard minimum

La Papouasie–Nouvelle-Guinée compte dix conventions fiscales en vigueur, comme l'indique sa réponse au questionnaire d'examen par les pairs.

La Papouasie–Nouvelle-Guinée a signé l'IM en 2019 et a notifié ses conventions non conformes.

La Papouasie–Nouvelle-Guinée met en œuvre le standard minimum par l'inclusion de la déclaration du préambule et de la règle COP[107].

Les conventions qui seront modifiées par l'IM deviendront conformes au standard minimum une fois que les dispositions de l'IM auront pris effet.

B. Difficultés de mise en œuvre

Les conventions notifiées par la Papouasie-Nouvelle-Guinée aux fins de l'IM deviendront conformes une fois qu'elle aura ratifié l'IM. La Papouasie-Nouvelle-Guinée est invitée à ratifier l'IM le plus rapidement possible. La Papouasie–Nouvelle-Guinée a indiqué qu'elle comptait entamer son processus de ratification de l'IM en 2021.

Synthèse de la réponse de la juridiction - Papouasie-Nouvelle-Guinée

	Partenaires de convention	Conformité avec le standard	Si conforme, méthode choisie	Signature d'un instrument de mise en conformité	Méthode choisie dans l'instrument de mise en conformité (si différent de l'IM)	Commentaires
1	Australie	Non	N/C	Oui	N/C	
2	Canada	Non	N/C	Oui	N/C	
3	Chine (République populaire de)	Non	N/C	Oui	N/C	
4	Fidji*	Non	N/C	Oui	N/C	
5	Indonésie	Non	N/C	Oui	N/C	L'Indonésie n'a pas notifié notre convention comme étant une convention fiscale couverte dans sa position au regard de l'IM.
6	Corée	Non	N/C	Oui	N/C	
7	Malaisie	Non	N/C	Oui	N/C	
8	Nouvelle-Zélande	Non	N/C	Oui	N/C	
9	Singapour	Non	N/C	Oui	N/C	
10	Royaume-Uni	Non	N/C	Oui	N/C	

[107] Pour ses conventions notifiées aux fins de l'IM, la Papouasie-Nouvelle-Guinée choisit d'appliquer la disposition de la déclaration du préambule (article 6 de l'IM) et la règle COP (article 7 de l'IM).

Paraguay

A. Progrès dans la mise en œuvre du standard minimum

Le Paraguay compte trois conventions fiscales en vigueur, comme l'indique sa réponse au questionnaire d'examen par les pairs. L'une de ces conventions, celle conclue avec l'Uruguay, est conforme au standard minimum.

Le Paraguay n'a pas signé l'IM.

Le Paraguay met en œuvre le standard minimum par l'inclusion de la disposition de la déclaration du préambule et de la règle COP associée à la règle LOB.

B. Difficultés de mise en œuvre

Étant donné que le Paraguay n'a pas adhéré à l'IM ni appliqué de mesures de lutte contre le chalandage fiscal dans ses conventions, le Secrétariat lui proposera son aide pour élaborer un plan de mise en œuvre du standard minimum en vue de renforcer son réseau de conventions.

Synthèse de la réponse de la juridiction – Paraguay

	Partenaires de convention	Conformité avec le standard	Si conforme, méthode choisie	Signature d'un instrument de mise en conformité	Méthode choisie dans l'instrument de mise en conformité (si différent de l'IM)	Commentaires
1	Chili	Non	N/C	Non	N/C	
2	Taipei chinois*	Non	N/C	Non	N/C	
3	Uruguay	Oui	COP et LOB	N/C	N/C	

Pérou

A. Progrès dans la mise en œuvre du standard minimum

Le Pérou compte huit conventions fiscales en vigueur, ainsi que l'indique sa réponse au questionnaire d'examen par les pairs, y compris la Décision 578 de la Commission de la Communauté andine pour les membres de la Communauté andine (la convention de la Communauté andine)[108].

Le Pérou a signé l'IM en 2018 et a notifié ses conventions bilatérales non conformes.

Le Pérou met en œuvre le standard minimum par l'inclusion de la déclaration du préambule et de la règle COP[109].

Les conventions qui seront modifiées par l'IM deviendront conformes au standard minimum une fois que les dispositions de l'IM auront pris effet.

Le Pérou a indiqué dans sa réponse au questionnaire d'examen par les pairs que la convention de la Communauté andine n'a pas été notifiée aux fins de l'IM, car il s'agit d'une Décision de la Commission de la Communauté andine, et qu'il prévoit de renégocier cette convention avec ses partenaires[110].

B. Difficultés de mise en œuvre

Les conventions notifiées par le Pérou aux fins de l'IM deviendront conformes une fois qu'il aura ratifié l'IM. Le Pérou est invité à ratifier l'IM le plus rapidement possible.

Synthèse de la réponse de la juridiction – Pérou

	Partenaires de convention	Conformité avec le standard	Si conforme, méthode choisie	Signature d'un instrument de mise en conformité	Méthode choisie dans l'instrument de mise en conformité (si différent de l'IM)	Commentaires
1	Bolivie*	Non	N/C	Non	N/C	Renégociation de la Décision 578 en cours
2	Brésil	Non	N/C	Oui	N/C	
3	Canada	Non	N/C	Oui	N/C	
4	Chili	Non	N/C	Oui	N/C	

[108] La Décision 578 de la Commission de la Communauté andine établissant un régime tendant à éviter la double imposition et à prévenir la fraude fiscale, adoptée le 4 mai 2004. Les membres actuels de la Communauté andine sont la Bolivie*, la Colombie, l'Équateur* et le Pérou. Au total, le Pérou a notifié dix « conventions » dans sa liste de conventions fiscales : sept conventions bilatérales et la convention conclue avec la Communauté andine (Décision 578).

[109] Pour ses conventions notifiées aux fins de l'IM, le Pérou choisit d'appliquer la disposition de la déclaration du préambule (article 6 de l'IM) et la règle COP (article 7 de l'IM). Le Pérou a indiqué que même s'il accepte l'application de la règle COP aux fins de l'IM, il a l'intention d'adopter dans la mesure du possible une règle LOB par négociation bilatérale.

[110] La Bolivie* et l'Équateur* ne sont pas membres du Cadre inclusif sur le BEPS.

5	Colombie	Non	N/C	Non	N/C	Renégociation de la Décision 578 en cours
6	Équateur*	Non	N/C	Non	N/C	Renégociation de la Décision 578 en cours
7	Corée	Non	N/C	Oui	N/C	
8	Mexique	Non	N/C	Oui	N/C	
9	Portugal	Non	N/C	Oui	N/C	
10	Suisse	Non	N/C	Oui	N/C	

Pologne

A. Progrès dans la mise en œuvre du standard minimum

La Pologne compte 82 conventions fiscales en vigueur, comme l'indique sa réponse au questionnaire d'examen par les pairs. Vingt-quatre de ces conventions, celles conclues avec l'Australie, l'Autriche, la Belgique, le Canada, le Danemark, les Émirats arabes unis, la Finlande, la France, l'Islande, l'Inde, l'Irlande, Israël, le Japon, la Lituanie, le Luxembourg, Malte, la Norvège, la Nouvelle-Zélande, la République slovaque, le Royaume-Uni, la Serbie, Singapour, la Slovénie et l'Ukraine, sont conformes au standard minimum.

La Pologne a signé l'IM en 2017 et déposé son instrument de ratification de l'IM le 23 janvier 2018. L'IM est entré en vigueur pour la Pologne le 1er juillet 2018. La Pologne n'a pas notifié ses conventions aux fins de l'IM avec l'Allemagne, la Géorgie et le Monténégro, mais a indiqué dans sa réponse au questionnaire d'examen par les pairs que des négociations bilatérales seraient lancées concernant cette convention.

La Pologne met en œuvre le standard minimum par l'inclusion de la déclaration du préambule et de la règle COP[111].

Les conventions qui seront modifiées par l'IM deviendront conformes au standard minimum une fois que les dispositions de l'IM auront pris effet.

B. Difficultés de mise en œuvre

Aucune juridiction n'a signalé de préoccupation relative à ses conventions conclues avec la Pologne.

Synthèse de la réponse de la juridiction - Pologne

	Partenaires de convention	Conformité avec le standard	Si conforme, méthode choisie	Signature d'un instrument de mise en conformité	Méthode choisie dans l'instrument de mise en conformité (si différent de l'IM)	Commentaires
1	Albanie	Non	N/C	Oui	N/C	
2	Arménie	Non	N/C	Oui	N/C	
3	Australie	Oui	COP uniquement	N/C	N/C	Déclaration explicite figurant dans le préambule et la règle COP (équivalent au paragraphe 9 de l'article 29 du Modèle de Convention fiscale de l'OCDE de 2017).
4	Autriche	Oui	COP uniquement	N/C	N/C	Déclaration explicite figurant dans le préambule et la règle COP (équivalent

[111] Pour ses conventions notifiées aux fins de l'IM, la Pologne choisit d'appliquer la disposition de la déclaration du préambule (article 6 de l'IM) et la règle COP (article 7 de l'IM). La Pologne a indiqué que même si elle accepte l'application de la règle COP aux fins de l'IM, elle a l'intention d'adopter dans la mesure du possible une règle LOB par négociation bilatérale.

						au paragraphe 9 de l'article 29 du Modèle de Convention fiscale de l'OCDE de 2017).
5	Azerbaïdjan*	Non	N/C	Oui	N/C	
6	Bangladesh*	Non	N/C	Oui	N/C	
7	Bélarus*	Non	N/C	Oui	N/C	
8	Belgique	Oui	COP uniquement	N/C	N/C	Déclaration explicite figurant dans le préambule et la règle COP (équivalent au paragraphe 9 de l'article 29 du Modèle de Convention fiscale de l'OCDE de 2017).
9	Bosnie-Herzégovine	Non	N/C	Oui	N/C	
10	Bulgarie	Non	N/C	Oui	N/C	
11	Canada	Oui	COP uniquement	N/C	N/C	Déclaration explicite figurant dans le préambule et la règle COP (équivalent au paragraphe 9 de l'article 29 du Modèle de Convention fiscale de l'OCDE de 2017).
12	Chili	Non	N/C	Oui	N/C	
13	Chine (République populaire de)	Non	N/C	Oui	N/C	
14	Croatie	Non	N/C	Oui	N/C	
15	Chypre*	Non	N/C	Oui	N/C	
16	République tchèque	Non	N/C	Oui	N/C	
17	Danemark	Oui	COP uniquement	N/C	N/C	Déclaration explicite figurant dans le préambule et la règle COP (équivalent au paragraphe 9 de l'article 29 du Modèle de Convention fiscale de l'OCDE de 2017).
18	Égypte	Non	N/C	Oui	N/C	
19	Estonie	Non	N/C	Oui	N/C	
20	Éthiopie*	Non	N/C	Oui	N/C	
21	Finlande	Oui	COP uniquement	N/C	N/C	Déclaration explicite figurant dans le préambule et la règle COP (équivalent au paragraphe 9 de l'article 29 du Modèle de Convention fiscale de l'OCDE de 2017).
22	France	Oui	COP uniquement	N/C	N/C	Déclaration explicite figurant dans le préambule et la règle COP (équivalent au paragraphe 9 de l'article 29 du Modèle de Convention fiscale de l'OCDE de 2017).
23	Géorgie	Non	N/C	Non	N/C	
24	Allemagne	Non	N/C	Non	N/C	Le Protocole modifiera le texte du titre de la convention de double imposition ainsi que le préambule. Il introduira également la règle COP.
25	Grèce	Non	N/C	Oui	N/C	
26	Hongrie	Non	N/C	Oui	N/C	
27	Islande	Oui	COP uniquement	N/C	N/C	Déclaration explicite figurant dans le préambule et la règle COP (équivalent au paragraphe 9 de l'article 29 du Modèle de Convention fiscale de l'OCDE de 2017).
28	Inde	Oui	COP uniquement	N/C	N/C	Déclaration explicite figurant dans le préambule et la règle COP (équivalent au paragraphe 9 de l'article 29 du Modèle de Convention fiscale de l'OCDE de 2017).
29	Indonésie	Non	N/C	Oui	N/C	

30	Iran*	Non	N/C	Oui	N/C	
31	Irlande	Oui	COP uniquement	N/C	N/C	Déclaration explicite figurant dans le préambule et la règle COP (équivalent au paragraphe 9 de l'article 29 du Modèle de Convention fiscale de l'OCDE de 2017).
32	Israël	Oui	COP uniquement	N/C	N/C	Déclaration explicite figurant dans le préambule et la règle COP (équivalent au paragraphe 9 de l'article 29 du Modèle de Convention fiscale de l'OCDE de 2017).
33	Italie	Non	N/C	Oui	N/C	
34	Japon	Oui	COP uniquement	N/C	N/C	Déclaration explicite figurant dans le préambule et la règle COP (équivalent au paragraphe 9 de l'article 29 du Modèle de Convention fiscale de l'OCDE de 2017).
35	Jordanie	Non	N/C	Oui	N/C	
36	Kazakhstan	Non	N/C	Oui	N/C	
37	Corée	Non	N/C	Oui	N/C	
38	Koweït*	Non	N/C	Oui	N/C	
39	Kirghizistan*	Non	N/C	Oui	N/C	
40	Lettonie	Non	N/C	Oui	N/C	
41	Liban*	Non	N/C	Oui	N/C	
42	Lituanie	Oui	COP uniquement	N/C	N/C	Déclaration explicite figurant dans le préambule et la règle COP (équivalent au paragraphe 9 de l'article 29 du Modèle de Convention fiscale de l'OCDE de 2017).
43	Luxembourg	Oui	COP uniquement	N/C	N/C	Déclaration explicite figurant dans le préambule et la règle COP (équivalent au paragraphe 9 de l'article 29 du Modèle de Convention fiscale de l'OCDE de 2017).
44	Malaisie (ancienne)	Non	N/C	Non	N/C	
45	Malte	Oui	COP uniquement	N/C	N/C	Déclaration explicite figurant dans le préambule et la règle COP (équivalent au paragraphe 9 de l'article 29 du Modèle de Convention fiscale de l'OCDE de 2017).
46	Mexique	Non	N/C	Oui	N/C	
47	Moldova*	Non	N/C	Oui	N/C	
48	Mongolie	Non	N/C	Oui	N/C	
49	Monténégro	Non	N/C	Non	N/C	Lettre d'invitation envoyée en vue d'engager des négociations bilatérales.
50	Maroc	Non	N/C	Oui	N/C	
51	Pays-Bas	Non	N/C	Oui[112]	N/C	
52	Nouvelle-Zélande	Oui	COP uniquement	N/C	N/C	Déclaration explicite figurant dans le préambule et la règle COP (équivalent au paragraphe 9 de l'article 29 du Modèle de Convention fiscale de

[112] La Pologne a notifié la convention fiscale conclue avec les Pays-Bas en 2002 comme étant « couverte » aux fins de l'IM. Les Pays-Bas n'ont pas notifié la convention conclue avec la Pologne comme étant « couverte ». Des négociations bilatérales ont été entreprises afin d'inclure le standard minimum de l'Action 6 du BEPS dans la convention de double imposition mentionnée ci-dessus. Le 29 octobre 2020, le protocole portant modification de cette convention fiscale a été signé. Il prévoit, entre autres, l'inclusion de la déclaration du préambule et de la règle COP dans la convention de double imposition. Dès que le protocole entrera en vigueur, cette convention de double imposition inclura le standard minimum issu de l'Action 6 du Projet BEPS.

						l'OCDE de 2017).
53	Macédoine du Nord	Non	N/C	Oui	N/C	
54	Norvège	Oui	COP uniquement	N/C	N/C	Déclaration explicite figurant dans le préambule et la règle COP (équivalent au paragraphe 9 de l'article 29 du Modèle de Convention fiscale de l'OCDE de 2017).
55	Pakistan	Non	N/C	Oui	N/C	
56	Philippines*	Non	N/C	Oui	N/C	
57	Portugal	Non	N/C	Oui	N/C	
58	Qatar	Non	N/C	Oui	N/C	
59	Roumanie	Non	N/C	Oui	N/C	
60	Russie	Non	N/C	Oui	N/C	
61	Arabie saoudite	Non	N/C	Oui	N/C	
62	Serbie	Oui	COP uniquement	N/C	N/C	Déclaration explicite figurant dans le préambule et la règle COP (équivalent au paragraphe 9 de l'article 29 du Modèle de Convention fiscale de l'OCDE de 2017).
63	Singapour	Oui	COP uniquement	N/C	N/C	Déclaration explicite figurant dans le préambule et la règle COP (équivalent au paragraphe 9 de l'article 29 du Modèle de Convention fiscale de l'OCDE de 2017).
64	République slovaque	Oui	COP uniquement	N/C	N/C	Déclaration explicite figurant dans le préambule et la règle COP (équivalent au paragraphe 9 de l'article 29 du Modèle de Convention fiscale de l'OCDE de 2017).
65	Slovénie	Oui	COP uniquement	N/C	N/C	Déclaration explicite figurant dans le préambule et la règle COP (équivalent au paragraphe 9 de l'article 29 du Modèle de Convention fiscale de l'OCDE de 2017).
66	Afrique du Sud	Non	N/C	Oui	N/C	
67	Espagne	Non	N/C	Oui	N/C	
68	Sri Lanka	Non	N/C	Oui	N/C	
69	Suède	Non	N/C	Oui	N/C	
70	Suisse	Non	N/C	Oui	N/C	
71	République arabe syrienne*	Non	N/C	Oui	N/C	
72	Tadjikistan*	Non	N/C	Oui	N/C	
73	Thaïlande	Non	N/C	Oui	N/C	
74	Tunisie	Non	N/C	Oui	N/C	
75	Turquie	Non	N/C	Oui	N/C	
76	Ukraine	Oui	COP uniquement	N/C	N/C	Déclaration explicite figurant dans le préambule et la règle COP (équivalent au paragraphe 9 de l'article 29 du Modèle de Convention fiscale de l'OCDE de 2017).
77	Émirats arabes unis	Oui	COP uniquement	N/C	N/C	Déclaration explicite figurant dans le préambule et la règle COP (équivalent au paragraphe 9 de l'article 29 du Modèle de Convention fiscale de l'OCDE de 2017).
78	Royaume-Uni	Oui	COP uniquement	N/C	N/C	Déclaration explicite figurant dans le préambule et la règle COP (équivalent au paragraphe 9 de l'article 29 du Modèle de Convention fiscale de l'OCDE de 2017).

79	États-Unis	Non	N/C	Non	N/C	Lettre d'invitation envoyée en vue d'engager des négociations bilatérales.
80	Ouzbékistan*	Non	N/C	Oui	N/C	
81	Viet Nam	Non	N/C	Oui	N/C	
82	Zimbabwe*	Non	N/C	Oui	N/C	

Portugal

A. Progrès dans la mise en œuvre du standard minimum

Le Portugal compte 78 conventions fiscales en vigueur, comme l'indique sa réponse au questionnaire d'examen par les pairs. L'une de ces conventions, celle conclue avec l'Angola, est conforme au standard minimum.

Le Portugal a signé l'IM en 2017 et déposé son instrument de ratification le 28 février 2020. L'IM est entré en vigueur pour le Portugal le 1er juin 2020.

Le Portugal met en œuvre le standard minimum par l'inclusion de la déclaration du préambule et de la règle COP[113].

Les conventions qui seront modifiées par l'IM deviendront conformes au standard minimum une fois que les dispositions de l'IM auront pris effet.

B. Difficultés de mise en œuvre

Aucune juridiction n'a signalé de préoccupation relative à ses conventions conclues avec le Portugal.

Synthèse de la réponse de la juridiction – Portugal

	Partenaires de convention	Conformité avec le standard	Si conforme, méthode choisie	Signature d'un instrument de mise en conformité	Méthode choisie dans l'instrument de mise en conformité (si différent de l'IM)	Commentaires
1	Algérie*	Non	N/C	Oui	N/C	
2	Andorre	Non	N/C	Oui	N/C	
3	Angola	Oui	COP uniquement	N/C	N/C	
4	Autriche	Non	N/C	Oui	N/C	
5	Bahreïn	Non	N/C	Oui	N/C	
6	Barbade	Non	N/C	Oui	N/C	
7	Belgique	Non	N/C	Oui	N/C	
8	Brésil	Non	N/C	Oui	N/C	
9	Bulgarie	Non	N/C	Oui	N/C	
10	Cabo Verde	Non	N/C	Oui	N/C	
11	Canada	Non	N/C	Oui	N/C	
12	Chili	Non	N/C	Oui	N/C	
13	Chine (République populaire de)	Non	N/C	Oui	N/C	
14	Colombie	Non	N/C	Oui	N/C	
15	Côte d'Ivoire	Non	N/C	Oui	N/C	
16	Croatie	Non	N/C	Oui	N/C	
17	Cuba*	Non	N/C	Oui	N/C	
18	Chypre*	Non	N/C	Oui	N/C	
19	République tchèque	Non	N/C	Oui	N/C	

[113] Pour ses conventions notifiées aux fins de l'IM, le Portugal choisit d'appliquer la disposition de la déclaration du préambule (article 6 de l'IM) et la règle COP (article 7 de l'IM).

20	Danemark	Non	N/C	Oui	N/C	
21	Estonie	Non	N/C	Oui	N/C	
22	Éthiopie*	Non	N/C	Oui	N/C	
23	France	Non	N/C	Oui	N/C	
24	Géorgie	Non	N/C	Oui	N/C	
25	Allemagne	Non	N/C	Oui	N/C	
26	Grèce	Non	N/C	Oui	N/C	
27	Guinée-Bissau*	Non	N/C	Oui	N/C	
28	Hong Kong (Chine)	Non	N/C	Oui	N/C	
29	Hongrie	Non	N/C	Oui	N/C	
30	Islande	Non	N/C	Oui	N/C	
31	Inde	Non	N/C	Oui	N/C	
32	Indonésie	Non	N/C	Oui	N/C	
33	Irlande	Non	N/C	Oui	N/C	
34	Israël	Non	N/C	Oui	N/C	
35	Italie	Non	N/C	Oui	N/C	
36	Japon	Non	N/C	Oui	N/C	
37	Corée	Non	N/C	Oui	N/C	
38	Koweït*	Non	N/C	Oui	N/C	
39	Lettonie	Non	N/C	Oui	N/C	
40	Lituanie	Non	N/C	Oui	N/C	
41	Luxembourg	Non	N/C	Oui	N/C	
42	Macao (Chine)	Non	N/C	Oui	N/C	
43	Malte	Non	N/C	Oui	N/C	
44	Mexique	Non	N/C	Oui	N/C	
45	Moldova*	Non	N/C	Oui	N/C	
46	Monténégro	Non	N/C	Oui	N/C	
47	Maroc	Non	N/C	Oui	N/C	
48	Mozambique*	Non	N/C	Oui	N/C	
49	Pays-Bas	Non	N/C	Oui	N/C	
50	Norvège	Non	N/C	Oui	N/C	
51	Oman	Non	N/C	Oui	N/C	
52	Pakistan	Non	N/C	Oui	N/C	
53	Panama	Non	N/C	Oui	N/C	
54	Pérou	Non	N/C	Oui	N/C	
55	Pologne	Non	N/C	Oui	N/C	
56	Qatar	Non	N/C	Oui	N/C	
57	Roumanie	Non	N/C	Oui	N/C	
58	Russie	Non	N/C	Oui	N/C	
59	Saint-Marin	Non	N/C	Oui	N/C	
60	Sao Tomé-et-Principe*	Non	N/C	Oui	N/C	
61	Arabie saoudite	Non	N/C	Oui	N/C	
62	Sénégal	Non	N/C	Oui	N/C	
63	Singapour	Non	N/C	Oui	N/C	
64	République slovaque	Non	N/C	Oui	N/C	
65	Slovénie	Non	N/C	Oui	N/C	
66	Afrique du Sud	Non	N/C	Oui	N/C	
67	Espagne	Non	N/C	Oui	N/C	
68	Suède	Non	N/C	Oui	COP uniquement	
69	Suisse	Non	N/C	Oui	N/C	
70	Tunisie	Non	N/C	Oui	N/C	
71	Turquie	Non	N/C	Oui	N/C	
72	Ukraine	Non	N/C	Oui	N/C	

73	Émirats arabes unis	Non	N/C	Oui	N/C	
74	Royaume-Uni	Non	N/C	Oui	N/C	
75	États-Unis	Non	N/C	Oui	N/C	
76	Uruguay	Non	N/C	Oui	N/C	
77	Venezuela*	Non	N/C	Oui	N/C	
78	Viet Nam	Non	N/C	Oui	N/C	

Qatar

A. Progrès dans la mise en œuvre du standard minimum

Le Qatar compte 77 conventions fiscales en vigueur, comme l'indique sa réponse au questionnaire d'examen par les pairs.

Le Qatar a signé l'IM en 2018 et déposé son instrument de ratification le 23 décembre 2019. L'IM est entré en vigueur pour le Qatar le 1er avril 2020. Le Qatar n'a pas notifié ses conventions avec l'Autriche, la Géorgie, Guernesey, le Kazakhstan, la Norvège, la Suisse, la Tunisie et l'Ukraine. Aussi, à ce stade, ces conventions ne seront pas modifiées par l'IM. Le Kazakhstan et la Tunisie ont notifié leurs conventions conclues avec le Qatar aux fins de l'IM.

Le Qatar a indiqué dans sa réponse au questionnaire d'examen par les pairs que des négociations bilatérales seraient engagées concernant les conventions signées avec l'Autriche et Guernesey.

Le Qatar met en œuvre le standard minimum par l'inclusion de la déclaration du préambule et de la règle COP[114].

Les conventions qui seront modifiées par l'IM deviendront conformes au standard minimum une fois que les dispositions de l'IM auront pris effet.

B. Difficultés de mise en œuvre

Comme indiqué plus haut, le Qatar n'a pas notifié ses conventions conclues avec la Géorgie, le Kazakhstan, la Norvège, la Suisse, la Tunisie et l'Ukraine aux fins de l'IM. Notifier ces conventions aux fins de l'IM ou engager des renégociations bilatérales dans le but de mettre en œuvre le standard minimum permettrait de transposer le standard minimum dans ces conventions non couvertes.

Synthèse de la réponse de la juridiction – Qatar

	Partenaires de convention	Conformité avec le standard	Si conforme, méthode choisie	Signature d'un instrument de mise en conformité	Méthode choisie dans l'instrument de mise en conformité (si différent de l'IM)	Commentaires
1	Albanie	Non	N/C	Oui	N/C	
2	Algérie*	Non	N/C	Oui	N/C	
3	Arménie	Non	N/C	Oui	N/C	
4	Autriche	Non	N/C	Oui	N/C	Instrument portant modification visant à assurer la conformité avec les standards en cours de discussion.
5	Azerbaïdjan*	Non	N/C	Oui	N/C	
6	Barbade	Non	N/C	Oui	N/C	
7	Bélarus*	Non	N/C	Oui	N/C	

114 Pour ses conventions notifiées aux fins de l'IM, le Qatar choisit d'appliquer la disposition de la déclaration du préambule (article 6 de l'IM) et la règle COP (article 7 de l'IM).

8	Bermudes	Non	N/C	Oui	N/C	
9	Bosnie-Herzégovine	Non	N/C	Oui	N/C	
10	Brunei Darussalam	Non	N/C	Oui	N/C	
11	Bulgarie	Non	N/C	Oui	N/C	
12	Tchad*	Non	N/C	Oui	N/C	
13	Chine (République populaire de)	Non	N/C	Oui	N/C	
14	Croatie	Non	N/C	Oui	N/C	
15	Cuba*	Non	N/C	Oui	N/C	
16	Chypre*	Non	N/C	Oui	N/C	
17	Équateur*	Non	N/C	Oui	N/C	
18	Fidji*	Non	N/C	Oui	N/C	
19	France	Non	N/C	Oui	N/C	
20	Géorgie	Non	N/C	Non	N/C	
21	Grèce	Non	N/C	Oui	N/C	
22	Guernesey	Non	N/C	Oui	COP uniquement	Signature de l'Instrument portant modification visant à assurer la conformité avec les standards.
23	Hong Kong (Chine)	Non	N/C	Oui	N/C	
24	Hongrie	Non	N/C	Oui	N/C	
25	Inde	Non	N/C	Oui	N/C	Signature d'une nouvelle convention fiscale conforme aux standards.
26	Indonésie	Non	N/C	Oui	N/C	
27	Iran*	Non	N/C	Oui	N/C	
28	Irlande	Non	N/C	Oui	N/C	
29	Île de Man	Non	N/C	Oui	N/C	
30	Italie	Non	N/C	Oui	N/C	
31	Japon	Non	N/C	Oui	N/C	
32	Jersey	Non	N/C	Oui	N/C	
33	Jordanie	Non	N/C	Oui	N/C	
34	Kazakhstan	Non	N/C	Non	N/C	
35	Kenya	Non	N/C	Oui	N/C	
36	Corée	Non	N/C	Oui	N/C	
37	Kirghizistan*	Non	N/C	Oui	N/C	
38	Lettonie	Non	N/C	Oui	N/C	
39	Liban*	Non	N/C	Oui	N/C	
40	Luxembourg	Non	N/C	Oui	N/C	
41	Malaisie	Non	N/C	Oui	N/C	
42	Malte	Non	N/C	Oui	N/C	
43	Maurice	Non	N/C	Oui	N/C	
44	Mexique	Non	N/C	Oui	N/C	
45	Monaco	Non	N/C	Oui	N/C	
46	Maroc	Non	N/C	Oui	N/C	La nouvelle convention devrait entrer en vigueur le 30 juin 2019.
47	Népal*	Non	N/C	Oui	N/C	
48	Pays-Bas	Non	N/C	Oui	N/C	
49	Nigéria	Non	N/C	Oui	N/C	
50	Macédoine du Nord	Non	N/C	Oui	N/C	
51	Norvège	Non	N/C	Non	N/C	
52	Pakistan	Non	N/C	Oui	N/C	
53	Panama	Non	N/C	Oui	N/C	
54	Philippines*	Non	N/C	Oui	N/C	

55	Pologne	Non	N/C	Oui	N/C	
56	Portugal	Non	N/C	Oui	N/C	
57	Roumanie	Non	N/C	Oui	N/C	
58	Russie	Non	N/C	Oui	N/C	
59	Saint-Marin	Non	N/C	Oui	N/C	
60	Sénégal	Non	N/C	Oui	N/C	
61	Serbie	Non	N/C	Oui	N/C	
62	Seychelles	Non	N/C	Oui	N/C	
63	Singapour	Non	N/C	Oui	N/C	
64	Slovénie	Non	N/C	Oui	N/C	
65	Afrique du Sud	Non	N/C	Oui	N/C	
66	Espagne	Non	N/C	Oui	N/C	
67	Sri Lanka	Non	N/C	Oui	N/C	
68	Soudan*	Non	N/C	Oui	N/C	
69	Suisse	Non	N/C	Non	N/C	
70	République arabe syrienne*	Non	N/C	Oui	N/C	
71	Tunisie	Non	N/C	Non	N/C	
72	Turquie	Non	N/C	Oui	N/C	
73	Ukraine	Non	N/C	Non	N/C	
74	Royaume-Uni	Non	N/C	Oui	N/C	
75	Venezuela*	Non	N/C	Oui	N/C	
76	Viet Nam	Non	N/C	Oui	N/C	
77	Yémen*	Non	N/C	Oui	N/C	

Roumanie

A. Progrès dans la mise en œuvre du standard minimum

La Roumanie compte 88 conventions fiscales en vigueur, comme l'indique sa réponse au questionnaire d'examen par les pairs.

La Roumanie a signé l'IM en 2017 et a notifié ses conventions non conformes[115].

La Roumanie a signé un instrument bilatéral de mise en conformité concernant sa convention avec l'Espagne.

La Roumanie met en œuvre le standard minimum par l'inclusion de la déclaration du préambule et de la règle COP[116].

Les conventions qui seront modifiées par l'IM deviendront conformes au standard minimum une fois que les dispositions de l'IM auront pris effet.

B. Difficultés de mise en œuvre

Les conventions notifiées par la Roumanie aux fins de l'IM deviendront conformes une fois qu'elle aura ratifié l'IM. La Roumanie est invitée à ratifier l'IM le plus rapidement possible. La Roumanie a indiqué qu'elle avait pris des dispositions en vue de la ratification de l'IM, et qu'elle prévoyait de déposer son instrument de ratification de l'IM d'ici à la mi-2021.

Synthèse de la réponse de la juridiction – Roumanie

	Partenaires de convention	Conformité avec le standard	Si conforme, méthode choisie	Signature d'un instrument de mise en conformité	Méthode choisie dans l'instrument de mise en conformité (si différent de l'IM)	Commentaires
1	Albanie	Non	N/C	Oui	N/C	
2	Algérie*	Non	N/C	Oui	N/C	
3	Arménie	Non	N/C	Oui	N/C	
4	Australie	Non	N/C	Oui	N/C	
5	Autriche	Non	N/C	Oui	N/C	
6	Azerbaïdjan*	Non	N/C	Oui	N/C	
7	Bangladesh*	Non	N/C	Oui	N/C	
8	Bélarus*	Non	N/C	Oui	N/C	
9	Belgique	Non	N/C	Oui	N/C	

[115] Les nouvelles conventions conclues par la Roumanie avec la Chine et l'Italie sont entrées en vigueur en 2018 et la convention avec la Bosnie-Herzégovine est entrée en vigueur en 2019. Les précédentes conventions signées avec ces États seront supprimées de la liste des conventions notifiées devant être couvertes par l'IM.

[116] Pour ses conventions notifiées aux fins de l'IM, la Roumanie choisit d'appliquer la disposition de la déclaration du préambule (article 6 de l'IM) et la règle COP (article 7 de l'IM).

10	Bosnie-Herzégovine	Non	N/C	Oui	N/C	
11	Bulgarie	Non	N/C	Oui	N/C	
12	Canada	Non	N/C	Oui	N/C	
13	Chine (République populaire de)	Non	N/C	Oui	N/C	
14	Croatie	Non	N/C	Oui	N/C	
15	Chypre*	Non	N/C	Oui	N/C	
16	République tchèque	Non	N/C	Oui	N/C	
17	République populaire démocratique de Corée*	Non	N/C	Oui	N/C	
18	Danemark	Non	N/C	Oui	N/C	
19	Équateur*	Non	N/C	Oui	N/C	
20	Égypte	Non	N/C	Oui	N/C	
21	Estonie	Non	N/C	Oui	N/C	
22	Éthiopie*	Non	N/C	Oui	N/C	
23	Finlande	Non	N/C	Oui	N/C	
24	France	Non	N/C	Oui	N/C	
25	Géorgie	Non	N/C	Oui	N/C	
26	Allemagne	Non	N/C	Oui	N/C	
27	Grèce	Non	N/C	Oui	N/C	
28	Hong Kong (Chine)	Non	N/C	Oui	N/C	
29	Hongrie	Non	N/C	Oui	N/C	
30	Islande	Non	N/C	Oui	N/C	
31	Inde	Non	N/C	Oui	N/C	
32	Indonésie	Non	N/C	Oui	N/C	
33	Iran*	Non	N/C	Oui	N/C	
34	Irlande	Non	N/C	Oui	N/C	
35	Israël	Non	N/C	Oui	N/C	
36	Italie	Non	N/C	Oui	N/C	
37	Japon	Non	N/C	Oui	N/C	
38	Jordanie	Non	N/C	Oui	N/C	
39	Kazakhstan	Non	N/C	Oui	N/C	
40	Corée	Non	N/C	Oui	N/C	
41	Koweït*	Non	N/C	Oui	N/C	
42	Lettonie	Non	N/C	Oui	N/C	
43	Liban*	Non	N/C	Oui	N/C	
44	Lituanie	Non	N/C	Oui	N/C	
45	Luxembourg	Non	N/C	Oui	N/C	
46	Malaisie	Non	N/C	Oui	N/C	
47	Malte	Non	N/C	Oui	N/C	
48	Mexique	Non	N/C	Oui	N/C	
49	Moldova*	Non	N/C	Oui	N/C	
50	Monténégro	Non	N/C	Oui	N/C	
51	Maroc	Non	N/C	Oui	N/C	
52	Namibie	Non	N/C	Oui	N/C	
53	Pays-Bas	Non	N/C	Oui	N/C	
54	Nigéria	Non	N/C	Oui	N/C	
55	Macédoine du Nord	Non	N/C	Oui	N/C	
56	Norvège	Non	N/C	Oui	N/C	
57	Pakistan	Non	N/C	Oui	N/C	
58	Philippines*	Non	N/C	Oui	N/C	
59	Pologne	Non	N/C	Oui	N/C	
60	Portugal	Non	N/C	Oui	N/C	
61	Qatar	Non	N/C	Oui	N/C	
62	Russie	Non	N/C	Oui	N/C	

63	Saint-Marin	Non	N/C	Oui	N/C	
64	Arabie saoudite	Non	N/C	Oui	N/C	
65	Serbie	Non	N/C	Oui	N/C	
66	Singapour	Non	N/C	Oui	N/C	
67	République slovaque	Non	N/C	Oui	N/C	
68	Slovénie	Non	N/C	Oui	N/C	
69	Afrique du Sud	Non	N/C	Oui	N/C	
70	Espagne	Non	N/C	Oui	COP uniquement	
71	Sri Lanka	Non	N/C	Oui	N/C	
72	Soudan*	Non	N/C	Oui	N/C	
73	Suède	Non	N/C	Oui	N/C	
74	Suisse	Non	N/C	Oui	N/C	
75	République arabe syrienne*	Non	N/C	Oui	N/C	
76	Tadjikistan*	Non	N/C	Oui	N/C	
77	Thaïlande	Non	N/C	Oui	N/C	
78	Tunisie	Non	N/C	Oui	N/C	
79	Turquie	Non	N/C	Oui	N/C	
80	Turkménistan*	Non	N/C	Oui	N/C	
81	Ukraine	Non	N/C	Oui	N/C	
82	Émirats arabes unis	Non	N/C	Oui	N/C	
83	Royaume-Uni	Non	N/C	Oui	N/C	
84	États-Unis	Non	N/C	Oui	N/C	
85	Uruguay	Non	N/C	Oui	N/C	
86	Ouzbékistan*	Non	N/C	Oui	N/C	
87	Viet Nam	Non	N/C	Oui	N/C	
88	Zambie	Non	N/C	Oui	N/C	

Fédération de Russie

A. Progrès dans la mise en œuvre du standard minimum

La Fédération de Russie compte 85 conventions fiscales en vigueur, comme l'indique sa réponse au questionnaire d'examen par les pairs. Deux de ces conventions, celles avec le Japon et la Suède, sont conformes au standard minimum.

La Fédération de Russie a signé l'IM en 2017 et déposé son instrument de ratification le 18 juin 2019. L'IM est entré en vigueur pour la Fédération de Russie le 1er octobre 2019. La Fédération de Russie n'a pas notifié ses conventions avec l'Allemagne, le Brésil, la Macédoine du Nord et la Suisse, mais a indiqué dans sa réponse au questionnaire d'examen par les pairs que des négociations bilatérales seraient engagées concernant ses conventions avec l'Allemagne, le Brésil et la Suisse. Aussi, à ce stade, ces conventions ne seront pas modifiées par l'IM. La Macédoine du Nord a notifié sa convention conclue avec la Fédération de Russie aux fins de l'IM.

La Fédération de Russie a formulé une réserve en vertu de l'IM qui lui permet d'en retarder l'entrée en vigueur après l'accomplissement des procédures internes prévues à cet effet pour chacune de ses conventions notifiées[117]. La Fédération de Russie a indiqué avoir achevé ses procédures internes relatives à l'entrée en vigueur de l'IM au regard des conventions conclues avec l'Australie, l'Autriche, la Belgique (ancienne), le Canada, le Danemark, les Émirats arabes unis, la Finlande, la France, l'Inde, l'Irlande, l'Islande, Israël, la Lettonie, la Lituanie, le Luxembourg, Malte, la Norvège, la Nouvelle-Zélande, les Pays-Bas, la Pologne, le Qatar, la République slovaque, le Royaume-Uni, la Serbie, Singapour, la Slovénie et l'Ukraine le 30 avril 2020, et au regard des conventions conclues avec l'Arabie saoudite, Chypre*, la Corée, l'Indonésie, le Kazakhstan, le Portugal et la République tchèque le 26 novembre 2020.

La Fédération de Russie met en œuvre le standard minimum par l'inclusion de la disposition de la déclaration du préambule et de la règle COP associée à la règle LOB[118].

Les conventions qui seront modifiées par l'IM deviendront conformes au standard minimum une fois que les dispositions de l'IM auront pris effet.

B. Difficultés de mise en œuvre

Comme mentionné précédemment, la Fédération de Russie n'a pas notifié ses conventions avec la Macédoine du Nord et la Namibie aux fins de l'IM. Notifier ces conventions aux fins de l'IM ou engager des renégociations bilatérales dans le but de mettre en œuvre le standard minimum permettrait de transposer le standard minimum dans ces conventions non couvertes.

[117] Les réserves ont été formulée conformément à l'article 35(7)(a) de l'IM.

[118] Pour ses conventions notifiées aux fins de l'IM, la Fédération de Russie choisit d'appliquer la disposition de la déclaration du préambule (article 6 de l'IM) et la règle COP (article 7 de l'IM). La Fédération de Russie a également opté pour la règle LOB simplifiée au titre de l'article 7(6) de l'IM.

Synthèse de la réponse de la juridiction - Fédération de Russie

	Partenaires de convention	Conformité avec le standard	Si conforme, méthode choisie	Signature d'un instrument de mise en conformité	Méthode choisie dans l'instrument de mise en conformité (si différent de l'IM)	Commentaires
1	Albanie	Non	N/C	Oui	N/C	
2	Algérie*	Non	N/C	Oui	N/C	
3	Argentine	Non	N/C	Oui	N/C	
4	Arménie	Non	N/C	Oui	N/C	
5	Australie	Non	N/C	Oui	N/C	
6	Autriche	Non	N/C	Oui	N/C	
7	Azerbaïdjan*	Non	N/C	Oui	N/C	
8	Bélarus*	Non	N/C	Oui	N/C	
9	Belgique (ancienne)	Non	N/C	Oui	N/C	
10	Botswana	Non	N/C	Oui	N/C	
11	Brésil	Non	N/C	Non	N/C	
12	Bulgarie	Non	N/C	Oui	N/C	
13	Canada	Non	N/C	Oui	N/C	
14	Chili	Non	N/C	Oui	N/C	
15	Chine (République populaire de)	Non	N/C	Oui	N/C	
16	Croatie	Non	N/C	Oui	N/C	
17	Cuba*	Non	N/C	Oui	N/C	
18	Chypre*	Non	N/C	Oui	N/C	
19	République tchèque	Non	N/C	Oui	N/C	
20	République populaire démocratique de Corée*	Non	N/C	Non	N/C	
21	Danemark	Non	N/C	Oui	N/C	
22	Équateur*	Non	N/C	Oui	N/C	
23	Égypte	Non	N/C	Oui	N/C	
24	Finlande	Non	N/C	Oui	N/C	
25	France	Non	N/C	Oui	N/C	
26	Allemagne	Non	N/C	Non	N/C	
27	Grèce	Non	N/C	Oui	N/C	
28	Hong Kong (Chine)	Non	N/C	Oui	N/C	
29	Hongrie	Non	N/C	Oui	N/C	
30	Islande	Non	N/C	Oui	N/C	
31	Inde	Non	N/C	Oui	N/C	
32	Indonésie	Non	N/C	Oui	N/C	
33	Iran*	Non	N/C	Non	N/C	
34	Irlande	Non	N/C	Oui	N/C	
35	Israël	Non	N/C	Oui	N/C	
36	Italie	Non	N/C	Oui	N/C	
37	Japon	Oui	COP et LOB	N/C	N/C	
38	Kazakhstan	Non	N/C	Oui	N/C	
39	Corée	Non	N/C	Oui	N/C	
40	Koweït*	Non	N/C	Oui	N/C	
41	Kirghizistan*	Non	N/C	Non	N/C	
42	Lettonie	Non	N/C	Oui	N/C	
43	Liban*	Non	N/C	Oui	N/C	
44	Lituanie	Non	N/C	Oui	N/C	

45	Luxembourg	Non	N/C	Oui	N/C	
46	Malaisie	Non	N/C	Oui	N/C	
47	Mali*	Non	N/C	Non	N/C	
48	Malte	Non	N/C	Oui	N/C	
49	Mexique	Non	N/C	Oui	N/C	
50	Moldova*	Non	N/C	Oui	N/C	
51	Mongolie	Non	N/C	Oui	N/C	
52	Monténégro	Non	N/C	Oui	N/C	
53	Maroc	Non	N/C	Oui	N/C	
54	Namibie	Non	N/C	Non	N/C	
55	Pays-Bas	Non	N/C	Oui	N/C	
56	Nouvelle-Zélande	Non	N/C	Oui	N/C	
57	Macédoine du Nord	Non	N/C	Non	N/C	
58	Norvège	Non	N/C	Oui	N/C	
59	Philippines*	Non	N/C	Oui	N/C	
60	Pologne	Non	N/C	Oui	N/C	
61	Portugal	Non	N/C	Oui	N/C	
62	Qatar	Non	N/C	Oui	N/C	
63	Roumanie	Non	N/C	Oui	N/C	
64	Arabie saoudite	Non	N/C	Oui	N/C	
65	Serbie	Non	N/C	Oui	N/C	
66	Singapour	Non	N/C	Oui	N/C	
67	République slovaque	Non	N/C	Oui	N/C	
68	Slovénie	Non	N/C	Oui	N/C	
69	Afrique du Sud	Non	N/C	Oui	N/C	
70	Espagne	Non	N/C	Oui	N/C	
71	Sri Lanka	Non	N/C	Oui	N/C	
72	Suède	Oui	COP uniquement	N/C	N/C	
73	Suisse	Non	N/C	Non	N/C	
74	République arabe syrienne*	Non	N/C	Non	N/C	
75	Tadjikistan*	Non	N/C	Non	N/C	
76	Thaïlande	Non	N/C	Oui	N/C	
77	Turquie	Non	N/C	Oui	N/C	
78	Turkménistan*	Non	N/C	Non	N/C	
79	Ukraine	Non	N/C	Oui	N/C	
80	Émirats arabes unis	Non	N/C	Oui	N/C	
81	Royaume-Uni	Non	N/C	Oui	N/C	
82	États-Unis	Non	N/C	Oui	N/C	
83	Ouzbékistan*	Non	N/C	Non	N/C	
84	Venezuela*	Non	N/C	Oui	N/C	
85	Viet Nam	Non	N/C	Oui	N/C	

Saint-Kitts-et-Nevis

A. Progrès dans la mise en œuvre du standard minimum

Saint-Kitts-et-Nevis compte cinq conventions fiscales en vigueur, comme l'indique sa réponse au questionnaire d'examen par les pairs, y compris la convention multilatérale entre les membres de la CARICOM conclue avec dix de ses partenaires (la convention de la CARICOM)[119].

Aucune des conventions conclues par Saint-Kitts-et-Nevis n'est conforme au standard minimum ou ne fait l'objet d'un instrument de mise en conformité.

Saint-Kitts-et-Nevis n'a pas signé l'IM.

B. Difficultés de mise en œuvre

Étant donné que Saint-Kitts-et-Nevis n'a pas adhéré à l'IM ni appliqué de mesures de lutte contre le chalandage fiscal dans ses conventions, le Secrétariat lui proposera son aide pour élaborer un plan de mise en œuvre du standard minimum en vue de renforcer son réseau de conventions.

Saint-Kitts-et-Nevis est invitée à actualiser la convention de la CARICOM en entamant des discussions avec l'ensemble de ses partenaires de convention[120].

Synthèse de la réponse de la juridiction - Saint-Kitts-et-Nevis

	Partenaires de convention	Conformité avec le standard	Si conforme, méthode choisie	Signature d'un instrument de mise en conformité	Méthode choisie dans l'instrument de mise en conformité (si différent de l'IM)	Commentaires
1	Antigua-et-Barbuda	Non	N/C	Non	N/C	CARICOM
2	Barbade	Non	N/C	Non	N/C	CARICOM
3	Belize	Non	N/C	Non	N/C	CARICOM
4	Dominique	Non	N/C	Non	N/C	CARICOM
5	Grenade	Non	N/C	Non	N/C	CARICOM
6	Guyana*	Non	N/C	Non	N/C	CARICOM
7	Jamaïque	Non	N/C	Non	N/C	CARICOM
8	Monaco	Non	N/C	Non	N/C	
9	Sainte-Lucie	Non	N/C	Non	N/C	CARICOM
10	Saint-Vincent-et-les-Grenadines	Non	N/C	Non	N/C	CARICOM
11	Saint-Marin	Non	N/C	Non	N/C	
12	Suisse	Non	N/C	Non	N/C	
13	Trinité-et-Tobago	Non	N/C	Non	N/C	CARICOM
14	Royaume-Uni	Non	N/C	Non	N/C	

[119] Au total, Saint-Kitts-et-Nevis a identifié 14 « accords » dans sa liste des conventions fiscales : quatre conventions bilatérales et la convention de la CARICOM conclue avec dix de ses partenaires.

[120] Les révisions apportées à la convention de la CARICOM nécessitent l'accord des onze partenaires.

Sainte-Lucie

A. Progrès dans la mise en œuvre du standard minimum

Sainte-Lucie compte deux conventions fiscales en vigueur, y compris la convention multilatérale entre les membres de la CARICOM conclue avec dix de ses partenaires (la convention de la CARICOM)[121].

Aucune des conventions conclues par Sainte-Lucie n'est conforme au standard minimum ou ne fait l'objet d'un instrument de mise en conformité.

Sainte-Lucie n'a pas signé l'IM.

Sainte-Lucie a indiqué dans sa réponse au questionnaire d'examen par les pairs qu'elle avait contacté la Suisse fin 2019 afin de discuter d'une révision de leur convention.

B. Difficultés de mise en œuvre

Étant donné que Sainte-Lucie n'a pas adhéré à l'IM ni appliqué de mesures de lutte contre le chalandage fiscal dans ses conventions, le Secrétariat lui proposera son aide pour élaborer un plan de mise en œuvre du standard minimum en vue de renforcer son réseau de conventions.

Sainte-Lucie est invitée à actualiser la convention de la CARICOM en engageant des négociations avec l'ensemble de ses partenaires[122].

Synthèse de la réponse de la juridiction - Sainte-Lucie

	Partenaires de convention	Conformité avec le standard	Si conforme, méthode choisie	Signature d'un instrument de mise en conformité	Méthode choisie dans l'instrument de mise en conformité (si différent de l'IM)	Commentaires
1	Antigua-et-Barbuda	Non	N/C	Non	N/C	CARICOM
2	Barbade	Non	N/C	Non	N/C	CARICOM
3	Belize	Non	N/C	Non	N/C	CARICOM
4	Dominique	Non	N/C	Non	N/C	CARICOM
5	Grenade	Non	N/C	Non	N/C	CARICOM
6	Guyana*	Non	N/C	Non	N/C	CARICOM
7	Jamaïque	Non	N/C	Non	N/C	CARICOM
8	Saint-Kitts-et-Nevis	Non	N/C	Non	N/C	CARICOM
9	Saint-Vincent-et-les-Grenadines	Non	N/C	Non	N/C	CARICOM
10	Suisse	Non	N/C	Non	N/C	
11	Trinité-et-Tobago	Non	N/C	Non	N/C	CARICOM

[121] Au total, Sainte-Lucie a identifié 11 « accords » dans sa liste des conventions fiscales : une convention bilatérale et la convention de la CARICOM conclue avec dix de ses partenaires.

[122] Les révisions apportées à la convention de la CARICOM nécessitent l'accord des onze partenaires.

Saint-Vincent-et-les-Grenadines

A. Progrès dans la mise en œuvre du standard minimum

Saint-Vincent-et-les-Grenadines compte deux conventions fiscales en vigueur, comme l'indique sa réponse au questionnaire d'examen par les pairs, y compris la convention multilatérale entre les membres de la CARICOM conclue avec dix de ses partenaires (la convention de la CARICOM)[123].

Aucune des conventions conclues par Saint-Vincent-et-les-Grenadines n'est conforme au standard minimum ou ne fait l'objet d'un instrument de mise en conformité.

Saint-Vincent-et-les-Grenadines n'a pas signé l'IM.

B. Difficultés de mise en œuvre

Étant donné que Saint-Vincent-et-les-Grenadines n'a pas adhéré à l'IM ni appliqué de mesures de lutte contre le chalandage fiscal dans ses conventions, le Secrétariat lui proposera son aide pour élaborer un plan de mise en œuvre du standard minimum en vue de renforcer son réseau de conventions.

Saint-Vincent-et-les-Grenadines est invité à actualiser la convention de la CARICOM en entamant des discussions avec l'ensemble de ses partenaires de convention[124].

Synthèse de la réponse de la juridiction - Saint-Vincent-et-les-Grenadines

	Partenaires de convention	Conformité avec le standard	Si conforme, méthode choisie	Signature d'un instrument de mise en conformité	Méthode choisie dans l'instrument de mise en conformité (si différent de l'IM)	Commentaires
1	Antigua-et-Barbuda	Non	N/C	Non	N/C	CARICOM
2	Barbade	Non	N/C	Non	N/C	CARICOM
3	Belize	Non	N/C	Non	N/C	CARICOM
4	Dominique	Non	N/C	Non	N/C	CARICOM
5	Grenade	Non	N/C	Non	N/C	CARICOM
6	Guyana*	Non	N/C	Non	N/C	CARICOM
7	Jamaïque	Non	N/C	Non	N/C	CARICOM
8	Saint-Kitts-et-Nevis	Non	N/C	Non	N/C	CARICOM
9	Sainte-Lucie	Non	N/C	Non	N/C	CARICOM
10	Suisse	Non	N/C	Non	N/C	
11	Trinité-et-Tobago	Non	N/C	Non	N/C	CARICOM

[123] Au total, Saint-Vincent-et-les-Grenadines a identifié 11 « accords » dans sa liste des conventions fiscales : une convention bilatérale et la convention de la CARICOM conclue avec dix de ses partenaires.

[124] Les révisions apportées à la convention de la CARICOM nécessitent l'accord des onze partenaires.

Saint-Marin

A. Progrès dans la mise en œuvre du standard minimum

Saint-Marin compte 23 conventions fiscales en vigueur, comme l'indique sa réponse au questionnaire d'examen par les pairs. L'une de ces conventions, celle conclue avec la Serbie, est conforme au standard minimum.

Saint-Marin a signé l'IM en 2017 et déposé son instrument de ratification le 11 mars 2020, et a notifié ses conventions fiscales non conformes. L'IM entrera en vigueur pour Saint-Marin le 1er juillet 2020.

Saint-Marin met en œuvre le standard minimum par l'inclusion de la déclaration du préambule et de la règle COP[125].

Les conventions qui seront modifiées par l'IM deviendront conformes au standard minimum une fois que les dispositions de l'IM auront pris effet.

B. Difficultés de mise en œuvre

Aucune juridiction n'a signalé de préoccupation relative à ses conventions conclues avec Saint-Marin.

Synthèse de la réponse de la juridiction - Saint-Marin

	Partenaires de convention	Conformité avec le standard	Si conforme, méthode choisie	Signature d'un instrument de mise en conformité	Méthode choisie dans l'instrument de mise en conformité (si différent de l'IM)	Commentaires
1	Autriche	Non	N/C	Oui	N/C	Le partenaire n'a pas notifié cette convention dans sa position sur l'IM.
2	Azerbaïdjan*	Non	N/C	Oui	N/C	Partiellement conforme (à l'exception du nouveau préambule).
3	Barbade	Non	N/C	Oui	N/C	Partiellement conforme (à l'exception du nouveau préambule).
4	Belgique	Non	N/C	Oui	N/C	
5	Croatie	Non	N/C	Oui	N/C	
6	Chypre*	Non	N/C	Oui	N/C	
7	Géorgie	Non	N/C	Oui	N/C	
8	Grèce	Non	N/C	Oui	N/C	
9	Hongrie	Non	N/C	Oui	N/C	
10	Italie	Non	N/C	Oui	N/C	Partiellement conforme (à l'exception du nouveau préambule).

125 Pour ses conventions notifiées aux fins de l'IM, Saint-Marin choisit d'appliquer la disposition de la déclaration du préambule (article 6 de l'IM). Pour 19 de ses conventions notifiées aux fins de l'IM, Saint-Marin choisit d'appliquer la règle COP (article 7 de l'IM). Saint-Marin a formulé une réserve conformément à l'article 7(15)(b) de l'IM afin de ne pas appliquer l'article 7(1) concernant les conventions qui contiennent déjà une règle COP. Trois des conventions de Saint-Marin entrent dans le champ de cette réserve.

11	Liechtenstein	Non	N/C	Oui	N/C	
12	Luxembourg	Non	N/C	Oui	N/C	
13	Malaisie	Non	N/C	Oui	N/C	
14	Malte	Non	N/C	Oui	N/C	
15	Portugal	Non	N/C	Oui	N/C	
16	Qatar	Non	N/C	Oui	N/C	
17	Roumanie	Non	N/C	Oui	N/C	
18	Saint-Kitts-et-Nevis	Non	N/C	Oui	N/C	
19	Serbie	Oui	COP uniquement	N/C	N/C	
20	Seychelles	Non	N/C	Oui	N/C	
21	Singapour	Non	N/C	Oui	N/C	
22	Émirats arabes unis	Non	N/C	Oui	N/C	Le partenaire n'a pas notifié cette convention dans sa position sur l'IM.
23	Viet Nam	Non	N/C	Oui	N/C	

Arabie saoudite

A. Progrès dans la mise en œuvre du standard minimum

L'Arabie saoudite compte 51 conventions fiscales en vigueur, comme l'indique sa réponse au questionnaire d'examen par les pairs. Deux de ces conventions, celles conclues avec la Bulgarie et les Émirats arabes unis sont conformes au standard minimum.

L'Arabie saoudite a signé l'IM en 2018 et déposé son instrument de ratification le 23 janvier 2020, et a notifié ses conventions fiscales non conformes. L'IM est entré en vigueur pour l'Arabie saoudite le 1er mai 2020.

L'Arabie saoudite met en œuvre le standard minimum par l'inclusion de la déclaration du préambule et de la règle COP[126].

Les conventions qui seront modifiées par l'IM deviendront conformes au standard minimum une fois que les dispositions de l'IM auront pris effet.

B. Difficultés de mise en œuvre

Aucune juridiction n'a signalé de préoccupation relative à ses conventions conclues avec l'Arabie saoudite.

Synthèse de la réponse de la juridiction - Arabie saoudite

	Partenaires de convention	Conformité avec le standard	Si conforme, méthode choisie	Signature d'un instrument de mise en conformité	Méthode choisie dans l'instrument de mise en conformité (si différent de l'IM)	Commentaires
1	Albanie	Non	N/C	Oui	N/C	
2	Algérie*	Non	N/C	Oui	N/C	
3	Autriche	Non	N/C	Oui	N/C	
4	Azerbaïdjan*	Non	N/C	Oui	N/C	
5	Bangladesh*	Non	N/C	Oui	N/C	
6	Bélarus*	Non	N/C	Oui	N/C	
7	Bulgarie	Oui	COP uniquement	N/C	N/C	
8	Chine (République populaire de)	Non	N/C	Oui	N/C	
9	Chypre*	Non	N/C	Oui	N/C	
10	République tchèque	Non	N/C	Oui	N/C	
11	Égypte	Non	N/C	Oui	N/C	
12	Éthiopie*	Non	N/C	Oui	N/C	
13	France	Non	N/C	Oui	N/C	
14	Géorgie	Non	N/C	Oui	N/C	
15	Grèce	Non	N/C	Oui	N/C	
16	Hong Kong (Chine)	Non	N/C	Oui	N/C	
17	Hongrie	Non	N/C	Oui	N/C	
18	Inde	Non	N/C	Oui	N/C	

126 Pour ses conventions notifiées aux fins de l'IM, l'Arabie saoudite choisit d'appliquer la disposition de la déclaration du préambule (article 6 de l'IM) et la règle COP (article 7 de l'IM).

19	Irlande	Non	N/C	Oui	N/C	
20	Italie	Non	N/C	Oui	N/C	
21	Japon	Non	N/C	Oui	N/C	
22	Jordanie	Non	N/C	Oui	N/C	
23	Kazakhstan	Non	N/C	Oui	N/C	
24	Corée	Non	N/C	Oui	N/C	
25	Kirghizistan*	Non	N/C	Oui	N/C	
26	Luxembourg	Non	N/C	Oui	N/C	
27	Malaisie	Non	N/C	Oui	N/C	
28	Malte	Non	N/C	Oui	N/C	
29	Mexique	Non	N/C	Oui	N/C	
30	Pays-Bas	Non	N/C	Oui	N/C	
31	Macédoine du Nord	Non	N/C	Oui	N/C	
32	Pakistan	Non	N/C	Oui	N/C	
33	Pologne	Non	N/C	Oui	N/C	
34	Portugal	Non	N/C	Oui	N/C	
35	Roumanie	Non	N/C	Oui	N/C	
36	Russie	Non	N/C	Oui	N/C	
37	Singapour	Non	N/C	Oui	N/C	
38	Afrique du Sud	Non	N/C	Oui	N/C	
39	Espagne	Non	N/C	Oui	N/C	
40	Suède	Non	N/C	Oui	N/C	
41	République arabe syrienne*	Non	N/C	Oui	N/C	
42	Tadjikistan*	Non	N/C	Oui	N/C	
43	Tunisie	Non	N/C	Oui	N/C	
44	Turquie	Non	N/C	Oui	N/C	
45	Turkménistan*	Non	N/C	Oui	N/C	
46	Ukraine	Non	N/C	Oui	N/C	
47	Émirats arabes unis	Oui	COP uniquement	N/C	N/C	
48	Royaume-Uni	Non	N/C	Oui	N/C	
49	Ouzbékistan*	Non	N/C	Oui	N/C	
50	Venezuela*	Non	N/C	Oui	N/C	
51	Viet Nam	Non	N/C	Oui	N/C	

Sénégal

A. Progrès dans la mise en œuvre du standard minimum

Le Sénégal compte 18 conventions fiscales en vigueur, ainsi que l'indique sa réponse au questionnaire d'examen par les pairs, y compris le Règlement multilatéral 08/2008/COM portant adoption des règles visant à éviter la double imposition au sein de l'Union économique et monétaire ouest-africaine (l'UEMOA) et des règles d'assistance en matière fiscale conclu avec sept de ses partenaires[127]. L'une de ces conventions, celle conclue avec le Luxembourg, est conforme au standard minimum.

Le Sénégal a signé l'IM en 2017 et a notifié ses conventions bilatérales non conformes.

Le Sénégal a indiqué dans sa réponse au questionnaire d'examen par les pairs que la convention avec l'UEMOA n'a pas été notifiée aux fins de l'IM, car il s'agit d'un règlement de l'Union économique et monétaire ouest-africaine.

Le Sénégal met en œuvre le standard minimum par l'inclusion de la disposition de la déclaration du préambule et de la règle COP associée à la règle LOB[128].

Les conventions qui seront modifiées par l'IM deviendront conformes au standard minimum une fois que les dispositions de l'IM auront pris effet.

B. Difficultés de mise en œuvre

Les conventions notifiées par le Sénégal aux fins de l'IM deviendront conformes une fois que le pays aura ratifié l'IM. Le Sénégal est invité à ratifier l'IM le plus rapidement possible. Le Sénégal a indiqué qu'un projet de loi portant ratification de l'IM, approuvé en Conseil des ministres le 14 octobre 2020, serait présenté au Parlement en 2020. Le Sénégal a fait savoir par ailleurs qu'il comptait déposer son instrument de ratification de l'IM en 2021.

Le Sénégal est invité à envisager d'engager des négociations concernant l'UEMOA en vue de mettre en œuvre le standard minimum.

Synthèse de la réponse de la juridiction – Sénégal

	Partenaires de convention	Conformité avec le standard	Si conforme, méthode choisie	Signature d'un instrument de mise en conformité	Méthode choisie dans l'instrument de mise en conformité (si différent de l'IM)	Commentaires
1	Belgique	Non	N/C	Oui	N/C	
2	Bénin	Non	N/C	Non	N/C	UEMOA

---

127 Règlement n° 08/2008/CM des pays de l'Union économique et monétaire ouest-africaine (UEMOA) du 26 septembre 2008 portant adoption des règles visant à éviter la double imposition au sein de l'UEMOA et des règles d'assistance en matière fiscale. Au total, le Sénégal a identifié 24 « accords » dans sa liste des conventions fiscales : 17 conventions bilatérales et la convention de l'UEMOA conclue avec sept partenaires.

128 Pour ses conventions notifiées aux fins de l'IM, le Sénégal choisit d'appliquer la disposition de la déclaration du préambule (article 6 de l'IM) et la règle COP (article 7 de l'IM). Le Sénégal a également opté pour la règle LOB simplifiée conformément à l'article 7(6) de l'IM et a indiqué que même s'il accepte l'application de la règle COP aux fins de l'IM, il a l'intention dans la mesure du possible d'adopter une règle LOB via des négociations bilatérales.

3	Burkina Faso	Non	N/C	Non	N/C	UEMOA
4	Canada	Non	N/C	Oui	N/C	
5	Taipei chinois*	Non	N/C	Non	N/C	
6	Côte d'Ivoire	Non	N/C	Non	N/C	UEMOA
7	France	Non	N/C	Oui	N/C	
8	Guinée-Bissau*	Non	N/C	Non	N/C	UEMOA
9	Italie	Non	N/C	Oui	N/C	
10	Liban*	Non	N/C	Oui	N/C	
11	Luxembourg	Oui	COP uniquement	N/C	N/C	
12	Malaisie	Non	N/C	Oui	N/C	
13	Mali*	Non	N/C	Non	N/C	UEMOA
14	Mauritanie*	Non	N/C	Oui	N/C	
15	Maroc	Non	N/C	Oui	N/C	
16	Niger*	Non	N/C	Non	N/C	UEMOA
17	Norvège	Non	N/C	Oui	N/C	
18	Portugal	Non	N/C	Oui	N/C	
19	Qatar	Non	N/C	Oui	N/C	
20	Espagne	Non	N/C	Oui	N/C	
21	Togo*	Non	N/C	Non	N/C	UEMOA
22	Tunisie	Non	N/C	Oui	N/C	
23	Émirats arabes unis	Non	N/C	Oui	N/C	
24	Royaume-Uni	Non	N/C	Oui	N/C	

Serbie

A. Progrès dans la mise en œuvre du standard minimum

La Serbie compte 60 conventions fiscales en vigueur, comme l'indique sa réponse au questionnaire d'examen par les pairs. Vingt-deux de ces conventions, celles conclues avec l'Autriche, la Belgique, le Canada, le Danemark, les Émirats arabes unis, la Finlande, la France, la Géorgie, l'Inde, l'Irlande, Israël, la Lituanie, le Luxembourg, Malte, la Norvège, les Pays-Bas, la Pologne, la République slovaque, le Royaume-Uni, Saint-Marin, la Slovénie et l'Ukraine, sont conformes au standard minimum.

La Serbie a signé l'IM en 2017 et déposé son instrument de ratification le 5 juin 2018, et a notifié ses conventions fiscales non conformes. L'IM est entré en vigueur pour la Serbie le 1er octobre 2018.

La Serbie met en œuvre le standard minimum par l'inclusion de la déclaration du préambule et de la règle COP[129].

Les conventions qui seront modifiées par l'IM deviendront conformes au standard minimum une fois que les dispositions de l'IM auront pris effet.

B. Difficultés de mise en œuvre

Aucune juridiction n'a signalé de préoccupation relative à ses conventions conclues avec la Serbie.

Synthèse de la réponse de la juridiction – Serbie

	Partenaires de convention	Conformité avec le standard	Si conforme, méthode choisie	Signature d'un instrument de mise en conformité	Méthode choisie dans l'instrument de mise en conformité (si différent de l'IM)	Commentaires
1	Albanie	Non	N/C	Oui	N/C	
2	Arménie	Non	N/C	Oui	N/C	
3	Autriche	Oui	COP uniquement	N/C	N/C	
4	Azerbaïdjan*	Non	N/C	Oui	N/C	
5	Bélarus*	Non	N/C	Oui	N/C	
6	Belgique	Oui	COP uniquement	N/C	N/C	
7	Bosnie-Herzégovine	Non	N/C	Oui	N/C	
8	Bulgarie	Non	N/C	Oui	N/C	
9	Canada	Oui	COP uniquement	N/C	N/C	
10	Chine (République populaire de)	Non	N/C	Oui	N/C	
11	Croatie	Non	N/C	Oui	N/C	
12	Chypre*	Non	N/C	Oui	N/C	
13	République tchèque	Non	N/C	Oui	N/C	
14	République populaire démocratique de Corée*	Non	N/C	Oui	N/C	
15	Danemark	Oui	COP uniquement	N/C	N/C	
16	Égypte	Non	N/C	Oui	N/C	

129 Pour ses conventions notifiées aux fins de l'IM, la Serbie choisit d'appliquer la disposition de la déclaration du préambule (article 6 de l'IM) et la règle COP (article 7 de l'IM).

17	Estonie	Non	N/C	Oui	N/C	
18	Finlande	Oui	COP uniquement	N/C	N/C	
19	France	Oui	COP uniquement	N/C	N/C	
20	Géorgie	Oui	COP uniquement	N/C	N/C	
21	Allemagne	Non	N/C	Oui	N/C	
22	Grèce	Non	N/C	Oui	N/C	
23	Hongrie	Non	N/C	Oui	N/C	
24	Inde	Oui	COP uniquement	N/C	N/C	
25	Indonésie	Non	N/C	Oui	N/C	
26	Iran*	Non	N/C	Oui	N/C	
27	Irlande	Oui	COP uniquement	N/C	N/C	
28	Israël	Oui	COP uniquement	N/C	N/C	
29	Italie	Non	N/C	Oui	N/C	
30	Kazakhstan	Non	N/C	Oui	N/C	
31	Corée	Non	N/C	Oui	N/C	
32	Koweït*	Non	N/C	Oui	N/C	
33	Lettonie	Non	N/C	Oui	N/C	
34	Libye*	Non	N/C	Oui	N/C	
35	Lituanie	Oui	COP uniquement	N/C	N/C	
36	Luxembourg	Oui	COP uniquement	N/C	N/C	
37	Malte	Oui	COP uniquement	N/C	N/C	
38	Moldova*	Non	N/C	Oui	N/C	
39	Monténégro	Non	N/C	Oui	N/C	
40	Pays-Bas	Oui	COP uniquement	N/C	N/C	
41	Macédoine du Nord	Non	N/C	Oui	N/C	
42	Norvège	Oui	COP uniquement	N/C	N/C	
43	Pakistan	Non	N/C	Oui	N/C	
44	Pologne	Oui	COP uniquement	N/C	N/C	
45	Qatar	Non	N/C	Oui	N/C	
46	Roumanie	Non	N/C	Oui	N/C	
47	Russie	Non	N/C	Oui	N/C	
48	Saint-Marin	Oui	COP uniquement	N/C	N/C	
49	République slovaque	Oui	COP uniquement	N/C	N/C	
50	Slovénie	Oui	COP uniquement	N/C	N/C	
51	Espagne	Non	N/C	Oui	N/C	
52	Sri Lanka	Non	N/C	Oui	N/C	
53	Suède	Non	N/C	Oui	N/C	
54	Suisse	Non	N/C	Oui	N/C	
55	Tunisie	Non	N/C	Oui	N/C	
56	Turquie	Non	N/C	Oui	N/C	
57	Ukraine	Oui	COP uniquement	N/C	N/C	
58	Émirats arabes unis	Oui	COP uniquement	N/C	N/C	
59	Royaume-Uni	Oui	COP uniquement	N/C	N/C	
60	Viet Nam	Non	N/C	Oui	N/C	

Seychelles

A. Progrès dans la mise en œuvre du standard minimum

Les Seychelles comptent 28 conventions fiscales en vigueur, comme l'indique leur réponse au questionnaire d'examen par les pairs.

Les Seychelles ont signé l'IM en 2017 et notifié leurs conventions fiscales non conformes.

Les Seychelles mettent en œuvre le standard minimum par l'inclusion de la déclaration du préambule et de la règle COP[130].

Les conventions qui seront modifiées par l'IM deviendront conformes au standard minimum une fois que les dispositions de l'IM auront pris effet.

B. Difficultés de mise en œuvre

Les conventions notifiées par les Seychelles aux fins de l'IM deviendront conformes une fois que le pays aura ratifié l'IM. Les Seychelles sont invitées à ratifier l'IM le plus rapidement possible.

Synthèse de la réponse de la juridiction – Seychelles

	Partenaires de convention	Conformité avec le standard	Si conforme, méthode choisie	Signature d'un instrument de mise en conformité	Méthode choisie dans l'instrument de mise en conformité (si différent de l'IM)	Commentaires
1	Bahreïn	Non	N/C	Oui	N/C	
2	Barbade	Non	N/C	Oui	N/C	
3	Belgique	Non	N/C	Oui	N/C	
4	Bermudes	Non	N/C	Oui	N/C	
5	Botswana	Non	N/C	Oui	N/C	
6	Chine (République populaire de)	Non	N/C	Oui	N/C	
7	Chypre*	Non	N/C	Oui	N/C	
8	Eswatini	Non	N/C	Oui	N/C	
9	Éthiopie*	Non	N/C	Oui	N/C	
10	Guernesey	Non	N/C	Oui	N/C	
11	Indonésie	Non	N/C	Oui	N/C	
12	Île de Man	Non	N/C	Oui	N/C	
13	Jersey	Non	N/C	Oui	N/C	
14	Kenya	Non	N/C	Oui	N/C	
15	Luxembourg	Non	N/C	Oui	N/C	
16	Malaisie	Non	N/C	Oui	N/C	

130 Pour leurs conventions notifiées aux fins de l'IM, les Seychelles choisissent d'appliquer la disposition de la déclaration du préambule (article 6 de l'IM) et la règle COP (article 7 de l'IM). Les Seychelles ont indiqué que même si elles acceptent l'application de la règle COP aux fins de l'IM, elles ont l'intention d'adopter dans la mesure du possible une règle LOB par négociation bilatérale.

17	Maurice	Non	N/C	Oui	N/C	
18	Monaco	Non	N/C	Oui	N/C	
19	Oman	Non	N/C	Oui	N/C	
20	Qatar	Non	N/C	Oui	N/C	
21	Saint-Marin	Non	N/C	Oui	N/C	
22	Singapour	Non	N/C	Oui	N/C	
23	Afrique du Sud	Non	N/C	Oui	N/C	
24	Sri Lanka	Non	N/C	Oui	N/C	
25	Thaïlande	Non	N/C	Oui	N/C	
26	Émirats arabes unis	Non	N/C	Oui	N/C	
27	Viet Nam	Non	N/C	Oui	N/C	
28	Zambie	Non	N/C	Oui	N/C	

Sierra Leone

A. Progrès dans la mise en œuvre du standard minimum

La Sierra Leone compte trois conventions fiscales en vigueur, comme l'indique sa réponse au questionnaire d'examen par les pairs.

Aucune des conventions conclues par la Sierra Leone n'est conforme au standard minimum ou ne fait l'objet d'un instrument de mise en conformité.

La Sierra Leone n'a pas signé l'IM.

B. Difficultés de mise en œuvre

Étant donné que la Sierra Leone n'a pas adhéré à l'IM ni appliqué de mesures de lutte contre le chalandage fiscal dans ses conventions, le Secrétariat lui proposera son aide pour élaborer un plan de mise en œuvre du standard minimum en vue de renforcer son réseau de conventions.

Synthèse de la réponse de la juridiction - Sierra Leone

	Partenaires de convention	Conformité avec le standard	Si conforme, méthode choisie	Signature d'un instrument de mise en conformité	Méthode choisie dans l'instrument de mise en conformité (si différent de l'IM)	Commentaires
1	Norvège	Non	N/C	Non	N/C	
2	Afrique du Sud	Non	N/C	Non	N/C	
3	Royaume-Uni	Non	N/C	Non	N/C	

Singapour

A. Progrès dans la mise en œuvre du standard minimum

Singapour compte 88 conventions fiscales en vigueur, comme l'indique sa réponse au questionnaire d'examen par les pairs. Vingt-huit de ces conventions, celles conclues avec l'Australie, l'Autriche, la Belgique, le Canada, la Corée, le Danemark, les Émirats arabes unis, la Finlande, la France, la Géorgie, Guernesey, l'Inde, l'Irlande, l'Île de Man, Israël, le Japon, Jersey, la Lituanie, le Luxembourg, Malte, la Nouvelle-Zélande, les Pays-Bas, la Pologne, la République slovaque, le Royaume-Uni, la Slovénie, le Turkménistan* et l'Ukraine, sont conformes au standard minimum[131].

Singapour a signé l'IM en 2017 et déposé son instrument de ratification le 21 décembre 2018. L'IM est entré en vigueur pour Singapour le 1er avril 2019.

Singapour met en œuvre le standard minimum par l'inclusion de la disposition de la déclaration du préambule et de la règle COP[132].

Les conventions qui seront modifiées par l'IM deviendront conformes au standard minimum une fois que les dispositions de l'IM auront pris effet.

B. Difficultés de mise en œuvre

Aucune juridiction n'a signalé de préoccupation relative à ses conventions conclues avec Singapour.

Synthèse de la réponse de la juridiction – Singapour

	Partenaires de convention	Conformité avec le standard	Si conforme, méthode choisie	Signature d'un instrument de mise en conformité	Méthode choisie dans l'instrument de mise en conformité (si différent de l'IM)	Commentaires
1	Albanie	Non	N/C	Oui	N/C	Singapour a ajouté cette convention à la liste des conventions devant être couvertes par l'IM. Le partenaire n'a toutefois pas ratifié l'IM.
2	Australie	Oui	COP uniquement	N/C	N/C	
3	Autriche	Oui	COP uniquement	N/C	N/C	
4	Bahreïn	Non	N/C	Oui	N/C	Singapour a ajouté cette convention à la liste des conventions devant être

[131] Sur ces 28 conventions fiscales, 26 ont été modifiées par l'IM, une a été conclue avec un nouveau partenaire, le Turkménistan*, et une autre, conclue avec un partenaire existant, la Corée, a été révisée.

[132] Pour ses conventions notifiées aux fins de l'IM, Singapour choisit d'appliquer la disposition de la déclaration du préambule (article 6 de l'IM) et la règle COP (article 7 de l'IM).

						couvertes par l'IM. Le partenaire n'a toutefois pas ratifié l'IM.
5	Bangladesh*	Non	N/C	Oui	N/C	Singapour a ajouté cette convention à la liste des conventions devant être couvertes par l'IM. Le partenaire n'est pas membre du CI et n'a pas signé l'IM. (voir la note 1)
6	Barbade	Non	N/C	Oui	N/C	Singapour a ajouté cette convention à la liste des conventions devant être couvertes par l'IM. Le partenaire n'a toutefois pas ratifié l'IM.
7	Bélarus*	Non	N/C	Oui	N/C	Singapour a ajouté cette convention à la liste des conventions devant être couvertes par l'IM. Le partenaire n'est pas membre du CI et n'a pas signé l'IM. (voir la note 1)
8	Belgique	Oui	COP uniquement	N/C	N/C	
9	Brunei Darussalam	Non	N/C	Oui	N/C	Singapour a ajouté cette convention à la liste des conventions devant être couvertes par l'IM. Le partenaire n'a toutefois pas ratifié l'IM.
10	Bulgarie	Non	N/C	Oui	N/C	Singapour a ajouté cette convention à la liste des conventions devant être couvertes par l'IM. Le partenaire n'a toutefois pas ratifié l'IM.
11	Cambodge*	Non	N/C	Oui	N/C	Singapour a ajouté cette convention à la liste des conventions devant être couvertes par l'IM. Le partenaire n'est pas membre du CI et n'a pas signé l'IM. (voir la note 1)
12	Canada	Oui	COP uniquement	N/C	N/C	
13	Chine (République populaire de)	Non	N/C	Oui	N/C	Singapour a ajouté cette convention à la liste des conventions devant être couvertes par l'IM. Le partenaire n'a toutefois pas ratifié l'IM.
14	Taipei chinois*	Non	N/C	Non	N/C	Le partenaire n'est pas membre du CI et n'a pas signé l'IM. (voir la note 1)
15	Chypre*	Non	N/C	Oui	N/C	L'IM entrera en vigueur après le 30 juin 2020.
16	République tchèque	Non	N/C	Oui	N/C	L'IM entrera en vigueur après le 30 juin 2020.
17	Danemark	Oui	COP uniquement	N/C	N/C	
18	Équateur*	Non	N/C	Oui	N/C	Singapour a ajouté cette convention à la liste des conventions devant être couvertes par l'IM. Le partenaire n'est pas membre du CI et n'a pas signé l'IM. (voir la note 1)
19	Égypte	Non	N/C	Oui	N/C	Singapour a ajouté cette convention à la liste des conventions devant être

						couvertes par l'IM. Le partenaire n'a toutefois pas ratifié l'IM.
20	Estonie	Non	N/C	Oui	N/C	Singapour a ajouté cette convention à la liste des conventions devant être couvertes par l'IM. Le partenaire n'a toutefois pas ratifié l'IM.
21	Éthiopie*	Non	N/C	Oui	N/C	Singapour a ajouté cette convention à la liste des conventions devant être couvertes par l'IM. Le partenaire n'est pas membre du CI et n'a pas signé l'IM. (voir la note 1)
22	Fidji*	Non	N/C	Oui	N/C	Singapour a ajouté cette convention à la liste des conventions devant être couvertes par l'IM. Le partenaire n'est pas membre du CI et n'a pas signé l'IM.
23	Finlande	Oui	COP uniquement	N/C	N/C	
24	France	Oui	COP uniquement	N/C	N/C	
25	Géorgie	Oui	COP uniquement	N/C	N/C	
26	Allemagne	Non	N/C	Oui	N/C	Singapour a ajouté cette convention à la liste des conventions devant être couvertes par l'IM, mais cette convention a été exclue de l'IM par le partenaire. Signature du protocole contenant le standard minimum du BEPS.
27	Ghana*	Non	N/C	Oui	N/C	Singapour a ajouté cette convention à la liste des conventions devant être couvertes par l'IM. Le partenaire n'est pas membre du CI et n'a pas signé l'IM. (voir la note 1)
28	Guernesey	Oui	COP uniquement	N/C	N/C	
29	Hongrie	Non	N/C	Oui	N/C	Singapour a ajouté cette convention à la liste des conventions devant être couvertes par l'IM. Le partenaire n'a toutefois pas ratifié l'IM.
30	Inde	Oui	COP uniquement	N/C	N/C	
31	Indonésie	Non	N/C	Oui	N/C	L'IM entrera en vigueur après le 30 juin 2020. Signature de la convention révisée contenant le standard minimum.
32	Irlande	Oui	COP uniquement	N/C	N/C	
33	Île de Man	Oui	COP uniquement	N/C	N/C	
34	Israël	Oui	COP uniquement	N/C	N/C	
35	Italie	Non	N/C	Oui	N/C	Singapour a ajouté cette convention à la liste des conventions devant être couvertes par l'IM. Le partenaire

						n'a toutefois pas ratifié l'IM.
36	Japon	Oui	COP uniquement	N/C	N/C	
37	Jersey	Oui	COP uniquement	N/C	N/C	
38	Kazakhstan	Non	N/C	Oui	N/C	Singapour a ajouté cette convention à la liste des conventions devant être couvertes par l'IM. Le partenaire n'a toutefois pas ratifié l'IM.
39	Corée	Oui	COP uniquement	N/C	N/C	
40	Koweït*	Non	N/C	Oui	N/C	Singapour a ajouté cette convention à la liste des conventions devant être couvertes par l'IM. Le partenaire n'est pas membre du CI et n'a pas signé l'IM.
41	République démocratique populaire lao*	Non	N/C	Oui	N/C	Singapour a ajouté cette convention à la liste des conventions devant être couvertes par l'IM. Le partenaire n'est pas membre du CI et n'a pas signé l'IM. (voir la note 1)
42	Lettonie	Non	N/C	Oui	N/C	L'IM entrera en vigueur après le 30 juin 2020.
43	Libye*	Non	N/C	Oui	N/C	Singapour a ajouté cette convention à la liste des conventions devant être couvertes par l'IM. Le partenaire n'est pas membre du CI et n'a pas signé l'IM. (voir la note 1)
44	Liechtenstein	Non	N/C	Oui	N/C	L'IM entrera en vigueur après le 30 juin 2020.
45	Lituanie	Oui	COP uniquement	N/C	N/C	
46	Luxembourg	Oui	COP uniquement	N/C	N/C	
47	Malaisie	Non	N/C	Oui	N/C	Singapour a ajouté cette convention à la liste des conventions devant être couvertes par l'IM. Le partenaire n'a toutefois pas ratifié l'IM.
48	Malte	Oui	COP uniquement	N/C	N/C	
49	Maurice	Non	N/C	Oui	N/C	L'IM entrera en vigueur après le 30 juin 2020.
50	Mexique	Non	N/C	Oui	N/C	Singapour a ajouté cette convention à la liste des conventions devant être couvertes par l'IM. Le partenaire n'a toutefois pas ratifié l'IM.
51	Mongolie	Non	N/C	Oui	N/C	Singapour a ajouté cette convention à la liste des conventions devant être couvertes par l'IM. Le partenaire n'a toutefois pas ratifié l'IM.
52	Maroc	Non	N/C	Oui	N/C	Singapour a ajouté cette convention à la liste des conventions devant être couvertes par l'IM. Le partenaire n'a toutefois pas ratifié l'IM.

53	Myanmar*	Non	N/C	Oui	N/C	Singapour a ajouté cette convention à la liste des conventions devant être couvertes par l'IM. Le partenaire n'est pas membre du CI et n'a pas signé l'IM. (voir la note 1)
54	Pays-Bas	Oui	COP uniquement	N/C	N/C	
55	Nouvelle-Zélande	Oui	COP uniquement	N/C	N/C	
56	Nigéria	Non	N/C	Oui	N/C	Singapour a ajouté cette convention à la liste des conventions devant être couvertes par l'IM. Le partenaire n'a toutefois pas ratifié l'IM.
57	Norvège	Non	N/C	Oui	N/C	Singapour a ajouté cette convention à la liste des conventions devant être couvertes par l'IM, mais cette convention a été exclue de l'IM par le partenaire. (voir la note 1)
58	Oman	Non	N/C	Oui	N/C	Singapour a ajouté cette convention à la liste des conventions devant être couvertes par l'IM. Le partenaire n'a toutefois pas ratifié l'IM.
59	Pakistan	Non	N/C	Oui	N/C	Singapour a ajouté cette convention à la liste des conventions devant être couvertes par l'IM. Le partenaire n'a toutefois pas ratifié l'IM.
60	Panama	Non	N/C	Oui	N/C	Singapour a ajouté cette convention à la liste des conventions devant être couvertes par l'IM. Le partenaire n'a toutefois pas ratifié l'IM.
61	Papouasie-Nouvelle-Guinée	Non	N/C	Oui	N/C	Singapour a ajouté cette convention à la liste des conventions devant être couvertes par l'IM. Le partenaire n'a toutefois pas ratifié l'IM.
62	Philippines*	Non	N/C	Oui	N/C	Singapour a ajouté cette convention à la liste des conventions devant être couvertes par l'IM. Le partenaire n'est pas membre du CI et n'a pas signé l'IM. (voir la note 1)
63	Pologne	Oui	COP uniquement	N/C	N/C	
64	Portugal	Non	N/C	Oui	N/C	L'IM entrera en vigueur après le 30 juin 2020.
65	Qatar	Non	N/C	Oui	N/C	L'IM entrera en vigueur après le 30 juin 2020.
66	Roumanie	Non	N/C	Oui	N/C	Singapour a ajouté cette convention à la liste des conventions devant être couvertes par l'IM. Le partenaire n'a toutefois pas ratifié l'IM.
67	Russie	Non	N/C	Oui	N/C	L'IM entrera en vigueur après le 30 juin 2020.
68	Rwanda*	Non	N/C	Oui	N/C	Singapour a ajouté cette convention à la liste des

						conventions devant être couvertes par l'IM. Le partenaire n'est pas membre du CI et n'a pas signé l'IM. (voir la note 1)
69	Saint-Marin	Non	N/C	Oui	N/C	L'IM entrera en vigueur après le 30 juin 2020.
70	Arabie saoudite	Non	N/C	Oui	N/C	L'IM entrera en vigueur après le 30 juin 2020.
71	Seychelles	Non	N/C	Oui	N/C	Singapour a ajouté cette convention à la liste des conventions devant être couvertes par l'IM. Le partenaire n'a toutefois pas ratifié l'IM.
72	République slovaque	Oui	COP uniquement	N/C	N/C	
73	Slovénie	Oui	COP uniquement	N/C	N/C	
74	Afrique du Sud	Non	N/C	Oui	N/C	Singapour a ajouté cette convention à la liste des conventions devant être couvertes par l'IM. Le partenaire n'a toutefois pas ratifié l'IM.
75	Espagne	Non	N/C	Oui	N/C	Singapour a ajouté cette convention à la liste des conventions devant être couvertes par l'IM. Le partenaire n'a toutefois pas ratifié l'IM.
76	Sri Lanka	Non	N/C	Oui	N/C	Singapour a ajouté cette convention à la liste des conventions devant être couvertes par l'IM. Le partenaire n'a toutefois pas ratifié l'IM.
77	Suède	Non	N/C	Oui	N/C	Singapour a ajouté cette convention à la liste des conventions devant être couvertes par l'IM, mais cette convention a été exclue de l'IM par le partenaire. (voir la note 1)
78	Suisse	Non	N/C	Oui	N/C	Singapour a ajouté cette convention à la liste des conventions devant être couvertes par l'IM, mais cette convention a été exclue de l'IM par le partenaire. (voir la note 1)
79	Thaïlande	Non	N/C	Oui	N/C	Singapour a ajouté cette convention à la liste des conventions devant être couvertes par l'IM. Le partenaire n'a toutefois pas ratifié l'IM.
80	Tunisie	Non	N/C	Oui	N/C	Singapour a ajouté cette convention à la liste des conventions devant être couvertes par l'IM. Le partenaire n'a toutefois pas ratifié l'IM, et n'a pas ajouté cette convention à la liste des conventions devant être couvertes par l'IM. Singapour a demandé à son partenaire d'inclure la convention dans son instrument de ratification de l'IM.
81	Turquie	Non	N/C	Oui	N/C	Singapour a ajouté cette convention à la liste des conventions devant être

						couvertes par l'IM. Le partenaire n'a toutefois pas ratifié l'IM.
82	Turkménistan*	Oui	COP uniquement	N/C	N/C	
83	Ukraine	Oui	COP uniquement	N/C	N/C	
84	Émirats arabes unis	Oui	COP uniquement	N/C	N/C	
85	Royaume-Uni	Oui	COP uniquement	N/C	N/C	
86	Uruguay	Non	N/C	Oui	N/C	L'IM entrera en vigueur après le 30 juin 2020.
87	Ouzbékistan*	Non	N/C	Oui	N/C	Singapour a ajouté cette convention à la liste des conventions devant être couvertes par l'IM. Le partenaire n'est pas membre du CI et n'a pas signé l'IM. (voir la note 1)
88	Viet Nam	Non	N/C	Oui	N/C	Singapour a ajouté cette convention à la liste des conventions devant être couvertes par l'IM. Le partenaire n'a toutefois pas ratifié l'IM.

Note : les discussions visant à inclure le standard minimum issu du Projet BEPS sont en suspension / en cours / achevées.

République slovaque

A. Progrès dans la mise en œuvre du standard minimum

La République slovaque compte 70 conventions fiscales en vigueur, comme l'indique sa réponse au questionnaire d'examen par les pairs. Vingt-trois de ces conventions, celles conclues avec l'Australie, l'Autriche, la Belgique, le Canada, le Danemark, la Finlande, la France, la Géorgie, l'Islande, l'Inde, l'Irlande, Israël, le Japon, la Lituanie, le Luxembourg, Malte, les Pays-Bas, la Pologne, le Royaume-Uni, la Serbie, Singapour, la Slovénie et l'Ukraine, sont conformes au standard minimum.

La République slovaque a signé l'IM en 2017 et déposé son instrument de ratification le 20 septembre 2018. L'IM est entré en vigueur pour la République slovaque le 1er janvier 2019. La République slovaque n'a pas notifié ses conventions aux fins de l'IM avec l'Arménie, les Émirats arabes unis et la Mongolie, mais a indiqué dans sa réponse au questionnaire d'examen par les pairs que des négociations bilatérales seraient lancées concernant ces conventions. L'Arménie et les Émirats arabes unis ont notifié leurs conventions conclues avec la République slovaque aux fins de l'IM.

La République slovaque met en œuvre le standard minimum par l'inclusion de la disposition de la déclaration du préambule et de la règle COP associée à la règle LOB[133].

Les conventions qui seront modifiées par l'IM deviendront conformes au standard minimum une fois que les dispositions de l'IM auront pris effet.

B. Difficultés de mise en œuvre

Aucune juridiction n'a signalé de préoccupation relative à ses conventions conclues avec la République slovaque.

Synthèse de la réponse de la juridiction - République slovaque

	Partenaires de convention	Conformité avec le standard	Si conforme, méthode choisie	Signature d'un instrument de mise en conformité	Méthode choisie dans l'instrument de mise en conformité (si différent de l'IM)	Commentaires
1	Arménie	Non	N/C	Non	N/C	
2	Australie	Oui	COP uniquement	N/C	N/C	
3	Autriche	Oui	COP uniquement	N/C	N/C	
4	Bélarus*	Non	N/C	Oui	N/C	
5	Belgique	Oui	COP uniquement	N/C	N/C	
6	Bosnie-Herzégovine	Non	N/C	Oui	N/C	
7	Brésil	Non	N/C	Oui	N/C	
8	Bulgarie	Non	N/C	Oui	N/C	
9	Canada	Oui	COP uniquement	N/C	N/C	
10	Chine (République populaire de)	Non	N/C	Oui	N/C	

133 Pour ses conventions notifiées aux fins de l'IM, la République slovaque choisit d'appliquer la disposition de la déclaration du préambule (article 6 de l'IM) et la règle COP (article 7 de l'IM). La République slovaque a également opté pour la règle LOB simplifiée au titre de l'article 7(6) de l'IM.

11	Taipei chinois*	Non	N/C	Non	N/C	
12	Croatie	Non	N/C	Oui	N/C	
13	Chypre*	Non	N/C	Oui	N/C	
14	République tchèque	Non	N/C	Oui	N/C	
15	Danemark	Oui	COP et LOB	N/C	N/C	
16	Estonie	Non	N/C	Oui	N/C	
17	Éthiopie*	Non	N/C	Non	N/C	
18	Finlande	Oui	COP uniquement	N/C	N/C	
19	France	Oui	COP uniquement	N/C	N/C	
20	Géorgie	Oui	COP uniquement	N/C	N/C	
21	Allemagne	Non	N/C	Oui	N/C	
22	Grèce	Non	N/C	Oui	N/C	
23	Hongrie	Non	N/C	Oui	N/C	
24	Islande	Oui	COP et LOB	N/C	N/C	
25	Inde	Oui	COP et LOB	N/C	N/C	
26	Indonésie	Non	N/C	Oui	N/C	
27	Iran*	Non	N/C	Non	N/C	
28	Irlande	Oui	COP uniquement	N/C	N/C	
29	Israël	Oui	COP uniquement	N/C	N/C	
30	Italie	Non	N/C	Oui	N/C	
31	Japon	Oui	COP uniquement	N/C	N/C	
32	Kazakhstan	Non	N/C	Oui	N/C	
33	Corée	Non	N/C	Oui	N/C	
34	Koweït*	Non	N/C	Oui	N/C	
35	Lettonie	Non	N/C	Oui	N/C	
36	Libye*	Non	N/C	Oui	N/C	
37	Lituanie	Oui	COP uniquement	N/C	N/C	
38	Luxembourg	Oui	COP uniquement	N/C	N/C	
39	Malaisie	Non	N/C	Oui	N/C	
40	Malte	Oui	COP uniquement	N/C	N/C	
41	Mexique	Non	N/C	Oui	N/C	
42	Moldova*	Non	N/C	Oui	N/C	
43	Mongolie	Non	N/C	Non	N/C	
44	Monténégro	Non	N/C	Oui	N/C	
45	Pays-Bas	Oui	COP uniquement	N/C	N/C	
46	Nigéria	Non	N/C	Oui	N/C	
47	Macédoine du Nord	Non	N/C	Oui	N/C	
48	Norvège	Non	N/C	Oui	N/C	
49	Pologne	Oui	COP uniquement	N/C	N/C	
50	Portugal	Non	N/C	Oui	N/C	
51	Roumanie	Non	N/C	Oui	N/C	
52	Russie	Non	N/C	Oui	N/C	
53	Serbie	Oui	COP uniquement	N/C	N/C	
54	Singapour	Oui	COP uniquement	N/C	N/C	
55	Slovénie	Oui	COP uniquement	N/C	N/C	
56	Afrique du Sud	Non	N/C	Oui	N/C	
57	Espagne	Non	N/C	Oui	N/C	
58	Sri Lanka	Non	N/C	Oui	N/C	
59	Suède	Non	N/C	Oui	N/C	
60	Suisse	Non	N/C	Oui	N/C	
61	République arabe syrienne*	Non	N/C	Oui	N/C	
62	Tunisie	Non	N/C	Oui	N/C	
63	Turquie	Non	N/C	Oui	N/C	

64	Turkménistan*	Non	N/C	Oui	N/C	
65	Ukraine	Oui	COP uniquement	N/C	N/C	
66	Émirats arabes unis	Non	N/C	Non	N/C	
67	Royaume-Uni	Oui	COP uniquement	N/C	N/C	
68	États-Unis	Non	N/C	Oui	N/C	
69	Ouzbékistan*	Non	N/C	Oui	N/C	
70	Viet Nam	Non	N/C	Oui	N/C	

Slovénie

A. Progrès dans la mise en œuvre du standard minimum

La Slovénie compte 59 conventions fiscales en vigueur, comme l'indique sa réponse au questionnaire d'examen par les pairs. Vingt-quatre de ces conventions, celles conclues avec l'Autriche, la Belgique, le Canada, le Danemark, les Émirats arabes unis, la Finlande, la France, la Géorgie, l'Inde, l'Irlande, l'Islande, Israël, le Japon, la Lituanie, le Luxembourg, Malte, la Norvège, les Pays-Bas, la Pologne, la République slovaque, le Royaume-Uni, la Serbie, Singapour et l'Ukraine, sont conformes au standard minimum.

La Slovénie a signé l'IM en 2017 et déposé son instrument de ratification de l'IM le 22 mars 2018. L'IM est entré en vigueur pour la Slovénie le 1er juillet 2018. La Slovénie n'a pas notifié ses conventions aux fins de l'IM avec l'Allemagne, le Monténégro et la Suède, mais a indiqué dans sa réponse au questionnaire d'examen par les pairs que des négociations bilatérales seraient lancées concernant ces conventions.

La Slovénie met en œuvre le standard minimum par l'inclusion de la déclaration du préambule et de la règle COP[134].

Les conventions qui seront modifiées par l'IM deviendront conformes au standard minimum une fois que les dispositions de l'IM auront pris effet.

B. Difficultés de mise en œuvre

Aucune juridiction n'a signalé de préoccupation relative à ses conventions conclues avec la Slovénie.

Synthèse de la réponse de la juridiction – Slovénie

	Partenaires de convention	Conformité avec le standard	Si conforme, méthode choisie	Signature d'un instrument de mise en conformité	Méthode choisie dans l'instrument de mise en conformité (si différent de l'IM)	Commentaires
1	Albanie	Non	N/C	Oui	N/C	
2	Arménie	Non	N/C	Oui	N/C	
3	Autriche	Oui	COP uniquement	N/C	N/C	
4	Azerbaïdjan*	Non	N/C	Oui	N/C	
5	Bélarus*	Non	N/C	Oui	N/C	
6	Belgique	Oui	COP uniquement	N/C	N/C	
7	Bosnie-Herzégovine	Non	N/C	Oui	N/C	
8	Bulgarie	Non	N/C	Oui	N/C	
9	Canada	Oui	COP uniquement	N/C	N/C	
10	Chine (République populaire de)	Non	N/C	Oui	N/C	
11	Croatie	Non	N/C	Oui	N/C	
12	Chypre*	Non	N/C	Oui	N/C	
13	République tchèque	Non	N/C	Oui	N/C	
14	Danemark	Oui	COP uniquement	N/C	N/C	

134 Pour ses conventions notifiées aux fins de l'IM, la Slovénie choisit d'appliquer la disposition de la déclaration du préambule (article 6 de l'IM) et la règle COP (article 7 de l'IM).

15	Estonie	Non	N/C	Oui	N/C	
16	Finlande	Oui	COP uniquement	N/C	N/C	
17	France	Oui	COP uniquement	N/C	N/C	
18	Géorgie	Oui	COP uniquement	N/C	N/C	
19	Allemagne	Non	N/C	Non	N/C	
20	Grèce	Non	N/C	Oui	N/C	
21	Hongrie	Non	N/C	Oui	N/C	
22	Islande	Oui	COP uniquement	N/C	N/C	
23	Inde	Oui	COP uniquement	N/C	N/C	
24	Iran*	Non	N/C	Oui	N/C	
25	Irlande	Oui	COP uniquement	N/C	N/C	
26	Israël	Oui	COP uniquement	N/C	N/C	
27	Italie	Non	N/C	Oui	N/C	
28	Japon	Oui	COP uniquement	N/C	N/C	
29	Kazakhstan	Non	N/C	Oui	N/C	
30	Corée	Non	N/C	Oui	N/C	
31	Kosovo*	Non	N/C	Oui	N/C	
32	Koweït*	Non	N/C	Oui	N/C	
33	Lettonie	Non	N/C	Oui	N/C	
34	Lituanie	Oui	COP uniquement	N/C	N/C	
35	Luxembourg	Oui	COP uniquement	N/C	N/C	
36	Malte	Oui	COP uniquement	N/C	N/C	
37	Moldova*	Non	N/C	Oui	N/C	
38	Monténégro	Non	N/C	Non	N/C	
39	Pays-Bas	Oui	COP uniquement	N/C	N/C	
40	Macédoine du Nord	Non	N/C	Oui	N/C	
41	Norvège	Oui	COP uniquement	N/C	N/C	
42	Pologne	Oui	COP uniquement	N/C	N/C	
43	Portugal	Non	N/C	Oui	N/C	
44	Qatar	Non	N/C	Oui	N/C	
45	Roumanie	Non	N/C	Oui	N/C	
46	Russie	Non	N/C	Oui	N/C	
47	Serbie	Oui	COP uniquement	N/C	N/C	
48	Singapour	Oui	COP uniquement	N/C	N/C	
49	République slovaque	Oui	COP uniquement	N/C	N/C	
50	Espagne	Non	N/C	Oui	N/C	
51	Suède	Non	N/C	Non	N/C	
52	Suisse	Non	N/C	Oui	N/C	
53	Thaïlande	Non	N/C	Oui	N/C	
54	Turquie	Non	N/C	Oui	N/C	
55	Ukraine	Oui	COP uniquement	N/C	N/C	
56	Émirats arabes unis	Oui	COP uniquement	N/C	N/C	
57	Royaume-Uni	Oui	COP uniquement	N/C	N/C	
58	États-Unis	Non	N/C	Oui	N/C	
59	Ouzbékistan*	Non	N/C	Oui	N/C	

Afrique du Sud

A. Progrès dans la mise en œuvre du standard minimum

L'Afrique du Sud compte 79 conventions fiscales en vigueur, comme l'indique sa réponse au questionnaire d'examen par les pairs.

L'Afrique du Sud a signé l'IM en 2017 et n'a pas notifié sa convention avec l'Allemagne, Grenade, la Sierra Leone et la Zambie. Elle a indiqué dans sa réponse au questionnaire d'examen par les pairs que des négociations bilatérales seraient engagées concernant ses conventions avec l'Allemagne, le Brésil et la Zambie. Aussi, à ce stade, ces conventions ne seront pas modifiées par l'IM.

L'Afrique du Sud met en œuvre le standard minimum par l'inclusion de la déclaration du préambule et de la règle COP[135].

Les conventions qui seront modifiées par l'IM deviendront conformes au standard minimum une fois que les dispositions de l'IM auront pris effet.

B. Difficultés de mise en œuvre

Les conventions notifiées par l'Afrique du Sud aux fins de l'IM deviendront conformes une fois que le pays aura ratifié l'IM. L'Afrique du Sud est invitée à ratifier l'IM le plus rapidement possible.

Comme mentionné précédemment, l'Afrique du Sud n'a pas notifié ses conventions avec Grenade et la Sierra Leone aux fins de l'IM. Notifier ces conventions aux fins de l'IM ou engager des renégociations bilatérales dans le but de mettre en œuvre le standard minimum permettrait de transposer le standard minimum dans ces conventions non couvertes.

Synthèse de la réponse de la juridiction - Afrique du Sud

	Partenaires de convention	Conformité avec le standard	Si conforme, méthode choisie	Signature d'un instrument de mise en conformité	Méthode choisie dans l'instrument de mise en conformité (si différent de l'IM)	Commentaires
1	Algérie*	Non	N/C	Oui	N/C	
2	Australie	Non	N/C	Oui	N/C	
3	Autriche	Non	N/C	Oui	N/C	
4	Bélarus*	Non	N/C	Oui	N/C	
5	Belgique	Non	N/C	Oui	N/C	
6	Botswana	Non	N/C	Oui	N/C	
7	Brésil	Non	N/C	Oui	N/C	
8	Bulgarie	Non	N/C	Oui	N/C	
9	Cameroun	Non	N/C	Oui	N/C	
10	Canada	Non	N/C	Oui	N/C	

135 Pour ses conventions notifiées aux fins de l'IM, l'Afrique du Sud choisit d'appliquer la disposition de la déclaration du préambule (article 6 de l'IM) et la règle COP (article 7 de l'IM).

11	Chili	Non	N/C	Oui	N/C	
12	Chine (République populaire de)	Non	N/C	Oui	N/C	
13	Taipei chinois*	Non	N/C	Oui	N/C	
14	Croatie	Non	N/C	Oui	N/C	
15	Chypre*	Non	N/C	Oui	N/C	
16	République tchèque	Non	N/C	Oui	N/C	
17	République démocratique du Congo	Non	N/C	Oui	N/C	
18	Danemark	Non	N/C	Oui	N/C	
19	Égypte	Non	N/C	Oui	N/C	
20	Eswatini	Non	N/C	Oui	N/C	
21	Éthiopie*	Non	N/C	Oui	N/C	
22	Finlande	Non	N/C	Oui	N/C	
23	France	Non	N/C	Oui	N/C	
24	Allemagne	Non	N/C	Non	N/C	
25	Ghana*	Non	N/C	Oui	N/C	
26	Grèce	Non	N/C	Oui	N/C	
27	Grenade	Non	N/C	Non	N/C	
28	Hong Kong (Chine)	Non	N/C	Oui	N/C	
29	Hongrie	Non	N/C	Oui	N/C	
30	Inde	Non	N/C	Oui	N/C	
31	Indonésie	Non	N/C	Oui	N/C	
32	Iran*	Non	N/C	Oui	N/C	
33	Irlande	Non	N/C	Oui	N/C	
34	Israël	Non	N/C	Oui	N/C	
35	Italie	Non	N/C	Oui	N/C	
36	Japon	Non	N/C	Oui	N/C	
37	Kenya	Non	N/C	Oui	N/C	
38	Corée	Non	N/C	Oui	N/C	
39	Koweït*	Non	N/C	Oui	N/C	
40	Lesotho*	Non	N/C	Oui	N/C	
41	Luxembourg	Non	N/C	Oui	N/C	
42	Malawi*	Non	N/C	Non	N/C	
43	Malaisie	Non	N/C	Oui	N/C	
44	Malte	Non	N/C	Oui	N/C	
45	Maurice	Non	N/C	Oui	N/C	
46	Mexique	Non	N/C	Oui	N/C	
47	Mozambique*	Non	N/C	Oui	N/C	
48	Namibie	Non	N/C	Oui	N/C	
49	Pays-Bas	Non	N/C	Oui	N/C	
50	Nouvelle-Zélande	Non	N/C	Oui	N/C	
51	Nigéria	Non	N/C	Oui	N/C	
52	Norvège	Non	N/C	Oui	N/C	
53	Oman	Non	N/C	Oui	N/C	
54	Pakistan	Non	N/C	Oui	N/C	
55	Pologne	Non	N/C	Oui	N/C	
56	Portugal	Non	N/C	Oui	N/C	
57	Qatar	Non	N/C	Oui	N/C	
58	Roumanie	Non	N/C	Oui	N/C	
59	Russie	Non	N/C	Oui	N/C	
60	Rwanda*	Non	N/C	Oui	N/C	
61	Arabie saoudite	Non	N/C	Oui	N/C	
62	Seychelles	Non	N/C	Oui	N/C	
63	Sierra Leone	Non	N/C	Non	N/C	

64	Singapour	Non	N/C	Oui	N/C	
65	République slovaque	Non	N/C	Oui	N/C	
66	Espagne	Non	N/C	Oui	N/C	
67	Suède	Non	N/C	Oui	N/C	
68	Suisse	Non	N/C	Oui	N/C	
69	Tanzanie*	Non	N/C	Oui	N/C	
70	Thaïlande	Non	N/C	Oui	N/C	
71	Tunisie	Non	N/C	Oui	N/C	
72	Turquie	Non	N/C	Oui	N/C	
73	Ouganda*	Non	N/C	Oui	N/C	
74	Ukraine	Non	N/C	Oui	N/C	
75	Émirats arabes unis	Non	N/C	Oui	N/C	
76	Royaume-Uni	Non	N/C	Oui	N/C	
77	États-Unis	Non	N/C	Oui	N/C	
78	Zambie	Non	N/C	Non	N/C	
79	Zimbabwe*	Non	N/C	Oui	N/C	

Espagne

A. Progrès dans la mise en œuvre du standard minimum

L'Espagne compte 92 conventions fiscales en vigueur, comme l'indique sa réponse au questionnaire d'examen par les pairs. L'une de ces conventions, celle conclue avec le Mexique, est conforme au standard minimum.

L'Espagne a signé l'IM en 2017 et n'a pas notifié sa convention avec la Chine (République populaire de), le Japon, les Pays-Bas, la Suède et l'Ukraine. Elle a indiqué dans sa réponse au questionnaire d'examen par les pairs que des négociations bilatérales seraient engagées concernant ces conventions. L'Ukraine a notifié sa convention avec l'Espagne aux fins de l'IM.

L'Espagne met en œuvre le standard minimum par l'inclusion de la disposition de la déclaration du préambule et de la règle COP, associée à la règle LOB en ce qui concerne sa convention avec le Japon[136].

Les conventions qui seront modifiées par l'IM deviendront conformes au standard minimum une fois que les dispositions de l'IM auront pris effet.

B. Difficultés de mise en œuvre

Les conventions notifiées par l'Espagne aux fins de l'IM deviendront conformes une fois qu'elle aura ratifié l'IM. L'Espagne est invitée à ratifier l'IM le plus rapidement possible. L'Espagne a indiqué que l'IM a été approuvé par son Parlement. L'Espagne a fait savoir par ailleurs qu'elle comptait déposer son instrument de ratification de l'IM début 2021.

Synthèse de la réponse de la juridiction – Espagne

	Partenaires de convention	Conformité avec le standard	Si conforme, méthode choisie	Signature d'un instrument de mise en conformité	Méthode choisie dans l'instrument de mise en conformité (si différent de l'IM)	Commentaires
1	Albanie	Non	N/C	Oui	N/C	
2	Algérie*	Non	N/C	Oui	N/C	
3	Andorre	Non	N/C	Oui	N/C	
4	Argentine	Non	N/C	Oui	N/C	
5	Arménie	Non	N/C	Oui	N/C	
6	Australie	Non	N/C	Oui	N/C	
7	Autriche	Non	N/C	Oui	N/C	
8	Barbade	Non	N/C	Oui	N/C	
9	Belgique	Non	N/C	Oui	N/C	

136 Pour 87 de ses conventions notifiées aux fins de l'IM, l'Espagne choisit d'appliquer la disposition de la déclaration du préambule (article 6 de l'IM). Pour 86 de ses conventions notifiées aux fins de l'IM, l'Espagne choisit d'appliquer la règle COP (article 7 de l'IM). L'Espagne a formulé une réserve conformément à l'article 6(4) et à l'article 7(15)(b) de l'IM, et trois de ses conventions entrent dans le champ de cette réserve (celles avec Andorre, le Mexique et la Roumanie).

10	Bolivie*	Non	N/C	Oui	N/C	
11	Bosnie-Herzégovine	Non	N/C	Oui	N/C	
12	Brésil	Non	N/C	Oui	N/C	
13	Bulgarie	Non	N/C	Oui	N/C	
14	Canada	Non	N/C	Oui	N/C	
15	Chili	Non	N/C	Oui	N/C	
16	Chine (République populaire de)	Non	N/C	Oui	COP uniquement	
17	Colombie	Non	N/C	Oui	N/C	
18	Costa Rica	Non	N/C	Oui	N/C	
19	Croatie	Non	N/C	Oui	N/C	
20	Cuba*	Non	N/C	Oui	N/C	
21	Chypre*	Non	N/C	Oui	N/C	
22	République tchèque	Non	N/C	Oui	N/C	
23	République dominicaine	Non	N/C	Oui	N/C	
24	Équateur*	Non	N/C	Oui	N/C	
25	Égypte	Non	N/C	Oui	N/C	
26	El Salvador*	Non	N/C	Oui	N/C	
27	Estonie	Non	N/C	Oui	N/C	
28	Finlande	Non	N/C	Oui	N/C	
29	France	Non	N/C	Oui	N/C	
30	Géorgie	Non	N/C	Oui	N/C	
31	Allemagne	Non	N/C	Oui	N/C	
32	Grèce	Non	N/C	Oui	N/C	
33	Hong Kong (Chine)	Non	N/C	Oui	N/C	
34	Hongrie	Non	N/C	Oui	N/C	
35	Islande	Non	N/C	Oui	N/C	
36	Inde	Non	N/C	Oui	N/C	
37	Indonésie	Non	N/C	Oui	N/C	
38	Iran*	Non	N/C	Oui	N/C	
39	Irlande	Non	N/C	Oui	N/C	
40	Israël	Non	N/C	Oui	N/C	
41	Italie	Non	N/C	Oui	N/C	
42	Jamaïque	Non	N/C	Oui	N/C	
43	Japon	Non	N/C	Oui	COP et LOB	
44	Kazakhstan	Non	N/C	Oui	N/C	
45	Corée	Non	N/C	Oui	N/C	
46	Koweït*	Non	N/C	Oui	N/C	
47	Kirghizistan*	Non	N/C	Oui	N/C	
48	Lettonie	Non	N/C	Oui	N/C	
49	Lituanie	Non	N/C	Oui	N/C	
50	Luxembourg	Non	N/C	Oui	N/C	
51	Malaisie	Non	N/C	Oui	N/C	
52	Malte	Non	N/C	Oui	N/C	
53	Mexique	Oui	COP uniquement	N/C	N/C	
54	Moldova*	Non	N/C	Oui	N/C	
55	Maroc	Non	N/C	Oui	N/C	
56	Pays-Bas	Non	N/C	Non	N/C	
57	Nouvelle-Zélande	Non	N/C	Oui	N/C	
58	Nigéria	Non	N/C	Oui	N/C	
59	Macédoine du Nord	Non	N/C	Oui	N/C	
60	Norvège	Non	N/C	Non	N/C	
61	Oman	Non	N/C	Oui	N/C	
62	Pakistan	Non	N/C	Oui	N/C	

63	Panama	Non	N/C	Oui	N/C	
64	Philippines*	Non	N/C	Oui	N/C	
65	Pologne	Non	N/C	Oui	N/C	
66	Portugal	Non	N/C	Oui	N/C	
67	Qatar	Non	N/C	Oui	N/C	
68	Roumanie	Non	N/C	Oui	COP uniquement	
69	Russie	Non	N/C	Oui	N/C	
70	Arabie saoudite	Non	N/C	Oui	N/C	
71	Sénégal	Non	N/C	Oui	N/C	
72	Serbie	Non	N/C	Oui	N/C	
73	Singapour	Non	N/C	Oui	N/C	
74	République slovaque	Non	N/C	Oui	N/C	
75	Slovénie	Non	N/C	Oui	N/C	
76	Afrique du Sud	Non	N/C	Oui	N/C	
77	Suède	Non	N/C	Non	N/C	
78	Suisse	Non	N/C	Oui	N/C	
79	Tadjikistan*	Non	N/C	Oui	N/C	
80	Thaïlande	Non	N/C	Oui	N/C	
81	Trinité-et-Tobago	Non	N/C	Oui	N/C	
82	Tunisie	Non	N/C	Oui	N/C	
83	Turquie	Non	N/C	Oui	N/C	
84	Turkménistan*	Non	N/C	Oui	N/C	
85	Ukraine	Non	N/C	Non	N/C	
86	Émirats arabes unis	Non	N/C	Oui	N/C	
87	Royaume-Uni	Non	N/C	Oui	N/C	
88	États-Unis	Non	N/C	Oui	N/C	
89	Uruguay	Non	N/C	Oui	N/C	
90	Ouzbékistan*	Non	N/C	Oui	N/C	
91	Venezuela*	Non	N/C	Oui	N/C	
92	Viet Nam	Non	N/C	Oui	N/C	

Sri Lanka

A. Progrès dans la mise en œuvre du standard minimum

Le Sri Lanka compte 47 conventions fiscales en vigueur, comme l'indique sa réponse au questionnaire d'examen par les pairs.

Aucune des conventions conclues par le Sri Lanka n'est conforme au standard minimum ou ne fait l'objet d'un instrument de mise en conformité.

Le Sri Lanka n'a pas signé l'IM.

B. Difficultés de mise en œuvre

Étant donné que le Sri Lanka n'a pas adhéré à l'IM ni appliqué de mesures de lutte contre le chalandage fiscal dans ses conventions, le Secrétariat lui proposera son aide pour élaborer un plan de mise en œuvre du standard minimum en vue de renforcer son réseau de conventions.

Synthèse de la réponse de la juridiction - Sri Lanka

	Partenaires de convention	Conformité avec le standard	Si conforme, méthode choisie	Signature d'un instrument de mise en conformité	Méthode choisie dans l'instrument de mise en conformité (si différent de l'IM)	Commentaires
1	Australie	Non	N/C	Non	N/C	
2	Bahreïn	Non	N/C	Non	N/C	
3	Bangladesh*	Non	N/C	Non	N/C	
4	Bélarus*	Non	N/C	Non	N/C	
5	Belgique	Non	N/C	Non	N/C	
6	Bosnie-Herzégovine	Non	N/C	Non	N/C	
7	Canada	Non	N/C	Non	N/C	
8	Chine (République populaire de)	Non	N/C	Non	N/C	
9	Croatie	Non	N/C	Non	N/C	
10	République tchèque	Non	N/C	Non	N/C	
11	Danemark	Non	N/C	Non	N/C	
12	Finlande	Non	N/C	Non	N/C	
13	France	Non	N/C	Non	N/C	
14	Allemagne	Non	N/C	Non	N/C	
15	Inde	Non	N/C	Non	N/C	
16	Indonésie	Non	N/C	Non	N/C	
17	Iran*	Non	N/C	Non	N/C	
18	Italie	Non	N/C	Non	N/C	
19	Japon	Non	N/C	Non	N/C	
20	Corée	Non	N/C	Non	N/C	
21	Koweït*	Non	N/C	Non	N/C	
22	Luxembourg	Non	N/C	Non	N/C	
23	Malaisie	Non	N/C	Non	N/C	
24	Maurice	Non	N/C	Non	N/C	
25	Monténégro	Non	N/C	Non	N/C	

26	Népal*	Non	N/C	Non	N/C	
27	Pays-Bas	Non	N/C	Non	N/C	
28	Macédoine du Nord	Non	N/C	Non	N/C	
29	Norvège	Non	N/C	Non	N/C	
30	Oman	Non	N/C	Non	N/C	
31	Pakistan	Non	N/C	Non	N/C	
32	Philippines*	Non	N/C	Non	N/C	
33	Pologne	Non	N/C	Non	N/C	
34	Qatar	Non	N/C	Non	N/C	
35	Roumanie	Non	N/C	Non	N/C	
36	Russie	Non	N/C	Non	N/C	
37	Serbie	Non	N/C	Non	N/C	
38	Seychelles	Non	N/C	Non	N/C	
39	Singapour	Non	N/C	Non	N/C	
40	République slovaque	Non	N/C	Non	N/C	
41	Suède	Non	N/C	Non	N/C	
42	Suisse	Non	N/C	Non	N/C	
43	Thaïlande	Non	N/C	Non	N/C	
44	Émirats arabes unis	Non	N/C	Non	N/C	
45	Royaume-Uni	Non	N/C	Non	N/C	
46	États-Unis	Non	N/C	Non	N/C	
47	Viet Nam	Non	N/C	Non	N/C	

Suède

A. Progrès dans la mise en œuvre du standard minimum

La Suède compte 81 conventions fiscales en vigueur, comme l'indique sa réponse au questionnaire d'examen par les pairs, y compris la Convention nordique multilatérale conclue avec le Danemark, les Îles Féroé, la Finlande, l'Islande et la Norvège (la « Convention nordique »)[137]. Deux de ces conventions, celles avec la Russie et la Convention nordique, sont conformes au standard minimum.

La Suède a signé l'IM en 2017 et déposé son instrument de ratification le 22 juin 2018. L'IM est entré en vigueur pour la Suède le 1er octobre 2018. La Suède n'a pas notifié ses conventions avec l'Allemagne, l'Autriche, l'Australie, la Bosnie-Herzégovine, le Brésil, la Croatie, l'Espagne, la France, le Monténégro, le Portugal, la Serbie, Singapour, la Slovénie, et la Suisse, mais a indiqué dans sa réponse au questionnaire d'examen par les pairs que des négociations bilatérales seraient engagées concernant ses conventions avec l'Allemagne, le Brésil, l'Espagne, le Portugal, Singapour, la Slovénie et la Suisse. L'Australie, la Bosnie-Herzégovine, la Croatie, la France, le Portugal, la Serbie et Singapour ont notifié leurs conventions conclues avec la Suède aux fins de l'IM.

Les Parties à la Convention nordique ont signé un instrument de mise en conformité en 2018. Le protocole est entré en vigueur le 28 novembre 2019, et ses dispositions ont pris effet le 1er janvier 2020.

La Suède met en œuvre le standard minimum par l'inclusion de la déclaration du préambule et de la règle COP[138].

Les conventions qui seront modifiées par l'IM deviendront conformes au standard minimum une fois que les dispositions de l'IM auront pris effet.

B. Difficultés de mise en œuvre

La Suède a formulé une réserve en vertu de l'IM qui lui permet d'en retarder l'entrée en vigueur après l'accomplissement des procédures internes prévues à cet effet pour chacune de ses conventions notifiées[139]. La Suède n'a pas encore indiqué qu'elle avait accompli ses procédures internes pour aucune de ses conventions notifiées.

Comme indiqué précédemment, la Suède n'a pas notifié ses conventions avec l'Australie, l'Autriche, la Bosnie-Herzégovine, la Croatie, la France, le Monténégro et la Serbie aux fins de l'IM. Notifier ces conventions aux fins de l'IM ou engager des renégociations bilatérales dans le but de mettre en œuvre le standard minimum permettrait de transposer le standard minimum dans ces conventions non couvertes.

---

[137] Voir la Convention multilatérale conclue par le Danemark, la Finlande, les Îles Féroé, l'Islande, la Norvège et la Suède tendant à éviter la double imposition concernant les impôts sur le revenu et la fortune (1996, 1997, 2008 et 2018). Au total, la Suède a identifié 85 « accords » dans sa liste des conventions fiscales : 80 conventions bilatérales et la Convention nordique conclue avec cinq de ses partenaires.

[138] Pour ses conventions notifiées aux fins de l'IM, la Suède choisit d'appliquer la disposition de la déclaration du préambule (article 6 de l'IM) et la règle COP (article 7 de l'IM).

[139] Les réserves ont été formulée conformément à l'article 35(7)(a) de l'IM.

Synthèse de la réponse de la juridiction – Suède

	Partenaires de convention	Conformité avec le standard	Si conforme, méthode choisie	Signature d'un instrument de mise en conformité	Méthode choisie dans l'instrument de mise en conformité (si différent de l'IM)	Commentaires
1	Albanie	Non	N/C	Oui	N/C	
2	Argentine	Non	N/C	Oui	N/C	
3	Arménie	Non	N/C	Oui	N/C	
4	Australie	Non	N/C	Non	N/C	
5	Autriche	Non	N/C	Non	N/C	
6	Azerbaïdjan*	Non	N/C	Oui	N/C	
7	Bangladesh*	Non	N/C	Oui	N/C	
8	Barbade	Non	N/C	Oui	N/C	
9	Bélarus*	Non	N/C	Oui	N/C	
10	Belgique	Non	N/C	Oui	N/C	
11	Bolivie*	Non	N/C	Oui	N/C	
12	Bosnie-Herzégovine	Non	N/C	Non	N/C	
13	Botswana	Non	N/C	Oui	N/C	
14	Brésil	Non	N/C	Oui	COP et LOB	
15	Bulgarie	Non	N/C	Oui	N/C	
16	Canada	Non	N/C	Oui	N/C	
17	Chili	Non	N/C	Oui	N/C	
18	Chine (République populaire de)	Non	N/C	Oui	N/C	
19	Croatie	Non	N/C	Non	N/C	
20	Chypre*	Non	N/C	Oui	N/C	
21	République tchèque	Non	N/C	Oui	N/C	
22	Danemark	Oui	COP uniquement	N/C	N/C	Convention nordique
23	Égypte	Non	N/C	Oui	N/C	
24	Estonie	Non	N/C	Oui	N/C	
25	Îles Féroé	Oui	COP uniquement	N/C	N/C	Convention nordique
26	Finlande	Oui	COP uniquement	N/C	N/C	Convention nordique
27	France	Non	N/C	Non	N/C	
28	Gambie*	Non	N/C	Oui	N/C	
29	Géorgie	Non	N/C	Oui	N/C	
30	Allemagne	Non	N/C	Non	N/C	
31	Grèce	Non	N/C	Oui	N/C	
32	Hongrie	Non	N/C	Oui	N/C	
33	Islande	Oui	COP uniquement	N/C	N/C	Convention nordique
34	Inde	Non	N/C	Oui	N/C	
35	Indonésie	Non	N/C	Oui	N/C	
36	Irlande	Non	N/C	Oui	N/C	
37	Israël	Non	N/C	Oui	N/C	
38	Italie	Non	N/C	Oui	N/C	
39	Jamaïque	Non	N/C	Oui	N/C	
40	Japon	Non	N/C	Oui	N/C	
41	Kazakhstan	Non	N/C	Oui	N/C	
42	Kenya	Non	N/C	Oui	N/C	
43	Corée	Non	N/C	Oui	N/C	
44	Kosovo*	Non	N/C	Non	N/C	

45	Lettonie	Non	N/C	Oui	N/C	
46	Lituanie	Non	N/C	Oui	N/C	
47	Luxembourg	Non	N/C	Oui	N/C	
48	Malaisie	Non	N/C	Oui	N/C	
49	Malte	Non	N/C	Oui	N/C	
50	Maurice	Non	N/C	Oui	N/C	
51	Mexique	Non	N/C	Oui	N/C	
52	Monténégro	Non	N/C	Non	N/C	
53	Namibie	Non	N/C	Oui	N/C	
54	Pays-Bas	Non	N/C	Oui	N/C	
55	Nouvelle-Zélande	Non	N/C	Oui	N/C	
56	Nigéria	Non	N/C	Oui	N/C	
57	Macédoine du Nord	Non	N/C	Oui	N/C	
58	Norvège	Oui	COP uniquement	N/C	N/C	Convention nordique
59	Pakistan	Non	N/C	Oui	N/C	
60	Philippines*	Non	N/C	Oui	N/C	
61	Pologne	Non	N/C	Oui	N/C	
62	Portugal	Non	N/C	Oui	COP uniquement	
63	Roumanie	Non	N/C	Oui	N/C	
64	Russie	Oui	COP uniquement	N/C	N/C	
65	Arabie saoudite	Non	N/C	Oui	N/C	
66	Serbie	Non	N/C	Non	N/C	
67	Singapour	Non	N/C	Non	N/C	
68	République slovaque	Non	N/C	Oui	N/C	
69	Slovénie	Non	N/C	Non	N/C	
70	Afrique du Sud	Non	N/C	Oui	N/C	
71	Espagne	Non	N/C	Non	N/C	
72	Sri Lanka	Non	N/C	Oui	N/C	
73	Suisse	Non	N/C	Oui	COP uniquement	
74	Tanzanie*	Non	N/C	Oui	N/C	
75	Thaïlande	Non	N/C	Oui	N/C	
76	Trinité-et-Tobago	Non	N/C	Oui	N/C	
77	Tunisie	Non	N/C	Oui	N/C	
78	Turquie	Non	N/C	Oui	N/C	
79	Ukraine	Non	N/C	Oui	N/C	
80	Royaume-Uni	Non	N/C	Oui	N/C	
81	États-Unis	Non	N/C	Oui	N/C	
82	Venezuela*	Non	N/C	Oui	N/C	
83	Viet Nam	Non	N/C	Oui	N/C	
84	Zambie	Non	N/C	Oui	N/C	
85	Zimbabwe*	Non	N/C	Oui	N/C	

Suisse

A. Progrès dans la mise en œuvre du standard minimum

La Suisse compte 106 conventions fiscales en vigueur, comme l'indique sa réponse au questionnaire d'examen par les pairs. Quatre de ces conventions, celles avec le Kosovo*, la Lettonie, le Royaume-Uni et la Zambie, sont conformes au standard minimum.

La Suisse a signé l'IM en 2017 et déposé son instrument de ratification le 29 août 2019. L'IM est entré en vigueur pour la Suisse le 1er décembre 2019. La Suisse a notifié douze de ses conventions aux fins de l'IM, et a indiqué dans sa réponse au questionnaire d'examen par les pairs qu'elle notifierait une convention aux fins de l'IM uniquement si elle parvient à s'accorder avec ses partenaires sur la façon dont l'IM modifiera leur convention. La Suisse considère que l'IM modifie une convention fiscale couverte de la même manière qu'un protocole portant modification. Un accord avec l'autre juridiction contractante sur la formulation précise des modifications à apporter à la convention fiscale correspondante par l'intermédiaire de l'IM est donc nécessaire pour que la Suisse notifie une convention fiscale aux fins de l'IM.

La Suisse a en outre précisé dans sa réponse au questionnaire d'examen par les pairs qu'elle a engagé ou a l'intention d'engager des négociations bilatérales avec plus de 40 de ses partenaires de convention.

- Des instruments bilatéraux de mise en conformité ont été signés pour les conventions conclues avec la Corée, l'Iran*, l'Irlande, le Koweït*, la Norvège, la Nouvelle-Zélande, les Pays-Bas, la Suède et l'Ukraine ; et
- Des négociations bilatérales seraient engagées pour ses conventions conclues avec l'Albanie, l'Algérie*, l'Allemagne, l'Arménie, l'Australie, la Belgique, la Bulgarie, le Canada, la Chine (République populaire de), Chypre*, la Colombie, la Côte d'Ivoire, la Croatie, le Danemark, l'Égypte, les Émirats arabes unis, l'Espagne, l'Estonie, les États-Unis, la Finlande, la France, la Géorgie, la Grèce, Hong Kong (Chine), la Hongrie, l'Inde, l'Indonésie, Israël, la Jamaïque, le Japon, le Kazakhstan, le Kirghizistan*, le Liechtenstein, la Macédoine du Nord, la Malaisie, Malte, le Maroc, la Mongolie, le Monténégro, Oman, le Pakistan, le Pérou, la Pologne, le Qatar, la République slovaque, la Roumanie, la Russie, la Serbie, Singapour, la Slovénie, le Sri Lanka, la Thaïlande, Trinité-et-Tobago, la Tunisie, l'Uruguay et le Viet Nam[140].

La Suisse a aussi mentionné qu'elle ne nourrissait pas d'inquiétude en matière de chalandage fiscal concernant certains de ses partenaires de convention (Anguilla, Antigua-et-Barbuda, Barbade, Belize, Îles Vierges britanniques, Dominique, Gambie*, Grenade, Malawi*, Montserrat, Saint-Kitts-et-Nevis, Sainte-Lucie, Saint-Vincent-et-les-Grenadines).

La Suisse a formulé une réserve en vertu de l'IM qui lui permet d'en retarder l'entrée en vigueur après l'accomplissement des procédures internes prévues à cet effet pour chacune de ses conventions notifiées[141]. La Suisse a indiqué avoir accompli ses procédures internes relatives à l'entrée en vigueur de l'IM au regard de ses conventions conclues avec le Luxembourg le 27 mai 2020, ainsi qu'avec la République tchèque et la Lituanie le 18 décembre 2020.

La Suisse met en œuvre le standard minimum par l'inclusion de la déclaration du préambule et de la règle

[140] Chaque partenaire a été sollicité en vue de conclure un protocole portant modification de la convention et des négociations correspondantes ont été proposées.

[141] Les réserves ont été formulée conformément à l'article 35(7)(a) de l'IM.

COP[142].

Les conventions qui seront modifiées par l'IM deviendront conformes au standard minimum une fois que les dispositions de l'IM auront pris effet.

B. Difficultés de mise en œuvre

Aucune juridiction n'a signalé de préoccupation relative à ses conventions conclues avec la Suisse.

Synthèse de la réponse de la juridiction – Suisse

	Partenaires de convention	Conformité avec le standard	Si conforme, méthode choisie	Signature d'un instrument de mise en conformité	Méthode choisie dans l'instrument de mise en conformité (si différent de l'IM)	Commentaires
1	Albanie	Non	N/C	Non	N/C	
2	Algérie*	Non	N/C	Non	N/C	
3	Anguilla	Non	N/C	Non	N/C	
4	Antigua-et-Barbuda	Non	N/C	Non	N/C	
5	Argentine	Non	N/C	Oui	N/C	
6	Arménie	Non	N/C	Non	N/C	
7	Australie	Non	N/C	Non	N/C	
8	Autriche	Non	N/C	Oui	N/C	
9	Azerbaïdjan*	Non	N/C	Non	N/C	
10	Bangladesh*	Non	N/C	Non	N/C	
11	Barbade	Non	N/C	Non	N/C	
12	Bélarus*	Non	N/C	Non	N/C	
13	Belgique	Non	N/C	Non	N/C	
14	Belize	Non	N/C	Non	N/C	
15	Îles Vierges britanniques	Non	N/C	Non	N/C	
16	Bulgarie	Non	N/C	Non	N/C	
17	Canada	Non	N/C	Non	N/C	
18	Chili	Non	N/C	Oui	N/C	
19	Chine (République populaire de)	Non	N/C	Non	N/C	
20	Taipei chinois*	Non	N/C	Non	N/C	
21	Colombie	Non	N/C	Non	N/C	
22	Côte d'Ivoire	Non	N/C	Non	N/C	
23	Croatie	Non	N/C	Non	N/C	
24	Chypre*	Non	N/C	Non	N/C	
25	République tchèque	Non	N/C	Oui	N/C	
26	Danemark	Non	N/C	Non	N/C	
27	Dominique	Non	N/C	Non	N/C	
28	Équateur*	Non	N/C	Non	N/C	
29	Égypte	Non	N/C	Non	N/C	
30	Estonie	Non	N/C	Non	N/C	
31	Finlande	Non	N/C	Non	N/C	

142 Pour ses conventions notifiées aux fins de l'IM, la Suisse choisit d'appliquer la disposition de la déclaration du préambule (article 6 de l'IM) et la règle COP (article 7 de l'IM).

32	France	Non	N/C	Non	N/C	
33	Gambie*	Non	N/C	Non	N/C	
34	Géorgie	Non	N/C	Non	N/C	
35	Allemagne	Non	N/C	Non	N/C	
36	Ghana*	Non	N/C	Non	N/C	
37	Grèce	Non	N/C	Non	N/C	
38	Grenade	Non	N/C	Non	N/C	
39	Hong Kong (Chine)	Non	N/C	Non	N/C	
40	Hongrie	Non	N/C	Non	N/C	
41	Islande	Non	N/C	Oui	N/C	
42	Inde	Non	N/C	Non	N/C	
43	Indonésie	Non	N/C	Non	N/C	
44	Iran*	Non	N/C	Oui	COP uniquement	
45	Irlande	Non	N/C	Oui	COP uniquement	
46	Israël	Non	N/C	Non	N/C	
47	Italie	Non	N/C	Oui	N/C	
48	Jamaïque	Non	N/C	Non	N/C	
49	Japon	Non	N/C	Non	N/C	
50	Kazakhstan	Non	N/C	Non	N/C	
51	Corée	Non	N/C	Oui	COP uniquement	
52	Kosovo*	Oui	COP uniquement	N/C	N/C	
53	Koweït*	Non	N/C	Oui	COP uniquement	
54	Kirghizistan*	Non	N/C	Non	N/C	
55	Lettonie	Oui	COP uniquement	N/C	N/C	
56	Liechtenstein	Non	N/C	Non	N/C	
57	Lituanie	Non	N/C	Oui	N/C	
58	Luxembourg	Non	N/C	Oui	N/C	
59	Malawi*	Non	N/C	Non	N/C	
60	Malaisie	Non	N/C	Non	N/C	
61	Malte	Non	N/C	Non	N/C	
62	Mexique	Non	N/C	Oui	N/C	
63	Moldova*	Non	N/C	Non	N/C	
64	Mongolie	Non	N/C	Non	N/C	
65	Monténégro	Non	N/C	Non	N/C	
66	Montserrat	Non	N/C	Non	N/C	
67	Maroc	Non	N/C	Non	N/C	
68	Pays-Bas	Non	N/C	Oui	COP uniquement	
69	Nouvelle-Zélande	Non	N/C	Oui	COP uniquement	
70	Macédoine du Nord	Non	N/C	Non	N/C	
71	Norvège	Non	N/C	Oui	COP uniquement	
72	Oman	Non	N/C	Non	N/C	
73	Pakistan	Non	N/C	Non	N/C	COP, à l'exception du préambule.
74	Pérou	Non	N/C	Non	N/C	
75	Philippines*	Non	N/C	Non	N/C	
76	Pologne	Non	N/C	Non	N/C	
77	Portugal	Non	N/C	Oui	N/C	
78	Qatar	Non	N/C	Non	N/C	
79	Roumanie	Non	N/C	Non	N/C	
80	Russie	Non	N/C	Non	N/C	
81	Saint-Kitts-et-Nevis	Non	N/C	Non	N/C	
82	Sainte-Lucie	Non	N/C	Non	N/C	

83	Saint-Vincent-et-les-Grenadines	Non	N/C	Non	N/C	
84	Serbie	Non	N/C	Non	N/C	
85	Singapour	Non	N/C	Non	N/C	
86	République slovaque	Non	N/C	Non	N/C	
87	Slovénie	Non	N/C	Non	N/C	
88	Afrique du Sud	Non	N/C	Oui	N/C	
89	Espagne	Non	N/C	Non	N/C	
90	Sri Lanka	Non	N/C	Non	N/C	
91	Suède	Non	N/C	Oui	COP uniquement	
92	Tadjikistan*	Non	N/C	Non	N/C	
93	Thaïlande	Non	N/C	Non	N/C	
94	Trinité-et-Tobago	Non	N/C	Non	N/C	
95	Tunisie	Non	N/C	Non	N/C	
96	Turquie	Non	N/C	Oui	N/C	
97	Turkménistan*	Non	N/C	Non	N/C	
98	Ukraine	Non	N/C	Oui	COP uniquement	
99	Émirats arabes unis	Non	N/C	Non	N/C	
100	Royaume-Uni	Oui	COP uniquement	N/C	N/C	
101	États-Unis	Non	N/C	Non	N/C	
102	Uruguay	Non	N/C	Non	N/C	
103	Ouzbékistan*	Non	N/C	Non	N/C	
104	Venezuela*	Non	N/C	Non	N/C	
105	Viet Nam	Non	N/C	Non	N/C	
106	Zambie	Oui	COP uniquement	N/C	N/C	

Thaïlande

A. Progrès dans la mise en œuvre du standard minimum

La Thaïlande compte 61 conventions fiscales en vigueur, comme l'indique sa réponse au questionnaire d'examen par les pairs.

Aucune des conventions conclues par la Thaïlande n'est conforme au standard minimum ou ne fait l'objet d'un instrument de mise en conformité.

La Thaïlande n'a pas signé l'IM.

La Thaïlande a indiqué dans sa réponse au questionnaire d'examen par les pairs qu'elle prenait des dispositions en vue de signer l'IM.

B. Difficultés de mise en œuvre

Étant donné que la Thaïlande n'a pas adhéré à l'IM ni appliqué de mesures de lutte contre le chalandage fiscal dans ses conventions, le Secrétariat lui proposera son aide pour élaborer un plan de mise en œuvre du standard minimum en vue de renforcer son réseau de conventions.

Synthèse de la réponse de la juridiction – Thaïlande

	Partenaires de convention	Conformité avec le standard	Si conforme, méthode choisie	Signature d'un instrument de mise en conformité	Méthode choisie dans l'instrument de mise en conformité (si différent de l'IM)	Commentaires
1	Arménie	Non	N/C	Non	N/C	
2	Australie	Non	N/C	Non	N/C	
3	Autriche	Non	N/C	Non	N/C	
4	Bahreïn	Non	N/C	Non	N/C	
5	Bangladesh*	Non	N/C	Non	N/C	
6	Bélarus*	Non	N/C	Non	N/C	
7	Belgique	Non	N/C	Non	N/C	
8	Bulgarie	Non	N/C	Non	N/C	
9	Cambodge*	Non	N/C	Non	N/C	
10	Canada	Non	N/C	Non	N/C	
11	Chili	Non	N/C	Non	N/C	
12	Chine (République populaire de)	Non	N/C	Non	N/C	
13	Taipei chinois*	Non	N/C	Non	N/C	
14	Chypre*	Non	N/C	Non	N/C	
15	République tchèque	Non	N/C	Non	N/C	
16	Danemark	Non	N/C	Non	N/C	
17	Estonie	Non	N/C	Non	N/C	
18	Finlande	Non	N/C	Non	N/C	
19	France	Non	N/C	Non	N/C	
20	Allemagne	Non	N/C	Non	N/C	

21	Hong Kong (Chine)	Non	N/C	Non	N/C	
22	Hongrie	Non	N/C	Non	N/C	
23	Inde	Non	N/C	Non	N/C	
24	Indonésie	Non	N/C	Non	N/C	
25	Irlande	Non	N/C	Non	N/C	
26	Israël	Non	N/C	Non	N/C	
27	Italie	Non	N/C	Non	N/C	
28	Japon	Non	N/C	Non	N/C	
29	Corée	Non	N/C	Non	N/C	
30	Koweït*	Non	N/C	Non	N/C	
31	République démocratique populaire lao*	Non	N/C	Non	N/C	
32	Luxembourg	Non	N/C	Non	N/C	
33	Malaisie	Non	N/C	Non	N/C	
34	Maurice	Non	N/C	Non	N/C	
35	Myanmar*	Non	N/C	Non	N/C	
36	Népal*	Non	N/C	Non	N/C	
37	Pays-Bas	Non	N/C	Non	N/C	
38	Nouvelle-Zélande	Non	N/C	Non	N/C	
39	Norvège	Non	N/C	Non	N/C	
40	Oman	Non	N/C	Non	N/C	
41	Pakistan	Non	N/C	Non	N/C	
42	Philippines*	Non	N/C	Non	N/C	
43	Pologne	Non	N/C	Non	N/C	
44	Roumanie	Non	N/C	Non	N/C	
45	Russie	Non	N/C	Non	N/C	
46	Seychelles	Non	N/C	Non	N/C	
47	Singapour	Non	N/C	Non	N/C	
48	Slovénie	Non	N/C	Non	N/C	
49	Afrique du Sud	Non	N/C	Non	N/C	
50	Espagne	Non	N/C	Non	N/C	
51	Sri Lanka	Non	N/C	Non	N/C	
52	Suède	Non	N/C	Non	N/C	
53	Suisse	Non	N/C	Non	N/C	
54	Tadjikistan*	Non	N/C	Non	N/C	
55	Turquie	Non	N/C	Non	N/C	
56	Ukraine	Non	N/C	Non	N/C	
57	Émirats arabes unis	Non	N/C	Non	N/C	
58	Royaume-Uni	Non	N/C	Non	N/C	
59	États-Unis	Non	N/C	Non	N/C	
60	Ouzbékistan*	Non	N/C	Non	N/C	
61	Viet Nam	Non	N/C	Non	N/C	

Trinité-et-Tobago

A. Progrès dans la mise en œuvre du standard minimum

Trinité-et-Tobago compte 17 conventions fiscales en vigueur, comme l'indique sa réponse au questionnaire d'examen par les pairs, y compris la convention multilatérale entre les membres de la CARICOM conclue avec dix de ses partenaires (la convention de la CARICOM).

Aucune des conventions conclues par Trinité-et-Tobago n'est conforme au standard minimum ou ne fait l'objet d'un instrument de mise en conformité.

Trinité-et-Tobago n'a pas signé l'IM.

B. Difficultés de mise en œuvre

Étant donné que Trinité-et-Tobago n'a pas adhéré à l'IM ni appliqué de mesures de lutte contre le chalandage fiscal dans ses conventions, le Secrétariat lui proposera son aide pour élaborer un plan de mise en œuvre du standard minimum en vue de renforcer son réseau de conventions.

Trinité-et-Tobago est invité à actualiser la convention de la CARICOM en entamant des discussions avec l'ensemble de ses partenaires de convention[143].

Synthèse de la réponse de la juridiction - Trinité-et-Tobago

	Partenaires de convention	Conformité avec le standard	Si conforme, méthode choisie	Signature d'un instrument de mise en conformité	Méthode choisie dans l'instrument de mise en conformité (si différent de l'IM)	Commentaires
1	Antigua-et-Barbuda	Non	N/C	Non	N/C	CARICOM
2	Barbade	Non	N/C	Non	N/C	CARICOM
3	Belize	Non	N/C	Non	N/C	CARICOM
4	Brésil	Non	N/C	Non	N/C	
5	Canada	Non	N/C	Non	N/C	
6	Chine (République populaire de)	Non	N/C	Non	N/C	
7	Danemark	Non	N/C	Non	N/C	
8	Dominique	Non	N/C	Non	N/C	CARICOM
9	France	Non	N/C	Non	N/C	
10	Allemagne	Non	N/C	Non	N/C	
11	Grenade	Non	N/C	Non	N/C	CARICOM
12	Guyana*	Non	N/C	Non	N/C	CARICOM
13	Inde	Non	N/C	Non	N/C	
14	Italie	Non	N/C	Non	N/C	
15	Jamaïque	Non	N/C	Non	N/C	CARICOM
16	Luxembourg	Non	N/C	Non	N/C	
17	Norvège	Non	N/C	Non	N/C	
18	Saint-Kitts-et-Nevis	Non	N/C	Non	N/C	CARICOM

[143] Les révisions apportées à la convention de la CARICOM nécessitent l'accord des onze partenaires.

19	Sainte-Lucie	Non	N/C	Non	N/C	CARICOM
20	Saint-Vincent-et-les-Grenadines	Non	N/C	Non	N/C	CARICOM
21	Espagne	Non	N/C	Non	N/C	
22	Suède	Non	N/C	Non	N/C	
23	Suisse	Non	N/C	Non	N/C	
24	Royaume-Uni	Non	N/C	Non	N/C	
25	États-Unis	Non	N/C	Non	N/C	
26	Venezuela*	Non	N/C	Non	N/C	

Tunisie

A. Progrès dans la mise en œuvre du standard minimum

La Tunisie compte 56 conventions fiscales en vigueur, comme l'indique sa réponse au questionnaire d'examen par les pairs, y compris la Convention en matière d'impôts sur le revenu de l'Union du Maghreb arabe conclue avec quatre partenaires (la Convention UMA)[144].

La Tunisie a signé l'IM en 2018 et n'a pas notifié ses conventions avec l'Allemagne et Singapour. Le pays a fait savoir qu'il notifierait ces conventions dans sa position sur l'IM qui sera soumise lors de la ratification.

La Tunisie met en œuvre le standard minimum par l'inclusion de la déclaration du préambule et de la règle COP[145].

Les conventions qui seront modifiées par l'IM deviendront conformes au standard minimum une fois que les dispositions de l'IM auront pris effet.

B. Difficultés de mise en œuvre

Les conventions notifiées par la Tunisie aux fins de l'IM deviendront conformes une fois que le pays aura ratifié l'IM. La Tunisie est invitée à ratifier l'IM le plus rapidement possible.

Synthèse de la réponse de la juridiction – Tunisie

	Partenaires de convention	Conformité avec le standard	Si conforme, méthode choisie	Signature d'un instrument de mise en conformité	Méthode choisie dans l'instrument de mise en conformité (si différent de l'IM)	Commentaires
1	Algérie*	Non	N/C	Oui	N/C	
2	Autriche	Non	N/C	Oui	N/C	
3	Belgique	Non	N/C	Oui	N/C	
4	Burkina Faso	Non	N/C	Oui	N/C	
5	Cameroun	Non	N/C	Oui	N/C	
6	Canada	Non	N/C	Oui	N/C	
7	Chine (République populaire de)	Non	N/C	Oui	N/C	
8	Côte d'Ivoire	Non	N/C	Oui	N/C	
9	République tchèque	Non	N/C	Oui	N/C	
10	Danemark	Non	N/C	Oui	N/C	
11	Égypte	Non	N/C	Oui	N/C	
12	Éthiopie*	Non	N/C	Oui	N/C	
13	France	Non	N/C	Oui	N/C	

[144] Au total, la Tunisie a identifié 58 « accords » dans sa liste des conventions fiscales : 55 conventions bilatérales et la Convention UMA.

[145] Pour ses conventions notifiées aux fins de l'IM, la Tunisie choisit d'appliquer la disposition de la déclaration du préambule (article 6 de l'IM) et la règle COP (article 7 de l'IM).

14	Allemagne	Non	N/C	Non	N/C	La nouvelle convention a été signée en 2018 et elle est entrée en vigueur le 16 décembre 2019. Elle n'est pas notifiée aux fins de l'IM.
15	Grèce	Non	N/C	Oui	N/C	
16	Hongrie	Non	N/C	Oui	N/C	
17	Indonésie	Non	N/C	Oui	N/C	
18	Iran*	Non	N/C	Oui	N/C	
19	Italie	Non	N/C	Oui	N/C	
20	Jordanie	Non	N/C	Oui	N/C	
21	Corée	Non	N/C	Oui	N/C	
22	Koweït*	Non	N/C	Oui	N/C	
23	Liban*	Non	N/C	Oui	N/C	
24	Libye*	Non	N/C	Oui	N/C	
25	Luxembourg	Non	N/C	Oui	N/C	
26	Mali*	Non	N/C	Oui	N/C	
27	Malte	Non	N/C	Oui	N/C	
28	Mauritanie*	Non	N/C	Oui	N/C	
29	Maurice	Non	N/C	Oui	N/C	
30	Maroc	Non	N/C	Oui	N/C	
31	Pays-Bas	Non	N/C	Oui	N/C	
32	Norvège	Non	N/C	Oui	N/C	
33	Oman	Non	N/C	Oui	N/C	
34	Pakistan	Non	N/C	Oui	N/C	
35	Pologne	Non	N/C	Oui	N/C	
36	Portugal	Non	N/C	Oui	N/C	
37	Qatar	Non	N/C	Oui	N/C	
38	Roumanie	Non	N/C	Oui	N/C	
39	Arabie saoudite	Non	N/C	Oui	N/C	
40	Sénégal	Non	N/C	Oui	N/C	
41	Serbie	Non	N/C	Oui	N/C	
42	Singapour	Non	N/C	Non	N/C	La nouvelle convention a été signée en 2018 et elle est entrée en vigueur le 17 décembre 2019. Elle n'est pas notifiée aux fins de l'IM.
43	République slovaque	Non	N/C	Oui	N/C	
44	Afrique du Sud	Non	N/C	Oui	N/C	
45	Espagne	Non	N/C	Oui	N/C	
46	Soudan*	Non	N/C	Oui	N/C	
47	Suède	Non	N/C	Oui	N/C	
48	Suisse	Non	N/C	Oui	N/C	
49	République arabe syrienne*	Non	N/C	Oui	N/C	
50	Turquie	Non	N/C	Oui	N/C	
51	Émirats arabes unis	Non	N/C	Oui	N/C	
52	Royaume-Uni	Non	N/C	Oui	N/C	
53	États-Unis	Non	N/C	Oui	N/C	
54	Viet Nam	Non	N/C	Oui	N/C	
55	Yémen*	Non	N/C	Oui	N/C	
56	Algérie* (UMA)	Non	N/C	Oui	N/C	Convention UMA
57	Libye* (UMA)	Non	N/C	Oui	N/C	Convention UMA
58	Mauritanie* (UMA)	Non	N/C	Oui	N/C	Convention UMA
59	Maroc (UMA)	Non	N/C	Oui	N/C	Convention UMA

Turquie

A. Progrès dans la mise en œuvre du standard minimum

La Turquie compte 86 conventions fiscales en vigueur, comme l'indique sa réponse au questionnaire d'examen par les pairs.

La Turquie a signé l'IM en 2017 et a notifié ses conventions non conformes.

La Turquie met en œuvre le standard minimum par l'inclusion de la déclaration du préambule et de la règle COP[146].

Les conventions qui seront modifiées par l'IM deviendront conformes au standard minimum une fois que les dispositions de l'IM auront pris effet.

B. Difficultés de mise en œuvre

Les conventions notifiées par la Turquie aux fins de l'IM deviendront conformes une fois que le pays aura ratifié l'IM. La Turquie est invitée à ratifier l'IM le plus rapidement possible.

Synthèse de la réponse de la juridiction – Turquie

	Partenaires de convention	Conformité avec le standard	Si conforme, méthode choisie	Signature d'un instrument de mise en conformité	Méthode choisie dans l'instrument de mise en conformité (si différent de l'IM)	Commentaires
1	Albanie	Non	N/C	Oui	N/C	
2	Algérie*	Non	N/C	Oui	N/C	
3	Australie	Non	N/C	Oui	N/C	
4	Autriche	Non	N/C	Oui	N/C	
5	Azerbaïdjan*	Non	N/C	Oui	N/C	
6	Bahreïn	Non	N/C	Oui	N/C	
7	Bangladesh*	Non	N/C	Oui	N/C	
8	Bélarus*	Non	N/C	Oui	N/C	
9	Belgique	Non	N/C	Oui	N/C	
10	Bosnie-Herzégovine	Non	N/C	Oui	N/C	
11	Brésil	Non	N/C	Oui	N/C	
12	Bulgarie	Non	N/C	Oui	N/C	
13	Canada	Non	N/C	Oui	N/C	
14	Chine (République populaire de)	Non	N/C	Oui	N/C	
15	Croatie	Non	N/C	Oui	N/C	
16	République tchèque	Non	N/C	Oui	N/C	
17	Danemark	Non	N/C	Oui	N/C	
18	Égypte	Non	N/C	Oui	N/C	

[146] Pour ses conventions notifiées aux fins de l'IM, la Turquie choisit d'appliquer la disposition de la déclaration du préambule (article 6 de l'IM) et la règle COP (article 7 de l'IM).

19	Estonie	Non	N/C	Oui	N/C	
20	Éthiopie*	Non	N/C	Oui	N/C	
21	Finlande	Non	N/C	Oui	N/C	
22	France	Non	N/C	Oui	N/C	
23	Gambie*	Non	N/C	Oui	N/C	
24	Géorgie	Non	N/C	Oui	N/C	
25	Allemagne	Non	N/C	Oui	N/C	
26	Grèce	Non	N/C	Oui	N/C	
27	Hongrie	Non	N/C	Oui	N/C	
28	Inde	Non	N/C	Oui	N/C	
29	Indonésie	Non	N/C	Oui	N/C	
30	Iran*	Non	N/C	Oui	N/C	
31	Irlande	Non	N/C	Oui	N/C	
32	Israël	Non	N/C	Oui	N/C	
33	Italie	Non	N/C	Oui	N/C	
34	Japon	Non	N/C	Oui	N/C	
35	Jordanie	Non	N/C	Oui	N/C	
36	Kazakhstan	Non	N/C	Oui	N/C	
37	Corée	Non	N/C	Oui	N/C	
38	Kosovo*	Non	N/C	Oui	N/C	
39	Koweït*	Non	N/C	Oui	N/C	
40	Kirghizistan*	Non	N/C	Oui	N/C	
41	Lettonie	Non	N/C	Oui	N/C	
42	Liban*	Non	N/C	Oui	N/C	
43	Lituanie	Non	N/C	Oui	N/C	
44	Luxembourg	Non	N/C	Oui	N/C	
45	Malaisie	Non	N/C	Oui	N/C	
46	Malte	Non	N/C	Oui	N/C	
47	Mexique	Non	N/C	Oui	N/C	
48	Moldova*	Non	N/C	Oui	N/C	
49	Mongolie	Non	N/C	Oui	N/C	
50	Monténégro	Non	N/C	Oui	N/C	
51	Maroc	Non	N/C	Oui	N/C	
52	Pays-Bas	Non	N/C	Oui	N/C	
53	Nouvelle-Zélande	Non	N/C	Oui	N/C	
54	Macédoine du Nord	Non	N/C	Oui	N/C	
55	Norvège	Non	N/C	Oui	N/C	
56	Oman	Non	N/C	Oui	N/C	
57	Pakistan	Non	N/C	Oui	N/C	
58	Philippines*	Non	N/C	Oui	N/C	
59	Pologne	Non	N/C	Oui	N/C	
60	Portugal	Non	N/C	Oui	N/C	
61	Qatar	Non	N/C	Oui	N/C	
62	Roumanie	Non	N/C	Oui	N/C	
63	Russie	Non	N/C	Oui	N/C	
64	Arabie saoudite	Non	N/C	Oui	N/C	
65	Serbie	Non	N/C	Oui	N/C	
66	Singapour	Non	N/C	Oui	N/C	
67	République slovaque	Non	N/C	Oui	N/C	
68	Slovénie	Non	N/C	Oui	N/C	
69	Afrique du Sud	Non	N/C	Oui	N/C	
70	Espagne	Non	N/C	Oui	N/C	
71	Soudan*	Non	N/C	Oui	N/C	

72	Suède	Non	N/C	Oui	N/C	
73	Suisse	Non	N/C	Oui	N/C	
74	République arabe syrienne*	Non	N/C	Oui	N/C	
75	Tadjikistan*	Non	N/C	Oui	N/C	
76	Thaïlande	Non	N/C	Oui	N/C	
77	Tunisie	Non	N/C	Oui	N/C	
78	République turque de Chypre-Nord*	Non	N/C	Oui	N/C	
79	Turkménistan*	Non	N/C	Oui	N/C	
80	Ukraine	Non	N/C	Oui	N/C	
81	Émirats arabes unis	Non	N/C	Oui	N/C	
82	Royaume-Uni	Non	N/C	Oui	N/C	
83	États-Unis	Non	N/C	Oui	N/C	
84	Ouzbékistan*	Non	N/C	Oui	N/C	
85	Viet Nam	Non	N/C	Oui	N/C	
86	Yémen*	Non	N/C	Oui	N/C	

Îles Turques et Caïques

A. Progrès dans la mise en œuvre du standard minimum

Les Îles Turques et Caïques ne comptent aucune convention fiscale en vigueur, comme l'indique leur réponse au questionnaire d'examen par les pairs.

B. Difficultés de mise en œuvre

Aucune juridiction n'a signalé de préoccupation concernant les Îles Turques et Caïques.

Ukraine

A. Progrès dans la mise en œuvre du standard minimum

L'Ukraine compte 75 conventions fiscales en vigueur, comme l'indique sa réponse au questionnaire d'examen par les pairs. Vingt de ces conventions, celles conclues avec la Belgique, le Canada, le Danemark, les Émirats arabes unis, la Finlande, la France, l'Inde, l'Irlande, l'Islande, Israël, le Japon, la Lituanie, le Luxembourg, Malte, la Pologne, la République slovaque, le Royaume-Uni, la Serbie, Singapour et la Slovénie, sont conformes au standard minimum.

L'Ukraine a signé l'IM en 2018 et déposé son instrument de ratification le 8 août 2019. L'IM est entré en vigueur pour l'Ukraine le 1er décembre 2019.

L'Ukraine a signé un instrument bilatéral de mise en conformité concernant ses conventions avec les Pays-Bas, le Royaume-Uni et la Suisse.

L'Ukraine met en œuvre le standard minimum par l'inclusion de la déclaration du préambule et de la règle COP[147].

Les conventions qui seront modifiées par l'IM deviendront conformes au standard minimum une fois que les dispositions de l'IM auront pris effet.

B. Difficultés de mise en œuvre

Aucune juridiction n'a signalé de préoccupation relative à ses conventions conclues avec l'Ukraine.

Synthèse de la réponse de la juridiction – Ukraine

	Partenaires de convention	Conformité avec le standard	Si conforme, méthode choisie	Signature d'un instrument de mise en conformité	Méthode choisie dans l'instrument de mise en conformité (si différent de l'IM)	Commentaires
1	Algérie*	Non	N/C	Oui	N/C	
2	Arménie	Non	N/C	Oui	N/C	
3	Autriche	Non	N/C	Oui	N/C	
4	Azerbaïdjan*	Non	N/C	Oui	N/C	
5	Bélarus*	Non	N/C	Oui	N/C	
6	Belgique	Oui	COP uniquement	N/C	N/C	
7	Brésil	Non	N/C	Oui	N/C	
8	Bulgarie	Non	N/C	Oui	N/C	
9	Canada	Oui	COP uniquement	N/C	N/C	
10	Chine (République populaire de)	Non	N/C	Oui	N/C	
11	Croatie	Non	N/C	Oui	N/C	
12	Cuba*	Non	N/C	Oui	N/C	
13	Chypre*	Non	N/C	Oui	N/C	

147 Pour ses conventions notifiées aux fins de l'IM, l'Ukraine choisit d'appliquer la disposition de la déclaration du préambule (article 6 de l'IM) et la règle COP (article 7 de l'IM).

14	République tchèque	Non	N/C	Oui	N/C
15	Danemark	Oui	COP uniquement	N/C	N/C
16	Égypte	Non	N/C	Oui	N/C
17	Estonie	Non	N/C	Oui	N/C
18	Finlande	Oui	COP uniquement	N/C	N/C
19	France	Oui	COP uniquement	N/C	N/C
20	Géorgie	Non	N/C	Oui	N/C
21	Allemagne	Non	N/C	Oui	N/C
22	Grèce	Non	N/C	Oui	N/C
23	Hongrie	Non	N/C	Oui	N/C
24	Islande	Oui	COP uniquement	N/C	N/C
25	Inde	Oui	COP uniquement	N/C	N/C
26	Indonésie	Non	N/C	Oui	N/C
27	Iran*	Non	N/C	Oui	N/C
28	Irlande	Oui	COP uniquement	N/C	N/C
29	Israël	Oui	COP uniquement	N/C	N/C
30	Italie	Non	N/C	Oui	N/C
31	Japon	Oui	COP uniquement	N/C	N/C
32	Jordanie	Non	N/C	Oui	N/C
33	Kazakhstan	Non	N/C	Oui	N/C
34	Corée	Non	N/C	Oui	N/C
35	Koweït*	Non	N/C	Oui	N/C
36	Kirghizistan*	Non	N/C	Oui	N/C
37	Lettonie	Non	N/C	Oui	N/C
38	Liban*	Non	N/C	Oui	N/C
39	Libye*	Non	N/C	Oui	N/C
40	Lituanie	Oui	COP uniquement	N/C	N/C
41	Luxembourg	Oui	COP uniquement	N/C	N/C
42	Malaisie	Non	N/C	Oui	N/C
43	Malte	Oui	COP uniquement	N/C	N/C
44	Mexique	Non	N/C	Oui	N/C
45	Moldova*	Non	N/C	Oui	N/C
46	Mongolie	Non	N/C	Oui	N/C
47	Monténégro	Non	N/C	Oui	N/C
48	Maroc	Non	N/C	Oui	N/C
49	Pays-Bas	Non	N/C	Oui	COP uniquement
50	Macédoine du Nord	Non	N/C	Oui	N/C
51	Norvège	Non	N/C	Oui	N/C
52	Pakistan	Non	N/C	Oui	N/C
53	Pologne	Oui	COP uniquement	N/C	N/C
54	Portugal	Non	N/C	Oui	N/C
55	Qatar	Non	N/C	Non	N/C
56	Roumanie	Non	N/C	Oui	N/C
57	Russie	Non	N/C	Oui	N/C
58	Arabie saoudite	Non	N/C	Oui	N/C
59	Serbie	Oui	COP uniquement	N/C	N/C
60	Singapour	Oui	COP uniquement	N/C	N/C
61	République slovaque	Oui	COP uniquement	N/C	N/C
62	Slovénie	Oui	COP uniquement	N/C	N/C
63	Afrique du Sud	Non	N/C	Oui	N/C
64	Espagne	Non	N/C	Oui	N/C
65	Suède	Non	N/C	Oui	N/C
66	Suisse	Non	N/C	Oui	COP uniquement

67	République arabe syrienne*	Non	N/C	Oui	N/C	
68	Tadjikistan*	Non	N/C	Oui	N/C	
69	Thaïlande	Non	N/C	Oui	N/C	
70	Turquie	Non	N/C	Oui	N/C	
71	Turkménistan*	Non	N/C	Oui	N/C	
72	Émirats arabes unis	Oui	COP uniquement	N/C	N/C	
73	Royaume-Uni	Oui	COP uniquement	N/C	N/C	
74	États-Unis	Non	N/C	Oui	N/C	
75	Ouzbékistan*	Non	N/C	Oui	N/C	
76	Viet Nam	Non	N/C	Oui	N/C	

Émirats arabes unis

A. Progrès dans la mise en œuvre du standard minimum

Les Émirats arabes unis comptent 95 conventions fiscales en vigueur, comme l'indique leur réponse au questionnaire d'examen par les pairs. Vingt et une de ces conventions, celles conclues avec l'Arabie saoudite, la Belgique, le Canada, la Corée, la Finlande, la France, l'Inde, l'Irlande, le Japon, Jersey, la Lituanie, le Luxembourg, Malte, les Pays-Bas, la Pologne, la République slovaque, le Royaume-Uni, la Serbie, Singapour, la Slovénie et l'Ukraine, sont conformes au standard minimum.

Les Émirats arabes unis ont signé l'IM en 2018 et déposé leur instrument de ratification le 29 mai 2019. L'IM est entré en vigueur pour les Émirats arabes unis le 1er septembre 2019. Les Émirats arabes unis n'ont pas notifié leur convention avec Saint-Marin. Aussi, à ce stade, cette convention ne sera pas modifiée par l'IM. Saint-Marin a notifié sa convention conclue avec les Émirats arabes unis aux fins de l'IM.

Les Émirats arabes unis mettent en œuvre le standard minimum par l'inclusion de la déclaration du préambule et de la règle COP[148].

Les conventions modifiées par l'IM deviendront conformes au standard minimum une fois que les dispositions de l'IM auront pris effet.

B. Difficultés de mise en œuvre

Comme mentionné précédemment, les Émirats arabes unis n'ont pas notifié leur convention avec Saint-Marin. Notifier cette convention aux fins de l'IM ou engager des renégociations bilatérales dans le but de mettre en œuvre le standard minimum permettrait de transposer le standard minimum dans cette convention non couverte.

Synthèse de la réponse de la juridiction - Émirats arabes unis

	Partenaires de convention	Conformité avec le standard	Si conforme, méthode choisie	Signature d'un instrument de mise en conformité	Méthode choisie dans l'instrument de mise en conformité (si différent de l'IM)	Commentaires
1	Albanie	Non	N/C	Oui	N/C	
2	Algérie*	Non	N/C	Oui	N/C	
3	Andorre	Non	N/C	Oui	N/C	
4	Angola*	Non	N/C	Oui	N/C	
5	Argentine	Non	N/C	Oui	N/C	
6	Arménie	Non	N/C	Oui	N/C	
7	Autriche	Non	N/C	Oui	N/C	
8	Azerbaïdjan*	Non	N/C	Oui	N/C	
9	Bangladesh*	Non	N/C	Oui	N/C	
10	Barbade	Non	N/C	Oui	N/C	
11	Bélarus*	Non	N/C	Oui	N/C	

148 Pour leurs conventions notifiées aux fins de l'IM, les Émirats arabes unis choisissent d'appliquer la disposition de la déclaration du préambule (article 6 de l'IM) et la règle COP (article 7 de l'IM).

12	Belgique	Oui	COP uniquement	N/C	N/C	
13	Bosnie-Herzégovine	Non	N/C	Oui	N/C	
14	Brunei Darussalam	Non	N/C	Oui	N/C	
15	Bulgarie	Non	N/C	Oui	N/C	
16	Canada	Oui	COP uniquement	N/C	N/C	
17	Chine (République populaire de)	Non	N/C	Oui	N/C	
18	Comores*	Non	N/C	Oui	N/C	
19	Croatie	Non	N/C	Oui	N/C	
20	Chypre*	Non	N/C	Oui	N/C	
21	République tchèque	Non	N/C	Oui	N/C	
22	Égypte	Non	N/C	Oui	N/C	
23	Estonie	Non	N/C	Oui	N/C	
24	Fidji*	Non	N/C	Oui	N/C	
25	Finlande	Oui	COP uniquement	N/C	N/C	
26	France	Oui	COP uniquement	N/C	N/C	
27	Géorgie	Non	N/C	Oui	N/C	
28	Allemagne	Non	N/C	Oui	N/C	
29	Grèce	Non	N/C	Oui	N/C	
30	Guinée*	Non	N/C	Oui	N/C	
31	Hong Kong (Chine)	Non	N/C	Oui	N/C	
32	Hongrie	Non	N/C	Oui	N/C	
33	Inde	Oui	COP uniquement	N/C	N/C	
34	Indonésie	Non	N/C	Oui	N/C	
35	Irlande	Oui	COP uniquement	N/C	N/C	
36	Italie	Non	N/C	Oui	N/C	
37	Japon	Oui	COP uniquement	N/C	N/C	
38	Jersey	Oui	COP uniquement	N/C	N/C	
39	Jordanie	Non	N/C	Oui	N/C	
40	Kazakhstan	Non	N/C	Oui	N/C	
41	Kenya	Non	N/C	Oui	N/C	
42	Corée	Oui	COP et LOB	N/C	N/C	
43	Kosovo*	Non	N/C	Oui	N/C	
44	Kirghizistan*	Non	N/C	Oui	N/C	
45	Lettonie	Non	N/C	Oui	N/C	
46	Liban*	Non	N/C	Oui	N/C	
47	Liechtenstein	Non	N/C	Oui	N/C	
48	Lituanie	Oui	COP uniquement	N/C	N/C	
49	Luxembourg	Oui	COP uniquement	N/C	N/C	
50	Malaisie	Non	N/C	Oui	N/C	
51	Maldives	Non	N/C	Oui	N/C	
52	Malte	Oui	COP uniquement	N/C	N/C	
53	Maurice	Non	N/C	Oui	N/C	
54	Mexique	Non	N/C	Oui	N/C	
55	Moldova*	Non	N/C	Oui	N/C	
56	Monténégro	Non	N/C	Oui	N/C	
57	Maroc	Non	N/C	Oui	N/C	
58	Mozambique*	Non	N/C	Oui	N/C	
59	Pays-Bas	Oui	COP uniquement	N/C	N/C	
60	Nouvelle-Zélande	Oui	COP uniquement	N/C	N/C	
61	Macédoine du Nord	Non	N/C	Oui	N/C	
62	Pakistan	Non	N/C	Oui	N/C	
63	Panama	Non	N/C	Oui	N/C	
64	Philippines*	Non	N/C	Oui	N/C	

65	Pologne	Oui	COP uniquement	N/C	N/C	
66	Portugal	Non	N/C	Oui	N/C	
67	Roumanie	Non	N/C	Oui	N/C	
68	Russie	Non	N/C	Oui	N/C	
69	Saint-Marin	Non	N/C	Non	N/C	
70	Arabie saoudite	Oui	COP uniquement	N/C	N/C	
71	Sénégal	Non	N/C	Oui	N/C	
72	Serbie	Oui	COP uniquement	N/C	N/C	
73	Seychelles	Non	N/C	Oui	N/C	
74	Singapour	Oui	COP uniquement	N/C	N/C	
75	République slovaque	Non	N/C	Oui	N/C	
76	Slovénie	Oui	COP uniquement	N/C	N/C	
77	Afrique du Sud	Non	N/C	Oui	N/C	
78	Espagne	Non	N/C	Oui	N/C	
79	Sri Lanka	Non	N/C	Oui	N/C	
80	Soudan*	Non	N/C	Oui	N/C	
81	Suisse	Non	N/C	Oui	N/C	
82	République arabe syrienne*	Non	N/C	Oui	N/C	
83	Tadjikistan*	Non	N/C	Oui	N/C	
84	Thaïlande	Non	N/C	Oui	N/C	
85	Tunisie	Non	N/C	Oui	N/C	
86	Turquie	Non	N/C	Oui	N/C	
87	Turkménistan*	Non	N/C	Oui	N/C	
88	Ukraine	Oui	COP uniquement	N/C	Oui	
90	Royaume-Uni	Oui	COP uniquement	N/C	Oui	
91	Uruguay	Non	N/C	Oui	N/C	
92	Ouzbékistan*	Non	N/C	Oui	N/C	
93	Venezuela*	Non	N/C	Oui	N/C	
94	Viet Nam	Non	N/C	Oui	N/C	
95	Yémen*	Non	N/C	Oui	N/C	

Royaume-Uni

A. Progrès dans la mise en œuvre du standard minimum

Le Royaume-Uni compte 131 conventions fiscales en vigueur, comme l'indique sa réponse au questionnaire d'examen par les pairs. Trente-cinq de ces conventions, celles conclues avec l'Australie, l'Autriche, le Bélarus*, la Belgique, le Canada, la Colombie, Chypre*, le Danemark, les Émirats arabes unis, la Finlande, la France, la Géorgie, Gibraltar, Guernesey, l'Inde, l'Irlande, l'Île de Man, l'Islande, Israël, le Japon, Jersey, la Lituanie, le Luxembourg, Malte, la Norvège, la Nouvelle-Zélande, les Pays-Bas, la Pologne, la République slovaque, Singapour, la Serbie, la Slovénie, la Suisse, l'Ouzbékistan* et l'Ukraine, sont conformes au standard minimum.

Le Royaume-Uni a signé l'IM en 2017 et déposé son instrument de ratification le 29 juin 2018. L'IM est entré en vigueur pour le Royaume-Uni le 1er octobre 2018. Le Royaume-Uni n'a pas notifié sa convention aux fins de l'IM avec l'Allemagne, mais a indiqué dans sa réponse au questionnaire d'examen par les pairs que des négociations bilatérales seraient lancées concernant cette convention.

Les conventions entre le Royaume-Uni et les Îles Falkland* et Montserrat ne sont pas notifiées aux fins de l'IM, car il s'agit d'accords conclus avec des territoires d'outre-mer. Des négociations bilatérales seront engagées pour mettre à jour ces conventions.

Le Royaume-Uni met en œuvre le standard minimum par l'inclusion de la déclaration du préambule et de la règle COP[149].

Les conventions qui seront modifiées par l'IM deviendront conformes au standard minimum une fois que les dispositions de l'IM auront pris effet.

B. Difficultés de mise en œuvre

Aucune juridiction n'a signalé de préoccupation relative à ses conventions conclues avec le Royaume-Uni.

Synthèse de la réponse de la juridiction - Royaume-Uni

	Partenaires de convention	Conformité avec le standard	Si conforme, méthode choisie	Signature d'un instrument de mise en conformité	Méthode choisie dans l'instrument de mise en conformité (si différent de l'IM)	Commentaires
1	Albanie	Non	N/C	Oui	N/C	
2	Algérie*	Non	N/C	Oui	N/C	

[149] Pour 117 de ses conventions notifiées aux fins de l'IM, le Royaume-Uni choisit d'appliquer la disposition de la déclaration du préambule (article 6 de l'IM). Pour 120 de ses conventions notifiées aux fins de l'IM, le Royaume-Uni choisit d'appliquer la règle COP (article 7 de l'IM). Le Royaume-Uni a formulé une réserve conformément à l'article 6(4) de l'IM afin de ne pas appliquer l'article 6(1) de l'IM concernant les conventions qui contiennent déjà la version adéquate du préambule. Trois des conventions du Royaume-Uni entrent dans le champ de cette réserve.

3	Antigua-et-Barbuda	Non	N/C	Oui	N/C	
4	Argentine	Non	N/C	Oui	N/C	
5	Arménie	Non	N/C	Oui	N/C	
6	Australie	Oui	COP uniquement	N/C	N/C	
7	Autriche	Oui	COP uniquement	N/C	N/C	
8	Azerbaïdjan*	Non	N/C	Oui	N/C	
9	Bahreïn	Non	N/C	Oui	N/C	
10	Bangladesh*	Non	N/C	Oui	N/C	
11	Barbade	Non	N/C	Oui	N/C	
12	Bélarus*	Oui	COP uniquement	N/C	N/C	
13	Belgique	Oui	COP uniquement	N/C	N/C	
14	Belize	Non	N/C	Oui	N/C	
15	Bolivie*	Non	N/C	Oui	N/C	
16	Bosnie-Herzégovine	Non	N/C	Oui	N/C	
17	Botswana	Non	N/C	Oui	N/C	
18	Brunei Darussalam	Non	N/C	Oui	N/C	
19	Bulgarie	Non	N/C	Oui	N/C	
20	Canada	Oui	COP uniquement	N/C	N/C	
21	Chili	Non	N/C	Oui	N/C	
22	Chine (République populaire de)	Non	N/C	Oui	N/C	
23	Taipei chinois*	Non	N/C	Non	N/C	
24	Colombie	Oui	COP uniquement	N/C	N/C	
25	Côte d'Ivoire	Non	N/C	Oui	N/C	
26	Croatie	Non	N/C	Oui	N/C	
27	Chypre*	Oui	COP uniquement	N/C	N/C	
28	République tchèque	Non	N/C	Oui	N/C	
29	Danemark	Oui	COP uniquement	N/C	N/C	
30	Égypte	Non	N/C	Oui	N/C	
31	Estonie	Non	N/C	Oui	N/C	
32	Eswatini	Non	N/C	Oui	N/C	
33	Éthiopie*	Non	N/C	Oui	N/C	
34	Îles Falkland*	Non	N/C	Non	N/C	
35	Îles Féroé	Non	N/C	Oui	N/C	
36	Fidji*	Non	N/C	Oui	N/C	
37	Finlande	Oui	COP uniquement	N/C	N/C	
38	France	Oui	COP uniquement	N/C	N/C	
39	Gambie*	Non	N/C	Oui	N/C	
40	Géorgie	Oui	COP uniquement	N/C	N/C	
41	Allemagne	Non	N/C	Non	N/C	
42	Ghana*	Non	N/C	Oui	N/C	
43	Gibraltar	Oui	COP uniquement	N/C	N/C	
44	Grèce	Non	N/C	Oui	N/C	
45	Grenade	Non	N/C	Oui	N/C	
46	Guernesey	Oui	COP uniquement	N/C	N/C	
47	Guyana*	Non	N/C	Oui	N/C	
48	Hong Kong (Chine)	Non	N/C	Oui	N/C	
49	Hongrie	Non	N/C	Oui	N/C	
50	Islande	Oui	COP uniquement	N/C	N/C	
51	Inde	Oui	COP uniquement	N/C	N/C	
52	Indonésie	Non	N/C	Oui	N/C	
53	Irlande	Oui	COP uniquement	N/C	N/C	
54	Île de Man	Oui	COP uniquement	N/C	N/C	
55	Israël	Oui	COP uniquement	N/C	N/C	

56	Italie	Non	N/C	Oui	N/C	
57	Jamaïque	Non	N/C	Oui	N/C	
58	Japon	Oui	COP et LOB	N/C	N/C	
59	Jersey	Oui	COP uniquement	N/C	N/C	
60	Jordanie	Non	N/C	Oui	N/C	
61	Kazakhstan	Non	N/C	Oui	N/C	
62	Kenya	Non	N/C	Oui	N/C	
63	Kiribati*	Non	N/C	Oui	N/C	
64	Corée	Non	N/C	Oui	N/C	
65	Kosovo*	Non	N/C	Oui	N/C	
66	Koweït*	Non	N/C	Oui	N/C	
67	Lettonie	Non	N/C	Oui	N/C	Entrée en vigueur de l'IM le 1er janvier 2021.
68	Lesotho*[150]	Non	N/C	Oui	N/C	
69	Libye*	Non	N/C	Oui	N/C	
70	Liechtenstein	Non	N/C	Oui	N/C	Entrée en vigueur de l'IM le 1er janvier 2021.
71	Lituanie	Oui	COP uniquement	N/C	N/C	
72	Luxembourg	Oui	COP uniquement	N/C	N/C	
73	Malawi*	Non	N/C	Oui	N/C	
74	Malaisie	Non	N/C	Oui	N/C	
75	Malte	Oui	COP uniquement	N/C	N/C	
76	Maurice	Non	N/C	Oui	N/C	Entrée en vigueur de l'IM le 1er janvier 2021.
77	Mexique	Non	N/C	Oui	N/C	
78	Moldova*	Non	N/C	Oui	N/C	
79	Mongolie	Non	N/C	Oui	N/C	
80	Monténégro	Non	N/C	Oui	N/C	
81	Montserrat	Non	N/C	Non	N/C	
82	Maroc	Non	N/C	Oui	N/C	
83	Myanmar*	Non	N/C	Oui	N/C	
84	Namibie	Non	N/C	Oui	N/C	
85	Pays-Bas	Oui	COP uniquement	N/C	N/C	
86	Nouvelle-Zélande	Oui	COP uniquement	N/C	N/C	
87	Nigéria	Non	N/C	Oui	N/C	
88	Macédoine du Nord	Non	N/C	Oui	N/C	
89	Norvège	Oui	COP uniquement	N/C	N/C	
90	Oman	Non	N/C	Oui	N/C	
91	Pakistan	Non	N/C	Oui	N/C	
92	Panama	Non	N/C	Oui	N/C	
93	Papouasie-Nouvelle-Guinée	Non	N/C	Oui	N/C	
94	Philippines*	Non	N/C	Oui	N/C	
95	Pologne	Oui	COP uniquement	N/C	N/C	
96	Portugal	Non	N/C	Oui	N/C	Entrée en vigueur de l'IM le 1er janvier 2021.
97	Qatar	Non	N/C	Oui	N/C	Entrée en vigueur de l'IM le 1er janvier 2021.
98	Roumanie	Non	N/C	Oui	N/C	
99	Russie	Non	N/C	Oui	N/C	Entrée en vigueur de l'IM le 1er janvier 2021.
100	Saint-Kitts-et-Nevis	Non	N/C	Oui	N/C	

[150] La nouvelle convention avec le Lesotho* fait l'objet d'un instrument de mise en conformité car elle a été notifiée aux fins de l'IM.

101	Arabie saoudite	Non	N/C	Oui	N/C	Entrée en vigueur de l'IM le 1er janvier 2021.
102	Sénégal	Non	N/C	Oui	N/C	
103	Serbie	Oui	COP uniquement	N/C	N/C	
104	Sierra Leone	Non	N/C	Oui	N/C	
105	Singapour	Oui	COP uniquement	N/C	N/C	
106	République slovaque	Oui	COP uniquement	N/C	N/C	
107	Slovénie	Oui	COP uniquement	N/C	N/C	
108	Îles Salomon*	Non	N/C	Oui	N/C	
109	Afrique du Sud	Non	N/C	Oui	N/C	
110	Espagne	Non	N/C	Oui	N/C	
111	Sri Lanka	Non	N/C	Oui	N/C	
112	Soudan*	Non	N/C	Oui	N/C	
113	Suède	Non	N/C	Oui	N/C	
114	Suisse	Oui	COP uniquement	N/C	N/C	
115	Tadjikistan*	Non	N/C	Oui	N/C	
116	Thaïlande	Non	N/C	Oui	N/C	
117	Trinité-et-Tobago	Non	N/C	Oui	N/C	
118	Tunisie	Non	N/C	Oui	N/C	
119	Turquie	Non	N/C	Oui	N/C	
120	Turkménistan*	Non	N/C	Oui	N/C	
121	Tuvalu*	Non	N/C	Oui	N/C	
122	Ouganda*	Non	N/C	Oui	N/C	
123	Ukraine	Oui	COP uniquement	N/C	N/C	
124	Émirats arabes unis	Oui	COP uniquement	N/C	N/C	
125	États-Unis	Non	N/C	Oui	N/C	
126	Uruguay	Non	N/C	Oui	N/C	Entrée en vigueur de l'IM le 1er janvier 2021.
127	Ouzbékistan*	Oui	COP uniquement	N/C	N/C	
128	Venezuela*	Non	N/C	Oui	N/C	
129	Viet Nam	Non	N/C	Oui	N/C	
130	Zambie	Non	N/C	Oui	N/C	
131	Zimbabwe*	Non	N/C	Oui	N/C	

États-Unis

A. Progrès dans la mise en œuvre du standard minimum

Les États-Unis comptent 66 conventions fiscales en vigueur, comme l'indique leur réponse au questionnaire d'examen par les pairs.

Les États-Unis ont choisi d'appliquer des règles COP dans la plupart de leurs conventions. Ils ont commencé à inclure des mesures anti chalandage fiscal en 1962[151], et depuis les années 70, des dispositions relatives à la règle COP (qui ciblaient initialement les sociétés d'investissement ou les sociétés holding) figurent dans les conventions conclues par les États-Unis. Toutes les conventions signées par les États-Unis sont complétées par des règles visant les mécanismes de financement par des sociétés-relais[152].

Le Modèle de Convention des États-Unis de 2016 indique expressément que la convention ne doit pas créer des possibilités de non-imposition ou d'imposition réduite par l'évasion ou la fraude fiscale (y compris par des mécanismes de chalandage fiscal destinés à obtenir les allégements prévus dans la présente Convention au bénéfice indirect de résidents d'États tiers).

Les États-Unis ont l'intention de se conformer au standard minimum en adoptant une règle LOB détaillée qui n'est pas disponible par l'intermédiaire de l'IM. Aussi, les États-Unis n'ont pas signé l'IM et appliqueront le standard minimum en suivant un processus bilatéral.

Les conventions conclues entre les États-Unis et les 45 juridictions suivantes contiennent une règle LOB complétée par des règles nationales visant les mécanismes de financement par des sociétés-relais : Afrique du Sud, Allemagne, Australie, Autriche, Bangladesh*, Barbade, Belgique, Bulgarie, Canada, Chine (République populaire de), Chypre*, Danemark, Espagne, Estonie, Finlande, France, Islande, Inde, Indonésie, Irlande, Israël, Italie, Jamaïque, Japon, Kazakhstan, Lettonie, Lituanie, Luxembourg, Malte, Mexique, Nouvelle-Zélande, Pays-Bas, Portugal, République slovaque, République tchèque, Russie, Slovénie, Sri Lanka, Suède, Suisse, Thaïlande, Tunisie, Turquie, Ukraine, Venezuela*. Les conventions signées avec la Hongrie et la Pologne contiennent une règle LOB complétée par des règles nationales visant les mécanismes de financement par des sociétés-relais. Les conventions conclues avec la Corée, l'Égypte, le Maroc, la Norvège et Trinité-et-Tobago contiennent une règle de portée limitée contre le chalandage fiscal, et sont complétées par des règles nationales visant les mécanismes de financement par des sociétés-relais. La convention avec le Royaume-Uni contient une règle LOB et des règles visant les mécanismes de financement par des sociétés-relais, et elle est complétée par des règles nationales visant les mécanismes de financement par des sociétés-relais.

B. Difficultés de mise en œuvre

Aucune juridiction n'a signalé de préoccupation relative à ses conventions conclues avec les États-Unis.

[151] Concernant la convention conclue entre les États-Unis et le Luxembourg.

[152] Voir I.R.C. § 1.881-3, ajouté à l'Internal Revenue Code par la section 13238 de l'Omnibus Budget Reconciliation Act of 1993, P.L. 103-66 (qui permet à l'Internal Revenue Service de requalifier une opération de financement multipartite en tant qu'opération effectuée directement entre deux parties ou plus lorsque cela s'avère approprié pour empêcher l'évasion de l'impôt aux États-Unis) ; Treas. Reg. § 1.881-3 (version modifiée en 2020) (qui fournit des orientations supplémentaires concernant les mécanismes de financement par des sociétés-relais).

Synthèse de la réponse de la juridiction - États-Unis

	Partenaires de convention	Conformité avec le standard	Si conforme, méthode choisie	Signature d'un instrument de mise en conformité	Méthode choisie dans l'instrument de mise en conformité (si différent de l'IM)	Commentaires
1	Arménie	Non	N/C	Non	N/C	
2	Australie	Non	N/C	Non	N/C	Règle LOB complétée par des règles nationales visant les mécanismes de financement par des sociétés-relais.
3	Autriche	Non	N/C	Non	N/C	Règle LOB complétée par des règles nationales visant les mécanismes de financement par des sociétés-relais.
4	Azerbaïdjan*	Non	N/C	Non	N/C	
5	Bangladesh*	Non	N/C	Non	N/C	Règle LOB complétée par des règles nationales visant les mécanismes de financement par des sociétés-relais.
6	Barbade	Non	N/C	Non	N/C	Règle LOB complétée par des règles nationales visant les mécanismes de financement par des sociétés-relais.
7	Bélarus*	Non	N/C	Non	N/C	
8	Belgique	Non	N/C	Non	N/C	Règle LOB complétée par des règles nationales visant les mécanismes de financement par des sociétés-relais.
9	Bulgarie	Non	N/C	Non	N/C	Règle LOB complétée par des règles nationales visant les mécanismes de financement par des sociétés-relais.
10	Canada	Non	N/C	Non	N/C	Règle LOB complétée par des règles nationales visant les mécanismes de financement par des sociétés-relais.
11	Chine (République populaire de)	Non	N/C	Non	N/C	Règle LOB complétée par des règles nationales visant les mécanismes de financement par des sociétés-relais.
12	Chypre*	Non	N/C	Non	N/C	Règle LOB complétée par des règles nationales visant les mécanismes de financement par des sociétés-relais.
13	République tchèque	Non	N/C	Non	N/C	Règle LOB complétée par des règles nationales visant les mécanismes de financement par des sociétés-relais.
14	Danemark	Non	N/C	Non	N/C	Règle LOB complétée par des règles nationales visant les mécanismes de financement par des sociétés-relais.
15	Égypte	Non	N/C	Non	N/C	Règle de portée limitée contre le chalandage fiscal complétée par des règles nationales visant les mécanismes de financement par des sociétés-relais.
16	Estonie	Non	N/C	Non	N/C	Règle LOB complétée par des règles nationales visant les mécanismes de financement par des sociétés-relais.
17	Finlande	Non	N/C	Non	N/C	Règle LOB complétée par des règles nationales visant les mécanismes de financement par des sociétés-relais.
18	France	Non	N/C	Non	N/C	Règle LOB complétée par des règles nationales visant les mécanismes de financement par des sociétés-relais.

19	Géorgie	Non	N/C	Non	N/C	
20	Allemagne	Non	N/C	Non	N/C	Règle LOB complétée par des règles nationales visant les mécanismes de financement par des sociétés-relais.
21	Grèce	Non	N/C	Non	N/C	
22	Hongrie	Non	N/C	Non	N/C	Règle LOB dans une convention signée, complétée par des règles nationales visant les mécanismes de financement par des sociétés-relais.
23	Islande	Non	N/C	Non	N/C	Règle LOB complétée par des règles nationales visant les mécanismes de financement par des sociétés-relais.
24	Inde	Non	N/C	Non	N/C	Règle LOB complétée par des règles nationales visant les mécanismes de financement par des sociétés-relais.
25	Indonésie	Non	N/C	Non	N/C	Règle LOB complétée par des règles nationales visant les mécanismes de financement par des sociétés-relais.
26	Irlande	Non	N/C	Non	N/C	Règle LOB complétée par des règles nationales visant les mécanismes de financement par des sociétés-relais.
27	Israël	Non	N/C	Non	N/C	Règle LOB complétée par des règles nationales visant les mécanismes de financement par des sociétés-relais.
28	Italie	Non	N/C	Non	N/C	Règle LOB complétée par des règles nationales visant les mécanismes de financement par des sociétés-relais.
29	Jamaïque	Non	N/C	Non	N/C	Règle LOB complétée par des règles nationales visant les mécanismes de financement par des sociétés-relais.
30	Japon	Non	N/C	Non	N/C	Règle LOB complétée par des règles nationales visant les mécanismes de financement par des sociétés-relais.
31	Kazakhstan	Non	N/C	Non	N/C	Règle LOB complétée par des règles nationales visant les mécanismes de financement par des sociétés-relais.
32	Corée	Non	N/C	Non	N/C	Règle de portée limitée contre le chalandage fiscal complétée par des règles nationales visant les mécanismes de financement par des sociétés-relais.
33	Kirghizistan*	Non	N/C	Non	N/C	
34	Lettonie	Non	N/C	Non	N/C	Règle LOB complétée par des règles nationales visant les mécanismes de financement par des sociétés-relais.
35	Lituanie	Non	N/C	Non	N/C	Règle LOB complétée par des règles nationales visant les mécanismes de financement par des sociétés-relais.
36	Luxembourg	Non	N/C	Non	N/C	Règle LOB complétée par des règles nationales visant les mécanismes de financement par des sociétés-relais.
37	Malte	Non	N/C	Non	N/C	Règle LOB complétée par des règles nationales visant les mécanismes de financement par des sociétés-relais.
38	Mexique	Non	N/C	Non	N/C	Règle LOB complétée par des règles nationales visant les mécanismes de financement par des sociétés-relais.
39	Moldova*	Non	N/C	Non	N/C	
40	Maroc	Non	N/C	Non	N/C	Règle de portée limitée contre le chalandage fiscal complétée par des règles nationales visant les mécanismes de financement par des sociétés-relais.

41	Pays-Bas	Non	N/C	Non	N/C	Règle LOB complétée par des règles nationales visant les mécanismes de financement par des sociétés-relais.
42	Nouvelle-Zélande	Non	N/C	Non	N/C	Règle LOB complétée par des règles nationales visant les mécanismes de financement par des sociétés-relais.
43	Norvège	Non	N/C	Non	N/C	Règle de portée limitée contre le chalandage fiscal complétée par des règles nationales visant les mécanismes de financement par des sociétés-relais.
44	Pakistan	Non	N/C	Non	N/C	
45	Philippines*	Non	N/C	Non	N/C	
46	Pologne	Non	N/C	Non	N/C	Règle LOB dans une convention signée, complétée par des règles nationales visant les mécanismes de financement par des sociétés-relais.
47	Portugal	Non	N/C	Non	N/C	Règle LOB complétée par des règles nationales visant les mécanismes de financement par des sociétés-relais.
48	Roumanie	Non	N/C	Non	N/C	
49	Russie	Non	N/C	Non	N/C	Règle LOB complétée par des règles nationales visant les mécanismes de financement par des sociétés-relais.
50	République slovaque	Non	N/C	Non	N/C	Règle LOB complétée par des règles nationales visant les mécanismes de financement par des sociétés-relais.
51	Slovénie	Non	N/C	Non	N/C	Règle LOB complétée par des règles nationales visant les mécanismes de financement par des sociétés-relais.
52	Afrique du Sud	Non	N/C	Non	N/C	Règle LOB complétée par des règles nationales visant les mécanismes de financement par des sociétés-relais.
53	Espagne	Non	N/C	Non	N/C	Règle LOB complétée par des règles nationales visant les mécanismes de financement par des sociétés-relais.
54	Sri Lanka	Non	N/C	Non	N/C	Règle LOB complétée par des règles nationales visant les mécanismes de financement par des sociétés-relais.
55	Suède	Non	N/C	Non	N/C	Règle LOB complétée par des règles nationales visant les mécanismes de financement par des sociétés-relais.
56	Suisse	Non	N/C	Non	N/C	Règle LOB complétée par des règles nationales visant les mécanismes de financement par des sociétés-relais.
57	Tadjikistan*	Non	N/C	Non	N/C	
58	Thaïlande	Non	N/C	Non	N/C	Règle LOB complétée par des règles nationales visant les mécanismes de financement par des sociétés-relais.
59	Trinité-et-Tobago	Non	N/C	Non	N/C	Règle de portée limitée contre le chalandage fiscal complétée par des règles nationales visant les mécanismes de financement par des sociétés-relais.
60	Tunisie	Non	N/C	Non	N/C	Règle LOB complétée par des règles nationales visant les mécanismes de financement par des sociétés-relais.
61	Turquie	Non	N/C	Non	N/C	Règle LOB complétée par des règles nationales visant les mécanismes de financement par des sociétés-relais.
62	Turkménistan*	Non	N/C	Non	N/C	.

63	Ukraine	Non	N/C	Non	N/C	Règle LOB complétée par des règles nationales visant les mécanismes de financement par des sociétés-relais.
64	Royaume-Uni	Non	N/C	Non	N/C	Règle LOB et règle visant les mécanismes de financement par des sociétés-relais inscrites dans la convention, complétées par des règles nationales visant les mécanismes de financement par des sociétés-relais.
65	Ouzbékistan*	Non	N/C	Non	N/C	
66	Venezuela*	Non	N/C	Non	N/C	Règle LOB complétée par des règles nationales visant les mécanismes de financement par des sociétés-relais.

Uruguay

A. Progrès dans la mise en œuvre du standard minimum

L'Uruguay compte 21 conventions fiscales en vigueur, comme l'indique sa réponse au questionnaire d'examen par les pairs. Deux de ces conventions, celles conclues avec le Chili et le Paraguay, sont conformes au standard minimum.

L'Uruguay a signé l'IM en 2017 et déposé son instrument de ratification le 6 février 2020, et a notifié ses conventions fiscales non conformes. L'IM est entré en vigueur pour l'Uruguay le 1er juin 2020.

L'Uruguay met en œuvre le standard minimum par l'inclusion de la disposition de la déclaration du préambule et de la règle COP associée à la règle LOB[153].

Les conventions qui seront modifiées par l'IM deviendront conformes au standard minimum une fois que les dispositions de l'IM auront pris effet.

B. Difficultés de mise en œuvre

Aucune juridiction n'a signalé de préoccupation relative à ses conventions conclues avec l'Uruguay.

Synthèse de la réponse de la juridiction – Uruguay

	Partenaires de convention	Conformité avec le standard	Si conforme, méthode choisie	Signature d'un instrument de mise en conformité	Méthode choisie dans l'instrument de mise en conformité (si différent de l'IM)	Commentaires
1	Belgique	Non	N/C	Oui	N/C	
2	Chili	Oui	COP et LOB	N/C	N/C	
3	Équateur*	Non	N/C	Oui	N/C	
4	Finlande	Non	N/C	Oui	N/C	
5	Allemagne	Non	N/C	Oui	N/C	L'Allemagne n'a pas notifié la convention de double imposition conclue avec l'Uruguay en tant que convention fiscale couverte.
6	Hongrie	Non	N/C	Oui	N/C	
7	Inde	Non	N/C	Oui	N/C	
8	Corée	Non	N/C	Oui	N/C	
9	Liechtenstein	Non	N/C	Oui	N/C	
10	Luxembourg	Non	N/C	Oui	N/C	
11	Malte	Non	N/C	Oui	N/C	
12	Mexique	Non	N/C	Oui	N/C	
13	Paraguay	Oui	COP et LOB	N/C	N/C	
14	Portugal	Non	N/C	Oui	N/C	

153 Pour ses conventions notifiées aux fins de l'IM, l'Uruguay choisit d'appliquer la disposition de la déclaration du préambule (article 6 de l'IM) et la règle COP (article 7 de l'IM). L'Uruguay a également opté pour la règle LOB simplifiée en vertu de l'article 7(6) de l'IM.

15	Roumanie	Non	N/C	Oui	N/C	
16	Singapour	Non	N/C	Oui	N/C	
17	Espagne	Non	N/C	Oui	N/C	
18	Suisse	Non	N/C	Oui	N/C	La Suisse n'a pas notifié la convention de double imposition conclue avec l'Uruguay en tant que convention fiscale couverte.
19	Émirats arabes unis	Non	N/C	Oui	N/C	
20	Royaume-Uni	Non	N/C	Oui	N/C	
21	Viet Nam	Non	N/C	Oui	N/C	

Viet Nam

A. Progrès dans la mise en œuvre du standard minimum

Le Viet Nam compte 76 conventions fiscales en vigueur, comme l'indique sa réponse au questionnaire d'examen par les pairs.

Aucune des conventions conclues par le Viet Nam n'est conforme au standard minimum ou ne fait l'objet d'un instrument de mise en conformité.

Le Viet Nam n'a pas signé l'IM.

Le Viet Nam a indiqué dans sa réponse au questionnaire d'examen par les pairs qu'il prenait les dispositions en vue de signer l'IM.

B. Difficultés de mise en œuvre

Étant donné que le Viet Nam n'a pas adhéré à l'IM ni appliqué de mesures de lutte contre le chalandage fiscal dans ses conventions, le Secrétariat lui proposera son aide pour élaborer un plan de mise en œuvre du standard minimum en vue de renforcer son réseau de conventions.

Synthèse de la réponse de la juridiction - Viet Nam

	Partenaires de convention	Conformité avec le standard	Si conforme, méthode choisie	Signature d'un instrument de mise en conformité	Méthode choisie dans l'instrument de mise en conformité (si différent de l'IM)	Commentaires
1	Australie	Non	N/C	Non	N/C	
2	Autriche	Non	N/C	Non	N/C	
3	Azerbaïdjan*	Non	N/C	Non	N/C	
4	Bangladesh*	Non	N/C	Non	N/C	
5	Bélarus*	Non	N/C	Non	N/C	
6	Belgique	Non	N/C	Non	N/C	
7	Brunei Darussalam	Non	N/C	Non	N/C	
8	Bulgarie	Non	N/C	Non	N/C	
9	Cambodge*	Non	N/C	Non	N/C	
10	Canada	Non	N/C	Non	N/C	
11	Chine (République populaire de)	Non	N/C	Non	N/C	
12	Taipei chinois*	Non	N/C	Non	N/C	
13	Croatie	Non	N/C	Non	N/C	
14	Cuba*	Non	N/C	Non	N/C	
15	République tchèque	Non	N/C	Non	N/C	
16	République populaire démocratique de Corée*	Non	N/C	Non	N/C	
17	Danemark	Non	N/C	Non	N/C	
18	Estonie	Non	N/C	Non	N/C	
19	Finlande	Non	N/C	Non	N/C	
20	France	Non	N/C	Non	N/C	

21	Allemagne	Non	N/C	Non	N/C	
22	Hong Kong (Chine)	Non	N/C	Non	N/C	
23	Hongrie	Non	N/C	Non	N/C	
24	Islande	Non	N/C	Non	N/C	
25	Inde	Non	N/C	Non	N/C	
26	Indonésie	Non	N/C	Non	N/C	
27	Iran*	Non	N/C	Non	N/C	
28	Irlande	Non	N/C	Non	N/C	
29	Israël	Non	N/C	Non	N/C	Règles restreintes du COP à l'article 28.
30	Italie	Non	N/C	Non	N/C	
31	Japon	Non	N/C	Non	N/C	
32	Kazakhstan	Non	N/C	Non	N/C	
33	Corée	Non	N/C	Non	N/C	
34	Koweït*	Non	N/C	Non	N/C	
35	République démocratique populaire lao*	Non	N/C	Non	N/C	
36	Lettonie	Non	N/C	Non	N/C	
37	Luxembourg	Non	N/C	Non	N/C	
38	Macao (Chine)	Non	N/C	Non	N/C	
39	Malaisie	Non	N/C	Non	N/C	
40	Malte	Non	N/C	Non	N/C	
41	Mongolie	Non	N/C	Non	N/C	
42	Maroc	Non	N/C	Non	N/C	
43	Mozambique*	Non	N/C	Non	N/C	
44	Myanmar*	Non	N/C	Non	N/C	
45	Pays-Bas	Non	N/C	Non	N/C	
46	Nouvelle-Zélande	Non	N/C	Non	N/C	Règles restreintes du COP dans les articles relatifs aux dividendes, aux intérêts et aux redevances.
47	Norvège	Non	N/C	Non	N/C	
48	Oman	Non	N/C	Non	N/C	Règles restreintes du COP dans les articles relatifs aux dividendes, aux intérêts, aux redevances, et aux honoraires techniques.
49	Pakistan	Non	N/C	Non	N/C	
50	Palestine*	Non	N/C	Non	N/C	
51	Panama	Non	N/C	Non	N/C	
52	Philippines*	Non	N/C	Non	N/C	
53	Pologne	Non	N/C	Non	N/C	
54	Portugal	Non	N/C	Non	N/C	Règles restreintes du COP à l'article 1(c) du Protocole.
55	Qatar	Non	N/C	Non	N/C	
56	Roumanie	Non	N/C	Non	N/C	
57	Russie	Non	N/C	Non	N/C	
58	Saint-Marin	Non	N/C	Non	N/C	
59	Arabie saoudite	Non	N/C	Non	N/C	
60	Serbie	Non	N/C	Non	N/C	
61	Seychelles	Non	N/C	Non	N/C	
62	Singapour	Non	N/C	Non	N/C	
63	République slovaque	Non	N/C	Non	N/C	
64	Espagne	Non	N/C	Non	N/C	

65	Sri Lanka	Non	N/C	Non	N/C	
66	Suède	Non	N/C	Non	N/C	
67	Suisse	Non	N/C	Non	N/C	
68	Thaïlande	Non	N/C	Non	N/C	
69	Tunisie	Non	N/C	Non	N/C	
70	Turquie	Non	N/C	Non	N/C	
71	Ukraine	Non	N/C	Non	N/C	Règles restreintes du COP dans les articles relatifs aux intérêts et aux redevances.
72	Émirats arabes unis	Non	N/C	Non	N/C	
73	Royaume-Uni	Non	N/C	Non	N/C	Règles restreintes du COP dans les articles relatifs aux intérêts et aux redevances.
74	Uruguay	Non	N/C	Non	N/C	
75	Ouzbékistan*	Non	N/C	Non	N/C	Règles restreintes du COP dans les articles relatifs aux redevances.
76	Venezuela*	Non	N/C	Non	N/C	

Zambie

A. Progrès dans la mise en œuvre du standard minimum

La Zambie compte 23 conventions fiscales en vigueur, comme l'indique sa réponse au questionnaire d'examen par les pairs. L'une de ces conventions, celle conclue avec la Suisse, est conforme au standard minimum.

La Zambie n'a pas signé l'IM.

La Zambie met en œuvre le standard minimum par l'inclusion de la déclaration du préambule et de la règle COP.

B. Difficultés de mise en œuvre

Étant donné que la Zambie n'a pas adhéré à l'IM ni appliqué de mesures de lutte contre le chalandage fiscal dans ses conventions, le Secrétariat lui proposera son aide pour élaborer un plan de mise en œuvre du standard minimum en vue de renforcer son réseau de conventions.

Synthèse de la réponse de la juridiction – Zambie

	Partenaires de convention	Conformité avec le standard	Si conforme, méthode choisie	Signature d'un instrument de mise en conformité	Méthode choisie dans l'instrument de mise en conformité (si différent de l'IM)	Commentaires
1	Botswana	Non	N/C	Non	N/C	
2	Canada	Non	N/C	Non	N/C	
3	Chine (République populaire de)	Non	N/C	Non	N/C	
4	Danemark	Non	N/C	Non	N/C	
5	Finlande	Non	N/C	Non	N/C	
6	France	Non	N/C	Non	N/C	
7	Allemagne	Non	N/C	Non	N/C	
8	Inde	Non	N/C	Non	N/C	
9	Irlande	Non	N/C	Non	N/C	
10	Italie	Non	N/C	Non	N/C	
11	Japon	Non	N/C	Non	N/C	
12	Kenya	Non	N/C	Non	N/C	
13	Maurice	Non	N/C	Non	N/C	
14	Pays-Bas	Non	N/C	Non	N/C	
15	Norvège	Non	N/C	Non	N/C	
16	Roumanie	Non	N/C	Non	N/C	
17	Seychelles	Non	N/C	Non	N/C	
18	Afrique du Sud	Non	N/C	Non	N/C	
19	Suède	Non	N/C	Non	N/C	
20	Suisse	Oui	COP uniquement	Non	N/C	
21	Tanzanie*	Non	N/C	Non	N/C	
22	Ouganda*	Non	N/C	Non	N/C	
23	Royaume-Uni	Non	N/C	Non	N/C	

www.ingramcontent.com/pod-product-compliance
Lightning Source LLC
LaVergne TN
LVHW080645011026
849160LV00014B/1330